KB089016

한 권으로 끝내는
소자본 커피전문점 운영의 모든 것

우아하게 행주 들고
카페 창업하기

우아하게 행주 들고
카페 창업하기

한 권으로 끝내는 소자본 커피전문점 운영의 모든 것

이영희 지음 — 모래내모래 그림

두드림미디어

많은 사람이 생각할 때 마음속 여유로운 직업 0순위는 여전히 카페 창업일 것이다. 향긋한 커피 향기와 우아한 음악 속에서 책을 읽는 여유로움까지 오버랩 되는 그런 장면이 연출되는 직업이기 때문이다. 그 카페 안에서 내가 바라는 것은 과연 무엇일까? 카페 사장의 보여지는 화려함인지, 애쓰는 뒷모습에 담긴 성공인지 생각해보자. 사장의 뒷모습에 얼마나 많은 책임과 결정이 기다리고 있는지 창업하려는 마음을 먹었다면 꼭 한번 그려봐야 한다.

이 책을 통해 보여주고 싶은 것은 거창한 전문적인 카페 지식이 아니다. 카페 사장이라는 직업을 선택하고, 그 안에서 성공이라는 목표까지 즐거운(!) 고통을 느끼며 성공하고자 하는 창업자를 위한 길잡이 책이다. 기본적으로 갖춰야 할 마음가짐부터 실용적으로 알아야 할 정보들을 배우며 스스로 창업자로서 적합한지 확인하고, 노력해야 하는 것들을 이야기했다. 기본적인 것들을 스킵하고 진정한 내 모습이 아닌, 그저 남들에게 보여주기 위한 과정만으로 이룬 성공은 오래가지 못한다.

즐기는 순간, 모든 것들이 만만해진다. 사장으로서 만족스러운 결과물을 위해 힘든 것을 즐기는 순간, 성공에 성큼 다가서는 게 아닌가 싶다. 열정과 지식, 지혜로움이 모두 있어야 카페 사장으로 성공할 수 있다! 성공한 대표라는 네이밍을 갖고 싶다면, 지금부터라도 배우고 연습하며 생각하고 계획하자. 할 수 있다! 떼돈을 벌고 유명세가 따르는 것만이 성공은 아니다. 내가 하고 싶은 일을 오랫동안 유지하고 그 안에서 즐거움을 느끼며, 또 다른 목표를 설정할 수 있는 여유가 주어진다면 그 또한 성공이다.

모든 손님이 크고 화려한 카페들만 좋아하는 것은 아니다. 작은 카페의 소박한 진정성을 알아주는 손님들도 많다. 사장이 진심을 보여줄 수 있다면 좋은 카페다. 단, 모든 손님이 내 카페를 좋아할 거라는 상상은 말끔히 버리자. 사람도 좋아하는 스타일이 따로 있듯이 카페도 선택받는 기준이 다 다르다. 그 다름에 성공할 수 있는 기본적인 키워드를 이 책에 넣어두었다. 꿈은 바뀌는 것이다. 처음은 작게 시작하지만 차근히 성공으로 오르다 보면, 꿈과 목표는 점점 크게 키워 나갈 수 있다.

지금은 작은 카페 사장이지만, 큰 목표를 향해 천천히 한 걸음씩 나아가길 바라는 마음에 경험과 실패 속에서 쌓은 실전 노하우를 집필하기 시작했다. 시작은 누구나 할 수 있지만, 끝까지 끌고 가는 것은 노력을 많이 한 선택받은 사장들만 할 수 있는 영역이다. 단단한 마음으로 기본기를 갖춘 탄탄한 카페를 창업하고, 오랫

동안 즐거운 마음으로 손님들과 소통하며, 카페를 유지할 수 있는 에너지를 가득 채우기를 바란다.

카페를 운영하다 보면 슬럼프는 분명히 온다. 회사생활을 하는 것과 똑같이 말이다. 멋모르고 시작하고 달리다 지칠 시기인 3개월 차, 익숙해지면서 슬슬 지겨워질 1년 차, 열심히 달리다 보면 현타가 오게 될 3년 차, 모든 게 익숙해지지만 그래도 경험에서 배울 것이 여전히 나오는 5년 차. 이 시기들이 지나고 나면 내려놓을 것들을 내려두고, 사람들과 함께 윈윈하고 싶은 카페쟁이가 되어가는 시기가 올 것이다. 카페 엔젤도 아직 진행 중이다. 큰 목표를 위해 서둘지 않고, 찬찬히 좋은 사람들과 좋은 시기를 기다리며 느리게 배워나가고 있다.

힘들었던 시기들이 있었고, 그만하고 싶었던 시간도 있었다. 하나의 과정처럼 모든 사람이 그러할 것이다. 포기만 하지 않는다면 느리게 가더라도 언젠가는 도달한다. 그 과정에서 꼭 숙지해야 할 정보들을 여기에 담았다. 카페를 사랑하는 예비 창업자분들이 덜 아프고, 더 많이 성공하길 바라는 9년 차 사장의 마음이 잘 전달되길 바란다. 분명한 것은 노력한 만큼 배신은 없지만, 또 무조건적인 성공도 없다. 마음을 단단히 먹고, 알차게 지식을 쌓아서 얼마나 덜 실패하고, 성공의 길로 도달하는지의 차이일 뿐이다.

두꺼운 한 권의 책 속에서 그저 한 줄, 한 페이지로 예비 사장님들의 마음에 변화와 감동이 있다면 다 얻었다고 말하고 싶다. 성공을 위해 계획하고 변화하고 행동한다면, 성공적인 창업과 운영을 잘 해낼 수 있다고 경험으로 이야기해주고 싶다. 커피를 사랑하고, 사람들과의 소통을 사랑하며, 돈까지 사랑하는(!) 늘 진심인 내 마음과 같은 예비 카페 사장님들께 힘찬 응원을 드린다. 파이팅!

프랜차이즈 카페 대표를 꿈꾸는
이영희

Thanks to

카페 엔젤을 9년간 잘 운영할 수 있도록 도와준 우리 사랑하는 직원분들께 지면을 빌어 감사를 전합니다!

카페 엔젤의 스타트이고 언제나 내 편인 지원군 **인수**,
오픈 후 자리 잡기까지 열심히 도왔던 **수빈이**
모진 구박에도 꿋꿋이 감사함으로 받아준 훌륭한 **태호**,
이태원 비주얼로 매력 발산했던 **렬이**,
대기업 시스템의 맛을 보여준 든든한 **은미**,
감히 나를 존경한다고까지 이야기해주는 예쁜 **정아**,
엔젤의 아침을 연예인 미모같이 상큼함으로 열어주었던 **수진이**,
손님들에게 적당히 친절하자고 할 정도로 친절했던 고운 **아림이**,
매력 발산 넘쳐흘렀던 비보이 예비 카페 사장 **진영이**,
서 있기만 해도 존재감 있던 에이블짐(신정네거리역점) 매니저 **지수**,
카페 창업의 꿈을 향해 오늘도 현실 속에서 열심인 **울이**,
늘 행주와 한 몸이었던 청결의 대명사 **희동이**,
오늘도 병원에서 매력 넘칠 훈남 **재훈이**,
허당인 듯 꼼꼼하고 인성 최고인 **성민이**,
사장처럼 일했던 친절하고 예쁜 카페 이니스 사장 **가인이**,
6년 최장 근무한 성실남 항공정비사 **정현이**,

우아하게 행주 들고 카페 창업하기

카페 엔젤의 풋풋한 비주얼로 자신감 업 중인 **도현이**,
이 모든 시간을 아우를 만큼 마지막 집필 시간까지 모든 서포트를 아끼지 않았던 진심으로 고마운 **카페 엔젤 매니저 나연이!**

혼자라면 결코 채울 수 없었던 사장의 자리를 좋은 기억으로 채워준 잠깐이라도 저와 함께한 모든 직원분들, 고맙고 사랑합니다.

카페 엔젤의 역사와 함께 오픈부터 9년간 매주 회의 때마다 선생님들의 음료를 지원하고 계신 존경스러운 **롯데캐슬 ESPower 어학원 하태웅 원장님**께 감사를 올립니다. 슬기로운 운동생활(다산점) **임지훈 대표님** 항상 건강 챙겨주시고, 좋은 말씀 해주셔서 용기 내어 집필할 수 있게 되었어요. 대학 시절부터 지금까지 조건 없는 무한사랑으로 응원해주는 **기선, 미영, 현정,** 너희들이 있어 내 인생이 반짝인다.

출판되기까지 많은 격려와 기다림으로 배움을 주신 **책 쓰기 연구소 이상민 작가님**과 세상에 하나뿐인 멋진 책으로 탄생할 수 있도록 아낌없는 마음으로 편집해주신 **배성분 편집장님**께도 고개 숙여 깊은 감사를 드립니다.

친구 같은 마음으로 늘 웃음을 담아 응원해주는 **채윤 & 시후**
(온 우주의 축복이 너희에게 전달되길) 옆에서 묵묵히 지원하며 지켜주
는 **준희** 고맙고 사랑합니다. 성공이라는 수식어가 없어도 항상 곁
에서 사랑해주는 **내 모든 가족들과 지인분들** 진심으로 감사합니
다. 늘 건강하시고 모든 걸음에 축복이 함께 하길 기도하겠습니다.

카페 엔젤 도움 거래처

· 프리미엄 싱글 / 블렌딩 원두 납품 업체 〈로스팅 포인트〉 대표 신상현

· 카페 용품 / 부자재 / 우유 전문 납품 업체 〈청운티에프〉

· 정식 수입 커피 머신 외 카페 기기 용품 & AS 전문 〈카페다〉 부장 김병호

· 냉장고 외 쇼케이스 AS 〈우성 냉동〉 대표 김유안

· 홍보 인쇄물 맞춤 디자인 제작업체 〈토핑 디자인〉

· 부동산 관련 자문업체 〈강남 부동산〉 롯데캐슬점 대표 강남규

· 인테리어 자문 업체 〈경일 인테리어〉 롯데캐슬점 대표 조미경

· 세무 관련 자문 대표 〈신영랑〉

9년 동안 바른 영업을 할 수 있도록 지도하고, 도움을 주신 거래처 대표님
들께 깊은 감사를 드립니다.

contents

PART 01   카페 창업 성공 마인드

PART 02   카페 창업 전 해야 할 것들

PART 03   카페 장소와 상권의 모든 것

PART 04   카페 콘셉트를 결정짓는 인테리어

PART 05   카페 직원과 함께 일하는 법

PART 06   성공하는 카페 사장 마인드

PART 07   똑똑한 카페 경영

PART 08   카페 운영을 잘하는 법

PART 09   개인 카페와 메뉴 구성

카페 창업
성공 마인드

카페 운영을 할 수 있는지
냉철하게 파악하라

카페 창업을 하기 전에 내가 카페 운영을 할 수 있는 능력이 있는지 우선 알아봐야 한다. 창업자로서의 적성을 갖추고 있는지 파악하는 시간이 필요하다. 적성은 창업한 후에 알아보는 것이 아니라, 창업하기 전 먼저 점검해봐야 하는 필수 사안이다. 카페를 잘 운영하기 위해서는 어떠한 자질들이 필요한지 알아보고, 부족한 부분은 교육과 노력으로 채워나가야 한다. 성공적인 카페 창업을 위해 운영자에게 필요한 것은 어떤 것들이 있을까?

내가 하고자 하는 카페 창업에 나는 어울리는 사람일까? 사람들에게 신뢰감을 주는 모습이 있는가? 모르는 사람과도 스스럼없이 이야기를 나눌 수 있는가? 나만의 스타일로 카페를 꾸며 나갈 자신이 있는가? 긍정적인 마인드를 갖고 있는가? 바리스타로서 기본실력을 갖추었는가? 사업적인 마인드가 있는가(이익을 추구하고 영업적인 전략을 짜낼 수 있는가)? 호기심을 갖고 문제를 바라보는가? 끊임없이 노력하는 자세가 있는가? 제대로 해내겠다는 열의가 있는가? 스스로 선택하고 판단할 수 있는가? 그 모든 것을 책임지고 결정할 능력이 있는가? 새로운 변화를 두려워하지 않는가? 체력적으로 건강한가? **나라는 사람이 이 안에 있는가?**

 성공적인 카페 창업을 위해 갖춰야 할 모습

1. 사업 수완이 있는가?

카페도 장사다. 커피를 좋아하는 것만으로는 장사를 잘할 수 없다. 커피를 잘 만들기만 하는 것과 만든 커피를 잘 팔리게 하는 능력은 다른 것이다. 카페 창업자는 팔아야 하는 쪽에 가깝기에 잘 파는 능력이 필요하다. 마케팅이나 운영능력이 있어야 한다. 커피는 맛있게 잘 만드나 장사에 소질이 없다면, 카페 창업보다는 커피 관련된 교육 쪽으로 눈을 돌려야 하는 게 더 나을 수 있다. 장사는 내가 좋아하는 것을 잘할 수 있는 능력이 갖춰졌을 때 성공 가능성이 있다. 사업 수완이 좋은 사람이 커피를 잘 만드는 사람보다 창업에 성공할 확률이 높다. 만드는 방법은 노력만으로 충분히 가능한 부분이지만, 사업 수완은 타고난 기질과 감각이 반 이상을 차지한다. **내가 사업 수완이 좋은 사람인지 생각해봐야 한다.**

2. 창업에 진심인가?

창업자의 마음가짐 또한 무엇보다 중요하다. 자신이 하고자 하는 창업에 대한 확신이 있어야 한다. 지금 하는 일에 불만을 느껴 벗어나고자 창업을 결심한 사람과 자신에게 확신이 찬 사람은 큰 차이가 있다. **왜 내가 창업을 선택했는지 목적부터 생각하는 게 우선이다.** 소비자로서가 아닌 창업자로서 망하지 않고 잘 운영할 수 있다는 확신과 함께 자신감이 있어야 한다. 창업을 준비함에 있어 진심이 담긴 의지는 중요하다. 진심이 담긴 창업만이 오래 살아남을 수 있다.

3. 대응할 수 있는 센스가 있는가?

타고나는 것 중 하나가 센스다. 배운다고 되는 것이 아니기에 창업자의 자질 중에 제일 중요한 부분이다. 손님이 처한 상황에 필요한 것들이 무엇인지 분위기를 파악하고 센스 있게 처리해야 한다. **눈치가 빠르고, 센스가 있는 사람은 다른 사람의 마음을 잘 이해하는 능력이 있다.** 손님에게 필요한 메뉴를 추천하고, 무엇을 원하는지 말하지 않아도 느낌으로 챙길 수 있는 감각 말이다. 카페라는 장소는 다양한 일들이 일어날 수 있는 복합적인 장소다. 세세한 매뉴얼을 전부 교육할 수 없는 다양한 환경에서 센스는 카페 운영에 절대적으로 필요한 자질이다. 빠르게 변화하는 트렌드를 읽고, 좋은 아이템을 선정해서 카페를 뒤처지지 않게 운영할 수 있는 것도 센스가 필요한 부분이다.

4. 능동적인 마인드를 갖추었는가?

카페 창업자는 누군가에게 의지하지 않고 스스로 해낼 수 있는 능동적인 마인드를 갖춰야 한다. 특히 개인 카페는 하나부터 열까지 창업자가 스스로 선택하고, 결정해야 하는 일들이 수두룩하다. 아무것도 하지 않고 있어도 누구도 나에게 지시하지 않는다. 이제는 지시하고 행동해야 하는 창업자이므로, 내가 움직이지 않으면 어떤 일도 일어나지 않는다. 그 말은 내가 움직이지 않으면 뒤처지다가 실패하는 것을 뜻한다. **해야 할 일들을 적어두고 계획하며 실행에 옮기는 일은 카페를 운영하는 내내 필요한 자질이**

우아하게 행주 들고 카페 창업하기

다. 계획한 일들을 빠르게 추진해낼 수 있는 추진력 또한 필요하다. 계획이 수백만 가지가 되어도 막상 행동에 옮기지 않으면 무용지물이기 때문이다. 계획한 바는 즉시 행동에 옮기는 능동적인 마인드가 필요하다.

5. 사람들과의 관계 속으로 들어가는 비즈니스 마인드가 있는가?

사람과의 교류 속에서 성패가 결정되기 때문에 사람들과의 만남이 두려우면 사업으로 성공하기 힘들다. 그 안에서 **사람들이 원하는 바를 알아내고, 자신이 그 문제를 해결해줄 수 있는 능력을 갖추었는지도 알아봐야 한다.** 같은 비즈니스 파트너를 만나 도움을 받을 수도 있다. 모두 사람들 안에서 이루어지는 일이다. 사람들과 관계 속에서 인간적인 매력을 발산할 줄 안다면 성공할 확률은 더욱 높아지므로, 사람들과의 관계 속으로 들어가는 비즈니스 마인드가 필요하다.

6. 기업가 정신이 잠재되어 있는가?

작은 카페도 사업이다. 사업에는 기업가 정신이 필요하다. 작은 카페 기업가에게는 기본적인 지식은 물론, 기술적인 부분도 탑재되어야 한다. 이는 후천적으로 노력하면 얻을 수 있는 부분이다. 커피와 관련된 지식과 기술, 매장 운영과 마케팅에 대한 지식, 사이드 메뉴에 대한 지식과 기술 등 작은 사업체일수록 창업자에게 요구되는 부분은 더욱 다양해진다. 다재다능해야 한다는 말이다. 하나부터 열까지 모든 부분을 기획하고 실행해야 하므로 많은 노력이 필요하다. **창업자는 새로운 메뉴를 창출하고 남들과 다른 아이디어로 내 카페의 차별화를 꾀할 수 있는 방식으로 카페를 운영**해야 성공할 수 있기 때문이다.

7. 문화적으로 즐길 줄 아는가?

사업 중에서도 특히 카페 운영자는 다양한 문화적인 코드가 필요한 사업이다. 요즘 카페는 복합적인 문화가 공존하는 분위기로 점점 바뀌어 가고 있다. 그 공간을 운영하는 창업자는 전문적인 소양은 아니더라도 흐름을 읽을 줄 알고 트렌드를 반영할 줄 아는 자세도 필요하다. 대형 프랜차이즈가 아닌 창업자가 브랜드가 되는 작은 규모의 카페를 운영하려면 음악, 그림, 사진, 인테리어, 여행 등 넓은 시야로 **복합적인 문화생활을 즐길 줄 아는 창업자라면 훨씬 경쟁력 있다.** 카페는 항상 음악이 흐르는 곳이다. 그날의 분위기에 어울리는 음악을 선곡하고, 그 음악에 마음이 따뜻해지고 사람들 속에서 희망을 꿈꿀 수 있는 사람이 잘 해낼 수 있다. 계산적이기만 해서 사람과의 진심을 놓친다면 당장은 이익이 될지 모르나 롱런 하기 힘든 것이 카페 창업이다.

8. 적극적인 문제 해결 능력이 있는가?

카페를 운영하면서 시행착오는 피해 갈 수 없는 관문이다. 누구도 완벽한 창업을 해낼 수는 없다. 중요한 것은 **많은 시행착오 속에서 좌절하지 않고, 위험을 받아들이며, 스스로 해결해 나갈 수 있는 자신이 필요하다.** 위험을 회피하고 문제를 해결할 자신이 없다면 성공적인 창업은 어렵다. 아무리 만반의 준비를 하더라도 예기치 못한 문제들은 생기기 마련이다. 그럴 때마다 두려움 없이 대면하고 문제를 해결할 줄 아는 창업자의 자세가 필요하다.

9. 모든 부분을 책임질 각오가 되어 있는가?

창업은 시작과 동시에 선택의 연속이다. 창업자는 자신이므로 모든 선택과 책임은 본인에게 있다. 어떤 장소에 카페를 자리 잡을 것인가부터 카페 콘셉트, 카페 인테리어, 메뉴 선정, 직원 채용 외세세한 것들이 모두 나의 선택을 기다리고 있다. 어떠한 선택을 하든 거절당할 일은 없다. 내가 사장이기에 그 뒤에 따르는 결과물에 대한 책임질 일만이 남을 뿐이다. **결과에 대해 예상하고, 선택에 있어서 스스로 판단하고 모든 책임을 질 준비가 되어야 한다.**

10. 나 외에 다른 사람을 다룰 자신이 있는가?

사장인 창업자는 직원을 다룰 줄 아는 스킬이 필요하다. 스스로 잘하는 것도 중요하지만, 오픈하고 더 큰 꿈을 향해 도약하고자 한다면 함께 일할 수 있는 직원이 필요하다. **조직에서는 위아래가 바로 서야 맡은 바 책임 안에서 시너지 효과를 낼 수 있다.** 이 부분을 정리해줄 수 있는 스킬이 창업자에게 필요하다. 진심으로 대하고 해야 할 일들을 명확히 지시할 수 있는 능력이 표현되어야 한다.

11. 부족한 부분을 채우기 위해 노력할 각오가 되어 있는가?

좋아하는 일을 잘하기까지 한다면 최고의 성과를 낼 수 있다. 타고난 기질은 쉽게 바꿀 수 없으나 후천적으로 변화시킬 가능성이 있는 추진력과 사람들과의 관계, 사회성 등은 자신의 노력으로 충분히 바꿀 수 있다. 성격적으로 긍정적인 면과 자립심, 끈기 있는 모습 등은 의식을 바꾸고자 한다면 크게 좋아질 수 있는 부분들이다. **부족한 부분을 채우고, 잘하는 부분을 더 개발시켜 극대화한다면 성공적으로 카페를 운영할 수 있다.**

카페 창업은 예전에는 여유 있고, 나이 있는 사람들이 창업하는 품위 유지형 사업이었다. 하지만 요즘은 카페를 창업하는 연령

대도 낮아졌다. 젊은 창업자들이 자신의 진로를 결정하고, 자아실현을 통해 인생의 새로운 길을 시작하는 생계형 사업으로 점점 바뀌어 가고 있다. 주변에 작은 개인 카페를 시작하는 창업자들은 회사를 정리하고, 나만의 작은 카페를 시작하며 큰 꿈을 꾼다. 겉으로는 품위 유지하는 사업인지 모르나 그들은 생계형으로 피땀 흘리며 치열하게 운영하고 있다. 이런 경쟁 속에서 살아남으려면 자신이 어떤 사람인지 파악해야 하고, 창업하기 전 부족한 부분들을 꼭 채우는 시간이 필요하다.

 ## 창업을 시작하면서 100% 완벽하게 갖추고 시작하는 창업자는 드물다

어떠한 요인들이 필요한지 알고 시작하는 것과 모르고 시작하는 것은 큰 차이가 있다. 내가 자질을 다 갖추지는 못했지만, 운영하는 내내 나의 부족함을 알고 채우기 위해 노력하는 자세는 성공을 위해 꼭 필요한 부분이다. 70%의 자질이 채워진 나를 운영하는 동안 남은 30%를 채울 자신이 있다면 당신도 창업할 수 있다!

02

큰 그림을 그려라!
– 카페 창업 목표와 꿈

카페를 성공적으로 운영하기 위해서는 내가 하고자 하는 뚜렷한 목표와 꿈이 있어야 한다. 창업하고자 하는 사람이라면 꼭 갖춰야 할 목표 의식이다. 내가 꿈꾸는 목표는 힘들 때마다 나를 붙들어줄 동아줄이 된다. 가고자 하는 방향을 잃었을 때 나침반과 같은 역할을 해줄 것이다. 구체적이고 뚜렷한 목표가 있다면 더욱 좋다. 그 목표 안에서 해야 할 계획들을 세우고, 세부적으로 필요한 것들을 시도해야 한다.

창업자마다 목표는 다르다. 본인들이 추구하는 가치관이 다 다르기 때문이다. 자기 기준에 맞는 목표의 방향성이 있다. 나만의 방식으로 내가 원하는 목표를 향해 도달하는 의식이 중요하다. 단순히 오늘 몇 명의 손님을 받아야지, 오늘 수익은 이만큼 해야지 하는 단순한 목표가 아니다. **'생각하는 대로 살지 않으면 사는 대로 생각하게 된다'**라는 프랑스 소설가이자 비평가인 폴 브루제(Paul Bourget)의 명언을 생각해보자. 카페 창업에 빗대어 본다면 아무런 목표 없이 창업하고 흘러가는 대로 운영하면 그 끝에는 어떤 결과가 있을지 모른다. 목표를 갖고 행동하는 사람과 목표 없이 흔들리는 사람은 확실히 다르다. 창업자는 내 카페가 어떤 방향으로 운영되어야 하는지 카페 콘셉트를 잡고, 목표를 향해 다가설 수 있도록 계획을 잡아야 한다. 최종 목표를 클리어하겠다는 마음가짐으로 말이다.

창업은 완벽하게 갖추고 이루어지는 것이 아니다. 어느 정도 준비가 되면 창업하고, 부족한 부분들은 시행착오를 거치며 채워가는 것이다. 내게 부족한 인프라는 운영하면서 채울 수 있을지 모르나 카페 창업에 대한 명확한 목표는 처음부터 있어야 한다. 왜 이 일을 시작하고 싶은지, 내 인생의 목표와 같은 방향인지도 생각해야 한다. 열정과 자신감으로 카페를 창업했으나 현실은 그리 녹록지 않다. 새로운 것을 시작하는 설레임만큼이나 그 뒤에 다가올 위기감도 짊어져야 한다. 어려운 일이 닥칠 때 그 목표는 자신을 생각하고 버틸 힘을 갖게 해준다.

'**부자가 되고 싶다!** 지금 운영하는 카페 건물을 5년 후 내가 매입해서 **건물주가 되어야겠다!**'라는 현실적인 욕심도 큰 목표가 될 수 있다. 그 목표를 위해서 지금부터 내가 해야 할 일들을 6개월, 1년 단위로 계획하고 실천한다. 철학적인 목표보다 오히려 현실적인 목표가 창업을 성공으로 이끄는 사례가 많다. 카페를 계속 운영하기 위해서는 현실적으로 돈을 버는 것이 가장 중요한 일이라고 볼 수 있다. 현실적으로 카페 운영에 수익이 없다면 창업자의 존재 가치가 없기 때문이다. '**그럼! 할 수 있다!**'라는 말은 목표를 이루기 위한 가장 강력한 말이다. 용기를 갖고 목표를 향해 최선을

우아하게 행주 들고 카페 창업하기

다해 노력해야 한다.

　현실적으로 이루기 힘든 꿈보다는 1년 단위로 이룰 수 있는 목표를 정하고 하나씩 이루어가는 방법도 좋다. 목표를 이루지 못하더라도 실패는 아니다. 실패란 내가 모든 것을 포기한다는 의미다. 목표를 이루지 못하는 것은 내가 포기하기 때문이다. 목표를 이루는 시간이 더 걸릴 뿐이다. 장기적인 계획을 세우고 시행착오를 겪으며 계획을 수정하고 단기적인 계획을 세워 목표를 이루어내면 된다. **힘든 시기가 올 때 붙잡아 줄 나만의 목표**를 창업 전에 본인의 가치관에 맞춰 꼭 정하고 시작하자. 입고 싶은 옷을 고르는 것처럼 편하게 하면 된다. 누구든 충분히 할 수 있다! 목표를 정하고 포기만 하지 않는다면 얼마든지 성공할 수 있다.

카페를 하기 전 큰 그림이 있었다. 차근히 배워 프랜차이즈 카페로 발돋움하고자 하는 꿈이다. 사람들과의 진심을 중요하게 생각하는 나의 철학을 바탕으로, 올바른 방법으로 즐겁게 일하며 수익을 창출하는 그런 프랜차이즈 카페 대표 말이다. 나를 믿고 따라준 사업자들과 함께 고민하며, 더 나은 카페를 위해 즐겁게 공부하고 발전시켜 서로 윈윈하는 그런 파트너로서 진정한 대표가 되고 싶은 꿈으로 이 일을 시작했다. 빨리 가지 못하더라도 포기하지 않았고, 천천히 나아가고 있다. 급하게 세운 성이 아닌 단단히 다져진 진정성으로 사람과 함께 경영하는 카페 대표. 지금도 나의 꿈은 현재 진행형이다.

03

카페 창업,
무엇을 어떻게 준비해야 할까?

　카페를 창업하겠다고 마음먹은 후 어떤 것부터 준비해야 할까? 적어도 5년 이상 성공적인 사업을 유지하기 위해서는 창업 전에 준비해야 할 것들을 미리 계획해야 한다. 트렌드는 급격하게 변화하고 있고, 유행에 민감한 카페에서 오래전에 습득한 지식은 구시대 유물이 될 수 있다. 창업을 생각했다면 적어도 1년에서 3년 안에 오픈을 계획하고, 준비해나가는 것이 성공에 대한 기대치를 높일 수 있다. 자본금이 아무리 많아도 커피를 모른다면 카페 창업은 하기 힘들다. 지금 나의 지식 상태를 확인하고, 부족한 것들은 배워 나갈 계획들을 찬찬히 세워본다. 카페의 기본인 커피부터 알아야 한다. 커피 교육은 카페 창업의 가장 기본이고, 그 외 창업을 위해 기본적으로 준비해야 할 것들은 어떤 것들이 있는지 알아보자.

1. **바리스타 교육(에스프레소 기초)** : 바리스타 과정은 가장 기본적인 교육이다. 커피 이론, 커피 추출 방법과 원리에 대한 수업이다. 카페 창업자라면 기본적으로 배워야 할 커피 음료와 관련된 필수 교육과정이다. 바리스타 자격증 준비와 함께 배워도 좋다.
2. **핸드드립 교육** : 원두를 분쇄하고 손으로 직접 물을 부어 커피를 추출하는 방식을 배우는 수업이다.
3. **라떼아트 교육** : 우유가 들어가는 커피 음료인 라떼의 표면 위에 우유 폼을 이용해서 여러 가지 그림을 그리는 수업이다. 다양한 재료를 사용해 커피 음료의 비주얼을 높이는 방식을 배우는 수업이다.
4. **커피 레시피 교육** : 카페에서 판매하는 기본적인 커피 메뉴에 대한 수업이다.
5. **로스팅 교육** : 초록빛 생두를 로스터기를 사용해서 열을 가해 갈색 원두로 만드는 커피콩 볶는 방법을 배우는 수업이다.

바리스타 교육과정은 커피의 전반적인 이론 지식과 커피 추출 방식, 에스프레소 머신에 관한 기본 지식이므로 꼭 알아두자. 수업 커리큘럼마다 수업 내용이 조금씩 차이가 있으니 확인 후 선택한다. 반면 핸드드립 과정이나 로스팅 수업 같은 것들은 본인이 계획한 창업에 필요한 것들인지 확인하고 선택할 수 있다. 핸드드립 전문 카페를 창업하고자 한다면, 깊이 있게 꼭 배워야 하는 필수과정이다. 반면 에스프레소 머신을 사용해서 카페 창업을 계획한다면 나중으로 미루어도 좋다.

로스팅 과정 또한 마찬가지다. 직접 콩을 볶아 로스터리 카페를 창업하고자 한다면 필수 과정이지만, 원두를 납품받아 창업할 계획이라면 추후 준비해도 상관없다. 라떼아트 교육도 마찬가지지만, 핸드드립이나 로스팅 과정보다는 사용 범위가 넓게 사용되므로 우선순위에 두어도 좋다. 기본 교육들은 국비 지원이 가능한 곳을 선택해서 되도록 저렴하게 여러 번 듣는 것도 하나의 방법이다.

창업 전 앞서 말한 모든 수업을 받지 않아도 된다. 하지만 가능하다면 많이 배울수록 창업에 도움이 되므로 본인의 능력껏 차근히 계획해서 준비하도록 한다. 수업을 꼭 받지 않더라도 책을 통해 기본적인 지식을 갖추는 것이 창업자의 자세다. 많이 알면 알수록 실패 확률을 확실히 줄일 수 있다. 그렇지만 만반의 준비를 했다고 하더라도 돌발변수는 항상 있다. 그런 과정에서 겪는 시행착오는 더 많은 배움을 준다. 간혹 차고 넘치게 준비하느라 창업 시기를 놓치는 경우가 있다. 아무리 채워도 100%는 없다. 창업 마인드에 자신감이 들 정도의 지식과 배움으로 창업을 준비하자.

 창업 직전에 받아야 빛을 발하는 창업 교육

커피 학원의 선택 기준은 창업할 것인지, 아닌지로 나눌 수 있다. 취업을 원하거나 자격증 취득에 목적이 있다면 창업만큼 꼼꼼하게 따지지 않아도 된다. 창업을 위한 학원 선택이라면 창업 후 카페 성공에 관련된 일이므로, 창업 교육 수료 후 어떠한 지원들을 받을 수 있는지 꼼꼼하게 비교해보고 선택한다. 이 시점이 나와 함께할 평생 비즈니스 파트너가 결정되는 순간이 될 수도 있다. 창업을 위한 교육은 가능하면 1:1 교육을 추천한다. 사업의 성패가 달린 부분이므로 제대로 된 투자로 질 높은 수업을 받는 것이 좋다.

1. 창업 교육 수료 후 도움받을 항목은 어떤 것들이 있을까?

① 창업할 때 기본 카페 메뉴 레시피를 받을 수 있는가?

② 창업과 관련해 머신들을 구입 시 할인 혜택과 문제 발생 시 즉각적인 AS를 받을 수 있는가?

③ 인테리어에 대한 조언을 받을 수 있는가(경력 있는 전문업체를 소개받을 수 있는가)?

④ 창업 과정에서 발생하는 부분들에 대해 1:1로 빠른 피드백을 받을 수 있는가?

⑤ 안정적인 기본 물품 배달 및 부자재 업체를 소개받을 수 있는가?

위 사항들을 전부 받을 수는 없다고 하더라도 나에게 필요한 부분을 받을 수 있는지 확인하는 과정은 필요하다. 머신들의 AS 같은 경우는 어떠한 것보다도 중요하다. 창업 교육을 한 곳에서 머신들을 구매할 경우, 할인 혜택보다도 챙겨서 확인할 것은 **AS 부분**이다. 운영 중 기계 이상이 생기면 영업을 할 수 없는 상황이 되므로, 바로 연락되어 정리할 수 있는 성실한 업체가 꼭 필요하다.

이러한 조건들은 프랜차이즈 카페라면 로열티를 내고 지원받을 수 있는 부분이지만, 개인 카페의 경우 스스로 해결해야 하는 과정이므로 잘 선택해 창업 과정을 도움받도록 한다. 이 과정에서 학원이 아니더라도 장사가 잘되는 카페를 운영 중인 창업자에게 1:1 창업 교육을 받는 방법도 추천한다. 그동안의 레시피 노하우를 받을 수도 있으며, 현실감각을 배울 수도 있다. 무리한 수수료나 운영 방법에 대해 간섭이 없기에 정보는 받고, 필요한 부분만 얻어가면 된다. 수업 후 실전 연습으로 카페에서 일해볼 수 있는 상황이면 더욱 좋다. 아르바이트로 실전 경험을 쌓아야 하는 과정은 필수다. 그런 상황이 안 된다면 창업 교육 후 교육받은 카페에서 일해보는 것도 좋다. 이때 주의할 점은 교육해주는 개인 카페 사장의 안 좋은 모습도 배울 수 있으므로, 장단점을 선별해 받아들이는 자세가 필요하다.

창업이 확실해지면 창업 때까지 강도 높은 훈련이 필요하다. 기술이란 사용하지 않으면 잊기 마련이다. 지속해서 오픈 일까지 꾸준히 연습하고, 배움의 기간이 짧은 사람이라면 더욱 연습해야 한다. 가능하면 본인이 사용할 같은 머신의 종류로 연습하는 게 좋다. 머신마다 컨디션이 미세하게 다르고, 버튼의 위치나 스팀 봉 다루는 스킬은 습관이 될 수 있는 기술이기 때문이다. 연습을 통해 정확도와 스피드를 높여서 실전에서 실수가 없도록 하는 과정이 꼭 필요하다.

 창업하기 전부터 카페 폐업 때까지 꾸준히 해야 할 일이 있다

모든 사업이 그렇지만, 카페업도 정보의 세계에서 예외일 수는 없다. 꾸준히 트렌드를 느끼며 방향성을 잡아야 하는 업종이다. 순간에 몰입하고 배우며 끝내는 일이 아닌, 카페를 운영하는 내내 끈을 놓지 않고 계속 나아가야 하는 일이다. 카페를 성장시

키고 자리 잡기 위해서 반드시 해야 할 일들이므로, 전부는 아니더라도 본인의 취향에 맞는 것들을 선택해 꾸준히 노력하는 모습을 보여야 한다.

1. 커피 관련 세미나, 전시회, 카페 쇼 참석하기

상업적인 부분이 분명 녹아 있기는 하나 그 안에서 얻을 수 있는 정보들이 많다. 전문가들의 경험이나 노하우를 접할 수 있고, 커피 업계 트렌드도 살펴볼 수 있다. 카페 운영에 필요한 최신 머신이나 장비들에 대해 알 수도 있으며, 사이드 메뉴를 직접 체험해 보고 선택할 수도 있다. 에스프레소 머신부터 소소한 종이컵, 홀더까지 모든 업체가 참가하는 카페 쇼는 해마다 꼭 참여해본다. 다양한 정보를 한자리에서 동시에 얻을 수 있다. 내 카페에 적용하면 도움 될 만한 것들이 있는지 중심을 잡고 살펴보면 분명 도움 되는 것들이 많다.

2. 커피 관련 책 참고하기

카페 창업을 하기 전 간접적으로 많은 경험을 해볼 수 있는 것은 단연 책이다. 전문가들이 집필한 책부터 소소한 카페 일상 관련 도서들까지 많이 접할수록 후회될 것은 없다. 많은 것들을 알고 선택하는 것과 모르고 선택하는 것은 천지 차이다. 카페 관련 도서들은 나름 정보들이 구분되어 있으므로 필요한 것들을 습득하기 수월하다. 커피에 대한 기초 지식은 책으로 다양하게 접해두면 좋다.

3. 인터넷 포털사이트, 방송 매체 접하기

우리나라는 IT 강국답게 너무도 다양한 정보들이 인터넷에 있다. 커피 관련 종사자들이 많아짐에 따라 더욱 다양한 정보들을 검색 하나로 알 수 있는 시대다. 커뮤니티도 활발히 활동하고 있는 곳이 많아 원하는 분위기의 인터넷 카페에 가입해 정보를 편하게 얻을 수 있다. 서로 문제를 해결해주기도 하고, 일상에서 위로받기도 한다. 요즘은 유튜브도 활발해 다양한 정보들을 제공한다. 카페 홍보를 위해서 유튜브 채널을 이용해 정보 제공을 하는 사람들이 점차 많아지고 있다. 얻은 정보들을 노트로 만들어놓으면 창업 시 분명 도움이 된다. 방송이나 커피 관련 잡지들은 요즘 트렌드를 보여주기 때문에 커피 시장의 큰 방향성을 느껴볼 수 있다.

4. 커피 관련 파트너와 함께하기

혼자의 힘으로는 한계가 느껴질 때가 있다. 같은 카페 업계 종사자 중 경력 있는 전문가분들을 알고 지내는 것은 부족한 부분을 채워주고, 더 많은 정보력을 얻는 방법이다. 홀로 걸어가지 말자. 어려울 때 조언받을 수 있고, 시장 분위기를 함께 의논할 수 있는 업계 종사자분과 함께하자. 원데이 클래스나 작은 수업을 통해 접할 수 있는 여러 가지 방법을 동원해 인맥을 쌓고, 도움이 될 만한 분이라면 끈을 놓지 말자.

그 외 준비하면 좋은 것들이 있다. 커피와 비슷한 와인이나 칵테일 쪽도 비주얼을 중요시하는 요즘 트렌드에 맞춰 카페와 접목할 수 있는 부분들이 있다. 테이블 세팅이나 푸드 스타일 과정도 도움이 된다. 베이커리와 접목한 카페 창업을 준비하는 분들은 제과 제빵 조리사 과정도 당연히 준비해야 한다. 공간적인 여유가 되는 곳에 창업할 계획이라면 브런치나 베이커리 수업은 받아두면 좋은 경쟁력이 될 수 있다. 자격증이 창업에 필수조건은 아니나 자신감이 생기는 데 도움이 된다. 시간적으로 여유가 있는 창업 전에 준비해야 할 것들을 미리 계획해 배워두자.

　창업에 있어서 준비란 카페 경영에 대한 지식과 경쟁력을 갖추고, 성공할 수 있는 곳으로 방향을 잡고 터득해가는 과정이다. 누군가가 넣어주는 학습이 아닌, 스스로 필요한 것들을 찾고 학습함으로써 경쟁력을 갖추는 것이 성공 창업으로 가는 빠른 방법이다. 이론적으로 배운 것들을 현실적인 상황과 경험에 결합하는 방법도 필요하다. 배운 것들을 실제 연습해보고, 시행착오를 통해서 한 단계씩 개선하며 실패할 확률을 줄여가는 것이다.

　카페란 1인 기업임을 자각하고, 커피와 관련된 이론과 실무 외에 상권 분석, 마케팅, 서비스, 메뉴 개발, 고객 관리 등 경영 전반에 관해 이해하는 모습도 필요하다. 이런 부분들은 책을 이용하길 권장한다. 창업하기 전 준비할 수 있는 기본적인 것들을 숙지하고, 필요한 것들을 선별해 여러 가지 방법으로 최선을 다해 준비한다. 그것이 실패를 줄이고, 성공 창업을 할 수 있는 길이다.

창업 전 준비는 이렇게 하자!

　필자는 창업 교육받을 곳의 선택을 커피 맛으로 찾았다. 동네 카페 콘셉트에 어울리는 대중적인 커피 맛이 좋은 카페를 찾아 정보를 받아서 창업하기 2~3달 전 창업 교육을 의뢰했다. 처음부터 로스팅은 무리라 생각하고, 원두를 납품받아 영업할 생각으로 교육받았다. 1:1 교육으로 심도 있게 빠르게 진행했고, 창업 전에 미리 공부해둔 지식을 실무와 연계시켜봤다. 그리고 창업할 카페에는 교육받을 때 사용했던 머신과 같은 머신을 선택했다. 창업 후 정확하고 스피드 있게 영업하기 위해 창업 교육했던 카페에 무보수로 한 달 동안 틈나는 대로 매일 출근했다. 설거지부터 손님 응대하는 법, 음료 빠르게 제조하는 스킬, 물품 정리하는 노하우 등 현장에서 배울 것들이 수두룩했다. 창업 직전 한 달 동안 교육받고, 실전에서 경험했던 부분들은 오픈하고 당황하지 않고, 나름 능숙하게 대처할 수 있는 데 큰 도움이 되었다. 역시 이론보다는 현장이 중요하다.

9년간 지금껏 원두 납품도 스케줄 변동 없이 잘 받아 운영하고 있고, 머신들도 이상 있을 때 즉시 연락하면 영업에 지장 없도록 처리해주시는 부장님도 오랜 파트너다. 카페에서 많이 사용하는 우유와 기본 물품 업체 사장님도 창업할 때부터 지금껏 함께하고 있다. 창업 교육은 창업하기 직전에 받아보기를 추천하며, 실전에서 일해보는 것은 큰 도움이 되므로 아르바이트 경험이 없는 분이라면 꼭 실전에서 일해보기를 바란다. 창업 후 도움받으며 함께 성장할 파트너를 찾는 것도 하나의 든든한 총알임을 잊지 말아야 한다.

04
창업 전 점검해야 할
체크리스트

'때가 되면 창업하겠지'라고 막연히 생각만 하고 있다면 솔직히 창업하기 힘들다. 구체적인 날짜를 계산해볼 정도로 '창업은 반드시 해야지!'라고 강하게 열정을 가져야 한다. 창업이란 많은 에너지와 준비 과정이 필요하므로, 결심했다면 되도록 빠르게 진행하는 것이 좋다. 나이 들어 창업하는 것보다는 한 살이라도 젊을 때 창업하기를 추천한다. 제대로 된 준비만 되었다면 말이다. 창업의 전체적인 흐름을 인지하고 계획해야 한다. 나무보다는 숲을 보고 큰 틀 안에서 세부적인 계획을 세워 준비한다면 실패를 줄일 수 있다. 창업의 흐름은 어떻게 계획되고, 필요한 것들은 무엇인지 알아보자.

 카페 오픈 준비 과정을 알아두자!

1. 하고자 하는 카페의 콘셉트를 잡고, 그에 맞는 **상권을 찾아 분석**해본다.

2. 필요한 자금이 어느 정도인지 **예산**을 맞춰놓는다.

3. 원하는 콘셉트에 맞는 **인테리어 업체를 선정**한다.

4. 원하는 **매장을 계약**한다.

5. 콘셉트와 상권에 어울리는 **메뉴를 선택**하고 가격, 레시피 등을 확인한다.

6. 인테리어 공사 중 각종 **행정적인 등록**(영업 신고/사업자 등록)을 시행한다.

7. **직원을 모집**하고 발주할 비품들을 정리한다.

8. 인터넷을 신청하고 **POS기를 세팅**한다(카드사 등록 및 단말기 설치).

9. **가구 외 기물들을 발주**한다.

10. 전체적인 **매장 스타일링**을 한다.

11. **홍보 & 마케팅**을 준비하고, **가오픈**으로 최종 정리를 해본다.

12. 준비된 부분들이 점검이 끝나면 사장이 되는 **오픈** 일이다.

창업의 큰 틀은 대부분 위 프로세스처럼 진행이 된다. 진행 과정을 인지하고 세부적으로 준비해야 할 것들은 어떤 것들이 있는지 확인한다. 커피의 기본 교육 등으로 자신감이 생겼다면, 구체적인 창업 날짜를 정하는 것이 필요하다. 준비 기간이 너무 긴 것도 문제지만, 중요한 것들은 충분히 준비하는 시간이 필요하다. 서두르지 않되 긴장을 늦추지 말자. 현실화시키는 시간은 1년에서 3년 이내를 추천한다. 가족들의 응원도 무시 못 하는 부분이므로, 가족들의 상황도 맞춰가며 조율한다. 창업자는 오픈 후 오롯이 사업에 집중해야 하므로 오픈하고 얼마간은 다른 일들에 시간을 할애하기 힘들기 때문이다. 성공 창업을 위한 요소 중 가족들의 응원과 배려는 많은 도움이 된다.

　창업하기 위한 적절한 시기는 언제일까? 추운 날이 풀리기 시작하는 3, 4월이나 더워지기 시작하는 6월은 시작하기 좋은 달이다. 장마철 오픈은 되도록 피하고, 아주 추운 겨울은 피하며, 한 달에 연휴 많은 달도 피하면 좋다. 동네에 초중고가 있는 상권은 방학 시즌을, 오피스 상권은 휴가철을 피한다. 월별로 정리해보고, 바쁜 달이 되기 한 달 전에 창업하는 것도 좋다. 창업 직후는 아무래도 스피드와 정확도가 떨어지므로 바쁘게 몰아치는 것보다 운영에 감을 잡았을 때 바쁜 시즌이 오는 것도 나쁘지 않다. 1~2월은 겨울방학 시즌이고 명절 연휴가 있는 달이므로 되도록 피하는 것이 좋다. 내 카페 상권에 맞는 성수기를 확인하고, 창업자의 개인 역량에 맞는 적절한 시기를 정해보자.

 창업 직전 체크리스트

1. 창업에 대한 강한 **목적의식**이 있는가?
2. 구체적인 **행동 스케줄**을 짜두었는가?
3. 하고자 하는 창업에서 **확실하게 수익**을 남길 자신이 있는가?
4. 창업자의 **단단한 마음**을 갖추었는가?
5. **사업 계획과 창업 자금 준비**가 되었는가?

　창업에 대한 구체적인 목표를 잡고 창업하는 이유를 본인은 뚜렷하게 인지해야 한다. '그냥'이라는 말이 먼저 나온다면, 창업은 다시 생각해봐야 한다. 왜 창업해야만 하는지 분명하게 답할 수 있어야 한다. 그에 맞춰 창업하기까지 남은 시간들을 어떻게 할애해서 부족한 지식과 경험을 채울지 행동 스케줄도 계획해두어야 한다. **쓰고 남은 시간으로 창업을 준비하지 말아야 한다.**

창업에 있어 수익이란 기본 중의 기본이므로 어떠한 방법으로 수익을 낼지 생각이 바로 서 있어야 한다. **남는 장사가 되어야 사업자로 살아 남아있을 수 있다는 본질을 잊지 말아야 한다.** 창업 후 발생하는 다양한 문제점에 당황하지 않고 맞서 나갈 자신감과 굳은 의지가 필요하다. 어떠한 아이템과 메뉴로 콘셉트에 맞는 분위기를 만들어 창업할지 사업 계획도 세워야 한다. 그에 따라 필요한 자금 준비가 되어야 하는 것은 당연한 이야기다.

창업 전 진행 과정들에 있어서 하나씩 확인해나가며 성공을 위한 창업 계획을 세워보자. 창업 계획 노트에 나만의 체크리스트를 적어두고, 구체적인 계획들도 메모해두자. 큰 그림인 창업 목표부터 세부적인 학습 진행 상황이나 하고자 하는 콘셉트, 인테리어, 메뉴, 아이디어 등 모든 부분을 세밀하게 계획하고 확인해나갈수록 좋다. **중요한 것은 창업의 진행 과정이 어떻게 되는지 머릿속에 그려져 있어야 한다.**

 ## 창업자금을 모으며 상권을 파악하라

카페에서 함께 일했던 직원들 가운데 개인 카페를 창업하고자 희망하는 친구들이 있다. 퇴사 후에도 꾸준히 연락하며 지내고 있고, 도움을 줄 수 있는 부분은 지원을 아끼지 않겠다는 마음도 변함 없다. 그 친구들은 지금 첫 단추인 창업 자금을 모으기 위해서 열심히 돈을 벌고 있다. 가장 기본적인 총알, 자금이 없다면 아무리 좋은 아이템도 오픈할 수 없다. 돈을 벌면서 본인이 꾸리고 싶은 장소에 상권이 어떠한지 살피며 기회를 보고 있다. 창업하길 원하는 상권을 분석하고, 어느 정도의 자금이 필요한지 가늠해보며 자금을 모으고 지식과 정보를 배운다.

베이커리 카페를 꿈꾸는 친구는 베이커리 카페 아르바이트를 해본다. 로스팅을 배워보고 싶다고, 로스팅을 직접 하는 카페에 아르바이트도 해본다. 디저트 카페에서 여러 가지 디저트를 접해보고, 마카롱 전문 카페에서도 근무한다. **실제로 다양하게 경험하는 것이 제일 좋은 방법이라 이야기해주었고, 직원이지만 사장처럼 일하라고 조언해주었다.** 당장은 남들보다 열심히 하는 자신이 손해를 본다 싶고 바보 같을지 모르지만, 그런 경험들은 모두 자신에게 녹아든다는 사실을 알아야 한다. 근무하는 순간을 자신이 창업자라 생각하고, 테스트해볼 수 있는 소중한 시간으로 만들어야 한다. 함께했던 그들은 아직 젊고 시간적 여유가 있고 열정이 있으며 인생의 목표가 뚜렷하다. 참 잘하고 있는 그들을 응원한다.

05

창업 성공을 위한
철저한 준비와 전략

지금 한국은 카페가 없는 곳이 없을 정도로 포화상태다. 번화한 도시부터 지역의 작은 시골 마을까지 골목마다 커피 한 잔을 마실 수 있는 곳이 넘쳐난다. 모두 희망찬 꿈을 안고 창업을 한 것이다. 이 많은 카페 중 내가 차린 카페가 그저 그런 카페 중에 하나라면 성공할 수 있을까? 카페가 많다고 다 똑같은 카페는 아니다. 살아남는 카페는 자기만의 콘셉트를 가지고 목적에 맞는 손님을 모으고 있다. 내 카페가 선택받아 성공하려면 어떠한 전략을 가지고 운영해야 할까?

직장인 중 창업에 꽂혀 당장 회사부터 그만두고, 본격적으로 준비하려는 열정을 보이는 분들이 있다. 그 단호함과 열정은 높이 사나 오래전부터 찬찬히 창업 준비를 해온 사람이 아니라면 결코 좋은 방법은 아니다. 회사란 나의 기본적인 생계를 책임져주는 수입원이다. 창업 준비란 어디서 어떤 변수가 생길지 모르는 일이며, 기간 또한 장담할 수 없다. 기본적인 수입이 끊어지면 사람들은 시간이 지날수록 조급해진다. **부디 조금 더 부지런함을 선택해 본 업과 동시에 창업 준비를 하고, 결정적인 창업 임박 때 그만두고 창업의 길로 들어서길 바란다.** 기본 수입원을 챙기면서 아르바이트로 잠시라도 카페 일을 경험해보는 전략을 추천한다.

 카페 창업 시 실제 운영에 필요한 경영 준비 전략을 알아보자

1. **커피에 대한 열정과 관심** : 열정 가득한 창업 초기의 마음을 항상 잊지 말자.
2. **적당한 자본금과 여유자금** : 능력 밖의 과도한 투자로 무리하지 말자.
3. **커피 외 음료와 디저트 연구** : **경쟁력 있는 메뉴 구성**을 위해 다양한 메뉴를 공부한다.
4. **내 카페에 맞는 목표 고객 선정** : 콘셉트에 맞는 타깃이 될 내 카페 목표 고객을 선정한다.
5. **목표 고객의 연구** : 내 카페 고객의 원하는 바를 파악해 **홍보와 마케팅에 집중**하자.
6. **인맥 관리** : 창업 전부터 운영하는 내내 도움받을 소중한 인연을 챙겨두자.
7. **좋은 직원** : 나와 함께 뜻을 같이해 앞으로 나아가 줄 수 있는 좋은 직원을 선택하자.
8. **트렌드 파악** : 빠르게 변화하는 트렌드를 놓치지 말고 알아두자.

우리가 하려는 카페는 1인 기업이므로 창업에 있어서 경영이라는 부분을 이해해야 한다. 규모만 작을 뿐 모든 경영 방식이 녹아 있는 곳이다. 카페는 또한 서비스 업종이다. 카페뿐 아니라 서비스업이 주된 곳을 방문할 때마다 그곳에서 느낀 배워야 할 점과 고쳐야 할 부분들을 챙겨보자. 경영 중에 그들에게 보이는 부분들은 실제 운영에 필요한 것들이므로, 좋은 점은 내 카페에 적용해 받아들이고 안 좋은 점은 하지 않는 전략을 짜서 운영하도록 참고한다. 이때 같은 카페 업종이 아니라면 특수한 환경을 배제하고, 내게 필요한 부분만 선별해 취하는 모습이 필요하다. 기존 창업자와는 달리 **초기 창업자는 살아남기 위한 전략**을 중심으로 생각해야 한다.

창업은 종합적인 능력을 요구한다. 전략을 잘 짜기 위해서 당연히 카페 운영의 프로세스를 잘 알고 있어야 한다. 실제적인 음료 제조부터 영업 준비, 재고 관리, 직원 관리, 판매 노하우, 홍보 잘하는 법 등 알아야 할 것들이 많다. 이 많은 것들은 당연히 경험으로부터 부딪쳐 배울 수 있다. 처음부터 거창한 전략들이 세워지지 않는다고 실망하지 말고, 기본 지식을 충분히 배워둔다. **운영하면서 빠르게 전략을 짜내는 것도 능력이다.**

창업에 있어서 전략적으로 꼭 필요한 것은 **전문성과 다양성**이다. 많은 카페 중에서 눈에 띄기 위해 질적으로 성장한 전문성이 필요하다. 하나를 하더라도 전문적인 모습을 보이도록 노력해야 한다. 전문적인 모습은 나중에 내 카페의 브랜드를 만들 수 있는 발판이 되어준다. 작은 카페도 충분히 브랜드가 될 수 있는 부분은 전문성이다. 여기에 나만의 방식으로 매장을 꾸리는 남들과 다른 다양한 방법으로 전략을 짜야 한다. 거창하게 생각하지 않아도 된다. 한 가지를 하더라도 제대로 하고, 참신한 여러 방향을 열어두고 시도하는 것이다. 이러한 바탕에는 기본적인 커피 교육과 경험이 반드시 뒷받침되어야 한다.

전문성과 다양성을 갖춘 카페는 단골 확보가 가능하다. 그들이 좋아할 만한 콘셉트와 분위기를 만들어 다른 카페와 차별성을 둔다. 가성비를 높여 맛과 가격을 잡아 단골을 유치하고, 그들이 원하는 서비스를 제공하는 전략을 추구한다. 창업자의 주도적인 경영 방식으로 다른 카페와는 다른 자신만의 카페 색깔을 입혀보자. 그만큼 스스로 고민하고 그에 맞는 나만의 전략을 세워야 성공할 수 있다.

전략은 바뀔 수 있다. 한번 정했다고 끝이 아니다. 운영하면서 얼마든지 전략을 다시 짤 수 있다. 시도한 전략이 먹히지 않았다고 실망하지 말고, 지금 필요한 새로운 전략을 짜면 되는 것이다. 창업의 큰 목표만 중심을 잡고 나머지는 운영하면서 얼마든지 시행착오를 겪으며 변경 가능한 것이다. 쉽게 말해서 어떠한 방법으로 영업해야 손님들이 내 카페를 찾고, 매출을 올려 돈을 벌 수 있을지 진지하게 고민해봐야 한다.

 카페 엔젤이 추구하는 집중 전략

1. **차별화 시도** : 다른 카페와 달리 매장 내 외부 음식을 비공식적으로 허용함으로써 동네 카페 분위기에 어울리는 편안하고, 자유로운 카페라는 인식을 심어준다. 테이블까지 서빙하면서 대접받는 기분을 느끼게 한다.

2. **저가 전략보다는 고급화 전략** : 주위 프랜차이즈 카페들과 다르게 수제청과 생과일로 맛과 품질의 고급화로 승부한다.

3. **메뉴 개발** : 커피 외 전문적인 수제청 메뉴 등 시즌마다 메뉴 정리 및 신메뉴 개발을 통해 다양함을 추구하고 변화를 준다.

4. **서비스** : 단골들에게 일정한 서비스를 다르게 준비한다(사이즈 업, 무료 메뉴, 리필 등).

5. **직원 관리** : 직원은 또 다른 사장이므로 같은 마인드로 손님을 대할 수 있도록 교육한다.

6. **트렌드 파악** : 유행하는 신메뉴를 주시하고, **내 카페에 어울리는지 확인하고 선택**한다. 유행하는 메뉴일지라도 내 카페 컨디션에 어울리지 않는다면 과감히 버린다. 다 가져갈 수는 없다.

06
카페 콘셉트를
명확히 잡아라

　카페를 창업할 때 제일 먼저 청사진을 그려봐야 할 것은 '나는 어떤 카페를 하고 싶은가?'이다. 어떤 분위기의 카페에서, 누구에게 어떤 메뉴를 팔아 수익을 내고 싶은지 생각해봐야 한다. 그것이 가장 기초적인 경영의 출발점인 '콘셉트 잡기'라고 말할 수 있다. 카페의 뼈대인 콘셉트를 잡아야 그것을 중심으로 제대로 된 경영을 할 카페 장소(상권), 카페 분위기(인테리어), 메뉴, 고객 등을 잡을 수 있다. 내 카페의 본성, 본질, 아이덴티티, 큰 틀인 콘셉트는 초기에 잘 잡아두어야 한다. 콘셉트는 어떻게 잡아야 하며, 그 기준은 무엇일까?

 콘셉트 잡는 방법과 기준

　동네에 카페를 차리고자 계획한다면 우선 그 상권의 특성을 파악한다. 주 고객이 될 손님의 성별, 직업, 나이 등을 알아보고, 그들이 좋아하는 장소나 분위기 등을 파악한다. 타깃을 정했다면 인테리어, 메뉴, 영업 시간, 상권 등은 타깃 층에게 맞춰 세팅한다. 홍보나 마케팅도 주 고객을 타깃으로 펼친다. 이 모든 것들이 어우러져 조화를 이루는 것이 내 카페의 콘셉트다. 보여주는 콘셉트인 인테리어로 **어떤 분위기의 카페를 만들고 싶은지 결정한다.** 빈티지, 모던, 앤틱 스타일 등 인테리어도 콘셉트의 일부다. 카페의 대표 컬러도 콘셉트가 될 수 있다. 스타벅스가 그린 색을 꾸준히 어필하는 것도 카페 콘셉트를 색깔로 봤을 때 인지도를 높이는 방법이다. 매일 들려오는 음악도 얼마든지 콘셉트로 어필할 수 있다.

콘셉트는 그 **카페 사장의 분위기**이기도 하다. 사장이 콘셉트가 될 수도 있으므로 창업자가 중심을 잡고 콘셉트를 잡아야 한다. 특히 개인 카페 사장은 밀접하게 관련되므로, 카페 근무할 때 좋은 모습을 어필할 수 있도록 해야 한다. 하고자 하는 콘셉트가 먼저 섰다면 그 콘셉트가 어울리는 상권을 선택하고, 상권이 먼저 선택이 되었다면 그 상권에서 선택받을 수 있는 콘셉트를 잡아야 성공한다. 콘셉트에 정답은 없으나 대형 카페를 축소해 카피만 하는 진정성 없는 개인 카페는 외면당하기 쉽다.

콘셉트는 모두 **조화롭고 한방향**이어야 한다. 디테일한 소품들까지 한 맥락으로 그림이 그려져야 한다. 그냥 예쁘게, 아름답게 보다는 다른 카페들과 차별화된 부분을 어필하는 것이 성공 확률이 높다. 그게 인테리어든, 메뉴든 그 무엇이든 말이다. 콘셉트를 잡았다면 큰 틀은 유지하되 부분적인 것들은 변화하는 트렌드에 맞춰 운영하는 동안 꾸준히 변화를 주어야 한다. 손님들은 익숙함 속에서 새로운 변화를 원한다. 작은 변화에도 손님들은 반응한다. 이 모든 것들이 자리 잡았다면 이것이 내 브랜드가 되는 것이다. 브랜드 이미지가 제대로 잡혔다면 2단계 프랜차이즈 사업도 해볼 만한 경쟁력을 갖추었다는 뜻이다. 이렇게 되기까지 창업자의 무던한 노력과 경험은 꼭 필요하다.

 카페 콘셉트를 잡을 때 구성 요인들을 체크하면 전체적인 그림이 나온다

1. **인테리어를 이루는 분위기, 스타일** : 하고자 하는 카페의 이미지를 구상한다.
2. **주 고객이 될 타깃** : 내 카페를 주로 이용해 **수익을 줄 고객층**을 파악한다.
3. **이용 목적** : 주 고객들이 **내 카페를 이용하는 주된 목적**을 파악한다.
4. **카페 위치** : **상권/입지**를 말하며 콘셉트에 맞춰 어느 곳에 안착할지 고민한다.
5. **메뉴 선정** : 콘셉트에 큰 영향을 주는 구성 요소이므로 신중하게 메뉴를 선택한다.
6. **서비스 방법(판매 방법)** : 셀프서비스로 갈 것인지, 테이블 서빙을 할 것인지 선택한다.
7. **가격** : **가격선**은 어느 정도로 맞춰 원하는 콘셉트를 표현할지 생각한다.

명확한 콘셉트 구성은 이미지나 스타일, 메뉴, 주 고객층, 내 카페의 이용 목적, 상권, 분위기, 서비스, 판매 방법, 가격, 이름과 로고 등이 조화로울 때다. 카페 메뉴는 카페 분위기를 잡는 중요한 바탕이 되므로 콘셉트와 어울릴 수 있도록 신중하게 고민한다. 상권은 수익성과 관련이 있고, 카페 분위기의 기본은 청결임을 잊지 말아야 한다. 카페 메뉴의 가격은 고급화로 갈 것인지, 중저가로 대중적으로 갈 것인지 선택한다.

 ## 카페 콘셉트를 잡을 때 주의할 점

우리는 성공하기 위해 창업을 시작한다. 창업의 밑바닥 본질은 수익을 내는 것이다. 남에게 그럴듯하게 보이기 위한 콘셉트가 아닌, **사장의 진정성을 보여주는 동시에 높은 수익을 올린다**는 기본적인 마인드로 콘셉트를 잡아야 한다. 카페는 높은 수익을 낼 수 있는 구조는 아니나 창업자의 노력 여하에 따라 꾸준히 안정적인 수익이 얼마든지 가능하다. 손님은 최대의 만족을 얻고, 창업자는 적은 비용으로 최대 수익을 낼 수 있도록 고민해봐야 한다.

콘셉트는 **창업자의 입장보다 손님의 입장으로** 생각해야 한다. 누구를 위해 카페가 존재하는지 생각하고, 그들이 원하는 콘셉트를 잡고 움직여야 한다. 내 카페 손님이 중요하게 생각하는 것의 우선순위는 어떤 것인지 파악하고 콘셉트를 잡는다. 가격보다 맛을 우선하는지, 분위기와 서비스를 우선하는지 잘 파악해 디테일함을 잡고 콘셉트를 완성한다. 트렌드를 반영하는 것은 좋으나 큰 중심만은 트렌드를 따라가지 않는 것이 좋다. 트렌드란 쉽게 변화하기 때문에 트렌드만 좇는 콘셉트는 쉽게 시들해질 수 있다. 요즘은 너무도 빠르게 트렌드가 변화하므로 특히 조심해야 한다. 중요한 것은 손님의 입장으로 생각한 것이 창업자가 해낼 수 있는 콘셉트여야 한다.

콘셉트를 어렵게 생각하지 말자. 내가 하고자 하는 카페의 주된 고객을 생각하자. 내가 정한 목표를 중심으로 그들이 원하는 것을 맞추며, 수익을 낼 수 있는 분위기를 만들면 되는 것이다. 이것저것 좋다는 것들을 합쳐 짜깁기하는 것이 아닌 창업자가 추구하는 목표에 어울리는 조화로운 분위기로 가는 것이다. 주의할 점은 나의 만족도가 아닌 **손님의 만족도를 항상 체크**해야 한다. 그렇게 잡은 콘셉트가 곧 수익과 직결되어 성공의 발판을 만들어준다. 콘셉트 구성 요소들을 인지하고, 충분히 고민해 내 카페만의 확실한 콘셉트를 잡고 창업해야 한다. **콘셉트는 내 카페가 나아가야 할 좌표**라고 생각하면 된다. 어떠한 방향으로 가야 매출을 올리고 성공할 수 있는지 길잡이라고 생각하고 잡아보자.

 ## 카페 엔젤 콘셉트는 무엇일까?

카페 엔젤은 특별한 콘셉트가 없는 게 콘셉트다. 아파트 상권 안에 엄마들의 사랑방 같은 곳, 마음 편히 아이들과 함께 수다도 떨고 아이들 학교 정보, 교육 방향도 의논한다. 커피 한 잔, 차 한 잔으로 마음을 편하게 내려놓을 수 있는 분위기를 선사한다. 아파트를 산책하시던 어르신들이 아메리카노 한 잔, 이른 골프 모임을 끝낸 어머님들의 뒤풀이 코스로 라떼 한 잔, 수제차 한 잔을 드시며 모임의 마무리를 한다.

주말은 가족끼리 나와 편하게 즐기는 카페, 책을 보며 혼자 시간을 즐기는 사람들의 카페. 우리는 그저 그들이 편하고 좋은 시간을 보낼 수 있도록 예쁜 잔에 맛있는 메뉴를 대접하고, **눈치 보지 않고 편안하게 지낼 수 있는 쾌적한 장소를 제공**하는 것이 콘셉트다. 개인 카페만의 강점인 직접 담근 수제청 음료로 건강까지 챙기며, 다른 카페와의 차별화로 승부를 보고 있다. 오래된 카페지만 부분적인 인테리어의 개선과 테이블, 의자 교체, 소품의 다양화로 변하지 않는 듯 변화하는 트렌드도 따르고 있다. 그렇게 특별한 콘셉트가 없는 듯 보이는 **부담 없는 동네 카페 콘셉트다.**

'카페 엔젤'이라는 네이밍 의미에 맞는 밝은 분위기의 노란색 컬러를 대표 컬러로 잡았다. 홀더, 도장 쿠폰 및 전체적인 인테리어 색감도 노란색으로 일관성 있게 꾸몄다. 소품들도 노란색 계열들로 조화를 이루도록 하고 있다. 오래된 손님들이 멀리서 노란색 홀더를 보면 카페 엔젤이 떠오른다고 이야기해주신다. 지금은 친환경 이미지에 맞도록 크라프트지 느낌으로 디자인의 라인업을 바꾸었다. 창업 초기에는 셀프서비스였으나 상권 변화와 트렌드에 맞는 개인 카페 분위기를 위해 테이블 서빙으로 바꿔 대접받는 느낌으로 디테일함에 변화를 주었다. 결국 콘셉트는 운영하면서 조금씩 변화를 갖되 큰 틀은 유지하며 조화를 이루고, 다른 카페와는 차별화된 모습의 운영이다. 그 분위기와 서비스, 메뉴가 좋아 찾아주시는 손님들로 인해 수익이 나는 것은 당연한 이야기다.

07

나는 무엇이 맞을까?
– 프랜차이즈 카페 vs 개인 카페

카페 창업을 하고자 할 때 한 번쯤 고민하고 선택해야 하는 것 중 하나가 어떤 유형의 카페를 할 것인가다. 일반적으로 카페는 본사라는 개념이 있는 프랜차이즈 카페와 개개인의 브랜드인 개인 카페가 있다. 이 카페 종류의 장단점은 무엇인지, 어떤 유형의 카페가 나에게 맞는지 알아보고 선택해야 한다. 선택에 따라서 카페 경영 방법에 큰 차이점을 보이는 만큼 신중하게 점검하고 선택할 필요가 있다.

프랜차이즈 카페 파악하기

프랜차이즈 카페를 하고자 한다면 투자 자본금 자체가 올라간다. 개인 카페와 비교해 초기 투자금이 최소 1억 원 이상 필요하다. 프랜차이즈 카페 종류에 따라 차이가 있으나 확실히 개인 카페보다는 투자금을 더 확보해두어야 한다. 그 대신 오픈까지 거의 모든 부분을 본사가 알아서 정리해준다. 창업자는 자금을 준비하고 본사에 일임하면, 커피 교육부터 인테리어와 오픈까지 순조롭게 진행될 수 있다.

1. 프랜차이즈 카페의 좋은 점
① 브랜드 인지도가 있으므로 기본 고객을 확보한다.
② 상권 분석의 체계화로 카페 입지 선정에 전략이 미리 짜여 있다.
③ 인테리어부터 주방 집기까지 전부 세팅해준다.
④ 영업할 수 있는 레시피와 디저트까지 교육하고 제공해준다.
⑤ 계약 기간에는 영업 시스템을 제공하고 계속 관리해준다.

2. 프랜차이즈 카페의 불편한 점
(프랜차이즈마다 정도의 차이가 있다)
① 초기 투자 비용이 많이 든다.
② 브랜드 인지도를 이용하는 대신 수수료인 로열티를 운영 내내 계속 내야 한다.
③ 카페 영업에 관련된 부자재들과 기타 물품들은 본사 제공품만 사용해야 한다.
④ 본인이 원하는 운영 방식으로 진행할 수 없다.
⑤ 운영권은 본사에 있으므로 의미상 수평적인 관계보다는 수직적인 '을'의 입장이 된다.
⑥ 본사와 운명을 함께 한다(본사 재정에 따라 영향을 받는다).
⑦ 창업자 상권의 트렌드에 빠르게 대응할 수 없다(아이디어나 독자적 운영이 힘들다).
⑧ 차별화된 나만의 카페 콘셉트를 보여줄 수 없다.
⑨ 계약 기간을 지켜야 하므로 중도 하차 시 불이익이 생길 수 있다.

첫째, **본사의 재정 상태**를 꼭 확인하자. 프랜차이즈를 계약함과 동시에 프랜차이즈 본사는 나와 운명 공동체다. 본사가 열심히 영업해주고, 신메뉴도 개발해주면서 함께 나아가는 것이다. 반면 재무 상태가 좋지 않아져 영업 활동도 메뉴 개발도 흐지부지하면 내 카페도 함께 시들어가는 것이다. 브랜드마다 영업 전략들이 다르기에 선택 시 다양한 설명회에 참여해 비교, 분석할 필요가 있다. 기존 브랜드를 운영하는 사업자를 찾아가 이야기를 듣는 것도 좋은 방법이다.

둘째, 창업주의 **다점포율과 폐업률을 확인**하자. 다점포란 창업자 1명이 같은 브랜드 점포를 2개 이상 운영하는 것을 말한다. 기존 사업장에 만족하고 또 선택한 경우가 되므로 그 브랜드에 대한 만족도가 높다는 이야기다. 폐업률이 높은 브랜드는 선택을 지양해야 한다. 신규 가맹점 10개 중 5개 이상이 폐업하는 비율이라면 가맹점 관리가 되지 않고 있다는 뜻이다. 그 브랜드의 매장 평균 매출액 확인을 기본적으로 하되 폐업률도 꼭 확인하자.

셋째, 브랜드 주메뉴가 **너무 트렌드에 치우쳐 있는 것도 조심**해야 한다. 주력 아이템이 유행을 좇는 것은 그만큼 금방 시들어버릴 수 있기 때문이다. 안정적인 기본 메뉴를 바탕으로 트렌드에 맞는 신메뉴들을 주기적으로 출시하는 브랜드를 선택하는 게 안전하다. 가끔 유행 아이템 브랜드로 영업 효과를 보고, 다음 인수자에게 고가의 권리금으로 넘기는 경우가 있다. 인수한 창업자는 후속 메뉴 개발이 없는 시들어진 트렌드 메뉴로 손해를 크게 볼 수도 있다. 창업 시에는 안정적으로 매출을 낼 수 있는 메뉴 구성인지 꼭 확인할 필요가 있다.

창업자가 커피에 관한 정보가 미비하고 경험이 없는 초보인데 자본금이 있다면, 프랜차이즈 카페를 선택하는 게 도움이 된다. 본사의 안정적인 시스템과 알아서 해주는 홍보 방식, 지속적인 신메뉴 개발과 일률적인 인테리어를 이용할 수 있다. 다만 그 모든 부분에 가맹비, 교육비, 수수료 등 지출이 된다는 점, 본사의 일률적인 매뉴얼로 내 카페 상권에 맞는 최적의 영업과 메뉴를 조달할 수 없다는 점, 창업자의 아이디어를 운영에 반영할 수 없다는 점 등은 고려할 부분이다. 한마디로 카페에 대한 지식과 열정, 아이디어는 적으나 경제력이 뒷받침된다면 선택할 만하다.

프랜차이즈 창업자가 선택할 수 있는 운영 방식은 첫째, 큰 자본금이 필요한 투썸 플레이스, 할리스, 엔젤리너스 등 대형 매장이다. 둘째, 적은 자본금으로도 할 수 있는 이디야, 메가 커피 등 중소형 매장이다. 개인 카페를 하고자 하는 창업자가 선택에 많은 고민을 하는 부분이다. 셋째, 하프 프랜차이즈 개념인 개인 카페형 프랜차이즈다. 본사의 브랜드명을 사용하고 노하우와 메뉴 구성을 함께 가지만, 계약 조건에 따라서 창업자 의지대로 운영할 수 있는 부분이 있다. 예를 들어 본사의 원두만 주기적으로 사용하는 조건인 경우도 있다. 개인적으로 운영하고, 초기 안착 시스템이 안정적으로 필요한 경우 좋은 선택이 될 수 있다.

처음부터 끝까지 창업자 자신이 알아서 해야 한다. 카페 분위기를 이끌 인테리어, 내 카페 상권에 맞는 메뉴 구성, 신메뉴, 홍보물 작업과 디저트류 선택과 영업 방식까지 모두 창업자가 선택한다. 반면 덩치 큰 프랜차이즈보다 내 상권에 대한 파악이 빨라 트렌드 반영이 수월하고, 맞춤형 홍보 방식으로 고객에게 내 카페만의 차별화된 편안함과 감동을 줄 수 있다. 지출의 최소화 운영 방법으로 수익의 극대화도 노려볼 만하다.

1. 개인 카페의 좋은 점

① 초기 투자 자본금이 상대적으로 적고, 로열티 등 수수료 지출이 없다.

② 내가 하고자 하는 카페 콘셉트를 정할 수 있다.

③ 인테리어 외 소품 등 원하는 분위기의 카페를 세팅할 수 있다.

④ 메뉴 구성 시 상권 트렌드 반영을 빠르게 할 수 있다.

⑤ 영업 지출을 최소화할 수 있다(부자재의 선택을 마음대로 할 수 있다).

⑥ 독자적인 운영 방식으로 차별화를 노려 고객에게 감동 이상을 줄 수 있다.

2. 개인 카페의 불편한 점

① 상권, 입지 선정에서 체계적인 데이터를 확보하기 어렵다.

② 인테리어부터 모든 부분을 스스로 선택해야 해서 책임감이 막중하다.

③ 초기 브랜드 인지도가 없으므로 오픈 시 안정적인 수입은

미지수다.

④ 메뉴 개발에 있어서 창업자 스스로 해야 하므로 많은 노력이 필요하다.

⑤ 프랜차이즈만큼 광고 효과를 보기 어렵다.

 ## 성공적인 개인 카페가 갖춰야 할 인프라

1. **맛** : 내 상권에 맞는 가격 대비 좋은 원두를 선별하고, 음료의 퀄리티로 승부를 본다.

2. **가격** : 상권에 맞는 적정한 가성비 좋은 가격을 책정한다.

3. **고객 감동 서비스** : 손님 한 분, 한 분에 맞춘 차별화된 서비스로 작은 감동을 주어야 한다.

4. **분위기** : 편안하게 자주 찾을 수 있는 분위기를 만들어야 한다.

5. **전문가 멘토** : 프랜차이즈에서 본사와 같은 역할을 해줄 전문가 멘토를 알아두자. 어려움이 생길 때마다 길잡이로서 큰 도움이 된다.

6. **꾸준한 열정과 노력** : 배움에 대한 욕심과 열정이 있어야 한다. 성공한 카페를 보고 시장 조사부터 트렌드 파악까지 부지런히 준비해야 성공할 수 있다.

7. **카페 경험** : 창업 전 아르바이트 등 카페 일에 관련된 경험이 풍부할수록 실패 확률을 줄일 수 있다.

프랜차이즈와 개인 카페의 선택에 있어서 좋고, 나쁨은 없다. 서로의 조건이 다른 만큼 장단점을 잘 파악하자. 창업자 자신이 어느 정도 준비가 되어 있고 할 의지가 있느냐에 따라 상황에 맞춰 선택하면 된다. **어떤 카페 유형을 선택할지 생각하기 이전에 본인이 어떤 사람인지 파악하는 것이 우선이다.** 프랜차이즈 가맹 시 오픈할 때 받는 도움은 80% 이상이다. 상권 조사와 기본 메뉴 레시피, 인테리어 외 운영 시스템까지 모든 것을 알아서 해준다. 하지만 얼마 동안 운영하다 보면 카페 운영이 익숙해진다. 그런 상황에서 프랜차이즈 본사의 일률적인 매뉴얼은 내 상권에 안 맞아도 따라야 하고, 상권에 맞는 메뉴를 넣고 싶어도 기본 제공 메뉴가 아니면 기본적으로 판매가 불가하다. 욕심이 있는 창업자는 이런 시스템이 맞지 않는다. 자신의 상황을 고려해 필요한 창업 유형을 잘 선택해야 한다.

 ## 카페 유형의 문제가 아닌 창업자의 자세가 중요하다

카페 엔젤을 4년 차 운영 중일 때 근처에 경쟁 카페가 오픈했다. 중소형 프랜차이즈로 인지도 있는 브랜드였다. 코로나 시기임에도 무리하게 오픈하는 모습이 불안했는데, 결국 2년을 못 채우고 권리금과 시설 투자금도 찾지 못하고 인수자도 없이 원상 복구까지 해주고 폐업하고 말았다. 위치는 메인 자리로 좋은 자리였지만, 프랜차이즈 브랜드만 믿고 오픈하기에는 너무 큰 손해를 보고 마감했다. 같은 상권이라 경쟁 업체는 줄었지만, 안타까운 마음도 교차하는 사례였다.

1년쯤 운영하다 보면 카페 일이 익숙해지며 시즌마다 신메뉴도 넣고 싶고, 새로운 아이디어로 운영하고 싶은 마음도 생긴다. 하고 싶은 것이 많고 새로운 도전을 기꺼이 즐기는 창업자라면 개인 카페를 도전해보라고 하고 싶다. 물론 오픈하기 전 프랜차이즈가 제공해주는 상권 분석, 메뉴, 운영 시스템들은 충분히 공부해두며 천천히 준비해보자는 이야기다. 그것을 해낼 수 있는 창업자라면 분명 시행착오는 있겠지만, 끝까지 성공적으로 잘 운영해 나갈 수 있다.

카페 창업 전
해야 할 것들

01

성공한 카페 탐방은
선택이 아니라 필수다

　창업을 준비하는 중에 꼭 해야 할 일이 있다. 카페를 하고자 한다면 다른 카페들의 분위기를 보는 것이다. 처음에는 가벼운 마음으로 어떤 카페들이 있으며, 어떻게 운영하고 있는지 커피 한 잔을 마시며 둘러보는 것으로 시작하면 된다. 이른바 **시장 조사**다. 카페 탐방은 창업 전에도, 창업 후에도 주기적으로 필요한 일이다. 창업 전에는 내가 창업하고자 하는 카페의 롤모델이 될 카페를 찾는 것이고, 창업 후에는 영업 수익의 극대화를 위해 새로운 아이템을 찾는 것이다.

　사전적 정의로는 어느 특정 분야에서 우수한 상대를 기준으로 목표를 삼아 자기 기업과의 성과 차이를 비교하고, 이를 극복하기 위해 그들의 뛰어난 운영 프로세스를 배우면서 부단히 자기 혁신을 추구하는 경영 기법을 '**벤치마킹**'이라고 한다. 즉 성공적인 카페를 롤모델 삼아 그곳에서 배울 만한 것들을 모토로 내 카페에 도움 될 만한 새로운 아이디어, 아이템을 찾는 것이다. 벤치마킹에서

주의할 점은 카피와 모방이 아닌 나만의 새로운 방식으로, 비슷하지만 다른 아이템이어야 한다는 것이다.

카페 탐방 시 무엇을 확인해야 할까?

1. **카페 상권** : 카페의 위치와 타깃 손님의 성향
2. **카페 규모 & 콘셉트** : 카페 사이즈와 종류, 추구하는 콘셉트
3. **인테리어** : 내부, 외부의 인테리어, 간판, 조명, 테이블 분위기
4. **메뉴 & 가격** : 메뉴의 종류(시그니처 메뉴 & 사이드 메뉴), 가격대
5. **직원 수 & 분위기** : 직원의 수와 직원들의 분위기

카페 탐방 시 <u>사진과 메모</u>는 필수다. 도움이 될 만한 아이템과 분위기는 사진으로 남겨두고 느낀 점과 좋은 점, 안 좋은 점도 꼭 메모해두자. 창업 준비 기간이 얼마나 걸릴지 모르는 상황에서는

더욱 그러하다. 이렇게 준비된 자료들은 내 카페 콘셉트를 잡을 때 인테리어 외 모든 부분에서 참고 사항이 된다. 맨땅에 헤딩하는 것보다 참고 자료가 있다면 훨씬 수월하며, 다른 곳의 성공 아이템이라면 실패할 확률이 적다는 이야기다.

벤치마킹할 카페를 선택할 때는 처음에는 전반적으로 다양한 곳을 찾아본다. 그 속에서 새로운 아이디어를 받을 확률이 높다. **창업하기 임박해서 콘셉트를 잡은 경우는 창업하고자 하는 내 카페 콘셉트와 비슷하고, 성공적으로 운영하는 곳을 선택한다.** 상권이 비슷하고, 규모도 비슷하면 더욱 좋다. 주의할 점은 그곳과 내 카페와의 디테일이 다르므로, 꼭 나에게 맞는 방법으로 보완 수정해서 행해야 한다.

 카페 탐방의 목적(벤치마킹하는 이유)

카페 탐방에서 중요한 점은 다른 카페와 같지 않은 나만의 **차별성**을 두어야 한다는 것이다. 카피가 아닌 재창조해 **경쟁력을 높이는 것에 목적**을 두어야 한다. 진정성 없이 그저 똑같이 따라 하고, 콘셉트에 맞지 않는 좋은 점들을 두루 끼워서 맞추는 실수를 하면 안 된다는 것이다. 다른 카페에 좋다고 내 카페에 다 좋은 것은 아니다. 반드시 수정 보완해서 적용해야 한다. 그 이유는 내 카페의 입지 조건이나 콘셉트, 타깃 층인 손님이 다르기 때문이다. 카페 사정이 모두 디테일하게 다르므로 다른 카페에 좋은 것이 내 카페에는 무용지물이 될 수도 있다. 어떤 아이템이 내 카페에 적용하면 시너지를 발휘할지 매의 눈으로 선별해야 한다. 내 카페에 맞춰 효과적인 벤치마킹을 할 때 카페 탐방의 목적이 달성되는 것이다.

미국마케팅협회 회장을 역임한 와튼스쿨의 조지 데이(George Day) 교수는 '**경쟁에서 이기는 기업은 경쟁자보다 빨리 시장의 중요한 변화를 알아내는 능력에서 다른 기업과 차별화된다**'라고 지적했다. 이러한 능력을 '**마켓 센싱**(market sensing) **능력**'이라고 말한다. 자영업에서도 이러한 마켓 센싱 능력이 필요하다. 고객이 무엇을 원하는지 알기 위해서는 시장 조사를 통해서 변하는 트렌드를 감지하고, 새로운 아이디어로 다른 곳보다 발 빠르게 움직여야 내 카페의 수익을 극대화할 수 있다. 본인이 앞서가지 못한다면 빠르게 흐름을 타야 한다. 그러기 위해서 벤치마킹은 중요한 과정이다.

 ## 카페 엔젤의 꾸준한 벤치마킹

카페 엔젤의 벤치마킹은 내 카페 주변의 다른 카페들이 어떤 메뉴들을 출시하고, 고객들의 반응은 어떤지에 주목적을 두고 있다. 프랜차이즈 카페의 인기 메뉴를 개인 카페만 할 수 있는 특별한 레시피로 재탄생시켜 신메뉴를 개발한다. 주변 카페의 셀프 서비스에 대한 불편함을 보완해 음료를 직접 테이블까지 서빙해주는 서비스로 퀄리티를 높이는 것도 시장 조사를 통해서 운영 중간에 바꾸었다. 같은 아이템을 일률적으로 따라 하는 것이 아닌, 차별화시켜 내 카페에 맞게 적용시키는 것이다. 물론 **그것이 수익으로 연결된다면 잘하고 있는 것이다.**

카페 안에서 하루 종일 근무하는 근무자가 시간을 내기란 쉽지 않다. 하지만 정보화 시대인 요즘은 온라인으로도 얼마든지 벤치마킹이 가능하다. 카페업을 하는 사람들의 이야기나 기사들로 충분히 벤치마킹해 내 카페에 도움이 되는 시스템으로 만들 수 있다. 아이디어의 발상이 될 만한 베이스를 찾아보려는 노력을 꾸준히 해야 한다.

02

사장 연습
– 사업 계획서를 디테일하게 작성하라

내 카페의 사업 계획서가 꼭 필요할까? 처음 시작은 미비하나 누구보다 큰 꿈을 그리며 창업을 시작한다. 하지만 큰 꿈을 그리며 나아가는 길이 순조롭게만 진행되지는 않는다. 사업 계획서는 안개 같은 상황 속에서 길잡이가 되어 줄 **창업 지도** 같은 것이다. 문제가 생겼을 때 대처할 힘이 되어주고, 계획적으로 진행해나가는 힘이 되는 것이다. 사업 계획서란 카페를 창업하기 위해 준비하고, **활동할 일들을 문서로 적어 체계화하는 작업이다.**

사업 계획서라는 말이 거창할지 모르나 이제 우리는 사업자다. 소규모 작은 카페도 사업이다. 모든 일을 책임져야 하는 사업자라는 생각을 잊지 말고 성공적으로 사업을 하기 위해 사업 계획서는 반드시 작성해야 한다. 창업 전 계획서를 통해 사장이 되어 시뮬레이션을 돌려보는 것이다. 그동안 준비했던 부분들을 빠짐없이 문서화 하는 작업이다. 머릿속 그림으로만 그렸던 일들을 글자로 작성해 구체적으로 표현하는 것이다. 창업 과정을 체계화하고 순서대로 일이 진행되고 있는지 실제 창업 과정에서 확인할 수 있는 근거자료가 된다.

 사업 계획서 내용의 구성과 주의사항은 무엇일까?

1. **사업의 목적** : 창업하고자 하는 이유 & 창업자 의지와 목표가 있어야 한다.
2. **카페 업종 분석과 경쟁 업체 시장 조사** : 업종의 현실적 분위기와 경쟁 업체를 파악해둔다.
3. **콘셉트 설정** : 창업하고자 하는 내 카페의 콘셉트를 잡아야 한다.
4. **상권 분석 & 입지 선정** : 내 카페 위치 선정과 주변 경쟁 카페들 현황을 조사한다.
5. **인테리어 계획** : 콘셉트 분위기, 규모, 내부/외부 인테리어, 소품 구성을 계획해둔다.
6. **메뉴 외 운영 계획** : 메뉴 종류와 가격, 구성, 전반적인 운영 계획을 세운다.
7. **홍보 & 서비스 전략** : 내 고객에 맞춘 홍보 방법과 서비스 유형을 책정한다.
8. **자금조달 계획** : 필요한 자금과 조달 방법, 투자금 지출현황을 계획한다.
9. **손익 계획** : 매출 목표액과 **수익금을 추정**해둔다.
10. **사업 계획 일정** : 창업 프로세스(사업 진행 과정)를 작성해본다.

사업 계획서에 작성할 구성 요소들은 위와 같다. 정해진 틀은 없다. 문서화시켜 나에게 도움이 될 만한 진행 상황들은 전부 메모하고 정리하면 되는 것이다. 노트 한 권을 준비하자. 그곳에 준비 과정과 참고할 정보들을 작성하자. 창업 준비 기간이 1년 이상이라면 더욱 필요하다. 준비 과정에서 얻은 정보들을 머릿속에만 두는 것은 체계화하기 힘들다. 노트에 기록하고 문서화 하면서 정당함을 얻고, 목표를 잡고 실천할 수 있게 하는 힘을 갖추는 것이다. **나에게 부족한 인프라가 무엇인지 체크**하고, 창업 진행 과정을 노트 한 권으로 한눈에 알 수 있도록 정리한다. 그것들은 나중에 사업 계획서를 작성하는 바탕으로 삼으면 된다.

사업 계획서 작성 시 상황을 객관적으로 솔직히 판단해야 한다. 경쟁 업체를 분석할 때 과소평가 하지 말고 냉철하게 판단해서 준비해야 한다. 창업자 자신은 본인이 하고자 하는 사업을 완벽하게 이해하고, 그에 맞는 계획을 세울 줄 알아야 한다. 본인이 자신감이 없는 사업은 실패 확률이 높다. 자금조달 방법 또한 정확하게 계산되어야 한다. 현실적으로 문제가 발생하는 사안이므로 어떤 것보다 차질 없도록 준비한다.

사업 계획서가 디테일 할수록 성공할 확률은 높아진다. 문제가 발생해도 당황하지 않고, 예측한 상황들에 대처가 빠르고 수월할 수 있다. 일의 진행 과정을 알고 시작하므로 일의 순서가 뒤바뀌어 발생하는 문제점들을 방지할 수 있다. 사업 전반에 대한 시야 확장으로 **나무보다 숲을 보는 능력**을 키워주는 연습인 큰 그림을 그릴 수 있게 된다. 정리된 사업 계획서는 창업 후 내 카페의 운영 매뉴얼로 경영 방향의 길잡이 역할을 하게 된다. 목표로 잡은 매출이 실현 가능한지 계획서를 통해 점검하고 수익이 나는 구조가 아니라면, 이 사업에 대해 다시 생각하고 수정 보완해야 한다.

사업 계획서가 대략 정리가 되었다면 **홍보/마케팅 파트**에 좀 더 구체적이고 비중 있게 계획해두자. 참신한 아이디어와 벤치마킹해둔 정보들을 모아둔다. 어떠한 품질과 서비스로 차별화를 둘 것인지 고민하고, 창업 후 실행할 수 있는 것들을 좀 더 구체적으로 계획하면 마냥 손님이 와주기만 바라며 기다리는 일은 없을 것이다. 필자가 늘 강조하는 수익은 초기 창업자에게는 꼭 필요한 목표다.

사업 계획서는 성공해서 작성하는 것이 아니라 성공하기 위해 준비 과정을 계획하는 것이다. 언제든지 상황에 맞춰 유연하게 전략이 바뀔 수도 있고 수정할 수도 있다. 목적은 하나다. 제대로 된 창업을 하기 위해 준비하는 과정을 문서화 하는 작업임을 잊지 말자. **계획서를 통해 근거 있는 자신감을 불어넣어 주고 사업을 추진할 수 있는 원동력이 되어야 한다.** 창업자가 가야 할 방향과 해야 할 일들을 문서로 체계화해 창업 준비 과정에서 발생하는 문제점을 방지하고 해결해 성공적인 창업에 목적을 둔다.

 카페 엔젤이 제시하는 쉬운 사업 계획서 작성법

"도대체 너는 카페가 왜 하고 싶니?"에 대한 답으로 시작하면 된다. 내가 카페를 왜 하려고 하는지, 어떤 카페를 꿈꾸고 있는지, 어떤 인테리어 스타일로 하고 싶은지 편하게 적어간다. 카페를 차리고 싶은 장소는 어디이며, 왜 이곳을 선택했는지, 어떤 종류의 손님들을 만나고 싶은지도 적어본다. 손님들을 모으기 위해 어떤 것들을 하면 좋을지, 그런 카페를 차리기 위해 돈은 얼마나 필요하고 어떻게 조달할 것인지, 내가 예상하는 매출은 어느 정도인지 말이다. 나는 손님에게 어떤 주인이 되고 싶고, 내가 직접 뽑은 직원과는 어떤 방식으로 카페를 운영하고 싶은지도 생각해본다. 이런 것들을 지키지 못하면 큰일 나는 게 아니다. 나의 목표와 사업 방향성, 준비 사항과 해야 할 일을 우선 정해두고, 추후 변경된 내용이나 **더 좋은 방법이 있다면 수정 보완하면 된다.**

한 가지만 기억하자! **사업 계획서란 내가 앞으로 가야 할 길을 글로 적어둔 것이다.** 이 계획서를 보여주기 위해 거창하게 꾸밀 필요도 없고, 어려운 말로 다듬을 필요도 없다. 내가 알기 쉽게 가야 할 방향과 해야 할 일들을 적어두자. 그게 나의 사업 계획서다. 그렇게 모든 일에 익숙하고 정리가 되면 남들에게 보여줄 사업 계획서는 그때 작성하면 된다. **시작은 누구보다 자신 있게 해보자.**

03

사업 자금
- 내가 가진 자금을 어떻게 분배할까?

내가 가지고 있는 아이템과 인프라가 풍부하다고 해도 창업할 돈이 없다면 그저 꿈에 불과한 것이다. **창업은 이상을 현실화하는 작업이다.** 그 현실감 속에서 성공적으로 수익을 내는 것이다. 그러기 위해서 무거운 이야기지만, 솔직하게 세속적인 돈이 가장 필요하다. **머니(Money)!** 과연 카페 창업에 필요한 자금은 어느 정도이며, 그 자금들을 어떻게 분배해 사용해야 효율적으로 운영할 수 있는지 알아보자.

창업하고자 하는 콘셉트에 따라 사업 자금도 규모가 달라질 수 있다. 내가 가지고 있는 자금으로 원하는 콘셉트를 표현할 수 있을지 확인해야 한다. 콘셉트와 자금의 괴리감이 많이 느껴진다면 콘셉트를 재정비할 필요가 있다. 어떤 창업이든 무리한 투자는 실패할 확률이 높기 때문이다. 사업 자금이 없는 상태에서 입지 조사와 부동산 매물은 구체적으로 눈에 담아두지 말자. 어느 정도 자금 준비가 되었을 때 준비해야 추진력을 높일 수 있다.

1. 보증금

창업하고자 하는 상가의 보증금은 천차만별이며, 계획한 자금과 콘셉트가 맞는 곳을 찾아야 한다. 보증금은 나중에 계약 기간이 끝나면 다시 돌려받을 수 있는 자금이다.

2. 권리금

위치에 따라 없는 곳도 있고 터무니없이 비싼 곳도 있다. 창업 시 잘 선별하고 적절히 투자해야 하며, 계약 기간이 끝난 상황에서 권리금을 돌려받을 수 있을지는 미지수다. 참고로 권리금은 상권이 활발한 지역은 비싸고, 아닌 곳은 없을 수도 있다.

3. 인테리어

내 카페 콘셉트를 나타낼 내·외부 인테리어, 철거, 전기, 냉난방설비, 간판, 소품 등이 포함된다. 내 상가가 아닌 임대 상가라면 과한 투자는 금물이다.

4. 주방 기구 외 집기

카페 운영에 필요한 커피 머신 외 사이드 메뉴에 필요한 기기 비용이다. 카페 기기는 생각보다 비싼 것들이 많다. 고가의 기기에 욕심을 내지 말고, 본인의 투자금을 생각해 효율적으로 자금을 분배해야 한다.

5. 운영 여유자금

첫 달부터 수익으로 전환될 정도로 매출이 나와주면 좋겠지만,

초기에는 이것저것 투자를 하는 분위기이며 시행착오를 겪는 시기다. 매출에 따라서 최소 3~6개월 동안 수익이 없어도 운영할 수 있는 운영 여유자금을 들고 있어야 한다. 본인의 콘셉트대로 자리 잡아야 하는 창업 초기에 여유자금이 없으면 심리적으로 부담되어 제대로 된 운영을 하기 힘들다. 창업자에게 초기 운영 여유자금은 꼭 필요한 자금이다.

인테리어와 집기들은 시설에 투자된 자금으로, 보통 5년의 기간을 책정해 노후화에 대비해 보완·교체를 전제한다. 이 부분에서 **감가상각**이란 의미를 알아두어야 한다. 시설들도 사업자가 투자한 금액이다. 시설 투자 금액은 매출의 수익에 투자비로 녹아 있다. 일정 금액을 보통 3~5년 뒤 노후되면 교체 또는 재투자할 금액으로 일정 부분 매달 수익에서 빼두는 것이 맞다. 그렇게 모아둔 수익으로 사용할 수 있도록 한다. 시설자금은 권리금에 포함되는 부분으로 감가상각해 책정된다는 부분도 알아두자.

창업자금은 순수 본인의 자금과 대출이나 지인들에게 빌리는 돈으로 구성된다. 100% 내 자금으로 시작한다면 좋겠지만, 그렇지 못한 상황이 더 많다. 하지만 적어도 자본금의 최소 60~70%는 내 돈이어야 한다. 적당한 대출금은 카페 운영에 의욕을 불러올 수 있으나 과도한 대출은 계획한 영업 방식에 심리적으로 추진력을 떨어트릴 수 있다. 총투자금을 1억 원으로 잡았다면 내 자본금은 최소 6,000만 원 이상은 되어야 한다.

회사를 그만두고 창업하는 경우라면 퇴사 전 마이너스 통장을 만들어 이용하는 것도 하나의 방법이다. 사업자는 매달 같은 급여를 받는 회사원과 달라서 생각지 못한 투자 현금이 필요하므로 융통성 있게 사용한 부분만 이자를 낼 수 있는 마이너스 통장은 도움이 될 수 있다. 다른 대출금보다 이율이 높기는 하지만, 비상시 사용할 자금 여력으로 남겨두어서 급할 때 사용하고, 언제든 여력이 있을 때마다 갚을 수 있다는 이점이 있다.

 사업자가 알아야 하는 비용의 실체

1. **고정비용** : 임대료, 직원 급여, 건강보험료, 인터넷 사용료, 이자, 정기 구독료 등
2. **변동 비용** : 재료비, 수도세, 전기세, 부가가치세, 소득세, 홍보비, 보수유지비 등

고정비용은 말 그대로 매장 운영 시 고정적으로 들어가는 지출로 사업자의 능력으로 줄일 수 있는 부분이 아니다. 무슨 일이 있어도 고정비용만큼은 매출이 나와주어야 최소 운영이 가능하다는 이야기다. 직원 급여를 줄이거나 임대료를 줄이는 방법은 쉽지 않다. 사업자가 지출을 줄일 수 있는 부분은 변동 비용이다. 좋은 맛을 내기 위해 싸고 좋은 재료들을 구매해 최소의 재료비로 최고의 맛을 낼 방법을 모색하거나 보수 유지비를 줄이기 위해 머신들의 관리를 잘하는 방법 등이 있다. 사업자의 급여는 매달 일정 부분 고정비로 책정할 수도 있으나 수익이 안 나오면 최후로 미루는 상황이므로 변동 비용으로 넣기도 한다.

창업자는 **돈과 관련된 비용 의식**이 뚜렷해야 한다. 그냥 '어

떻게든 되겠지'라는 경영 마인드로는 성공하기 힘들다. 하나의 사업체를 운영하는 사업자로서 내가 가진 총사업 자금 중 어떤 식으로 필요한 부분에 분배해서 비용을 써야 하는지 명확한 계산이 서 있어야 한다. 정확한 계산 속에서도 변수들이 많은 것이 창업이다. 리스크를 최소화하고 최대의 효과를 얻기 위해서는 확인하고 또 확인하는 절차가 필요하다. 사업 자금은 나의 총알임을 잊지 말고, 꼭 필요한 부분에 적절하게 사용하고 있는지 창업 전과 후에도 항상 생각해야 한다.

카페 엔젤의 사업 자금은 어떻게 구하고 상환했을까?

카페 엔젤 창업자금은 권리금이 보증금의 2배 이상이었다. 그만큼 상권 활성화가 되었다고 생각했고, 그 부분을 보고 투자해서 인수했다. 초기 시설자금은 인수 시 세팅되어 있어서 권리금으로 대신했다고 생각했다. 인수 후 최소 부분만 보수하고 영업을 시작했다. 창업 비용 중 35%는 부모님 찬스로 빌려서 시작했다. 가끔 어떤 사람들은 가족들의 돈을 자기 돈처럼 생각하는 잘못된 경우가 있다. 그렇게 하면 사업 초기부터 마인드가 흔들린다. 처음부터 내 돈이 아닌 것은 끝까지 내 돈이 아니다. 돈에 대한 것은 항상 정확하고 올바르게 사용해야 한다.

부모님 찬스로 빌린 돈은 창업 후 1~2개월 매출 분위기를 보고, 3개월째 되는 달부터 3년 정기 적금을 시작해 매달 꼬박꼬박 갚았다. 대출금은 한 달에 상환할 수 있는 목표 금액을 책정하고 갚

아 나가는 방식으로 해야 끝을 볼 수 있다. 대출받을 때 상환 기간을 정할 수 있다면 너무 무리 되지 않게 계획하는 편이 좋다. 빨리 갚을수록 좋으나 상황이 따라주지 않을 때 자금 압박으로 운영 마인드에 영향을 줄 수 있기 때문이다. 여유가 생기면 더 갚으면 되니 일단은 감당할 수 있을 만큼 여유 있게 계획하자. 부모님의 대출금은 적금이 끝나는 시점에 다 갚았다. 대출금을 다 갚으니 그만큼 수익이라는 뿌듯함이 자신감으로 더해졌다. 어느 정도 적정선의 대출금은 좋은 의미로 사업자에게 긴장의 끈도 되며, 성취감도 맛볼 수 있는 방향이 되기도 한다.

04

사업자 등록 절차
알아보기

카페를 창업하기 위해 원하는 상가를 계약한 후 법적으로 사업
자(대표자)가 되기 위한 행정적인 절차가 곧 사업자 등록증을 발급
받는 것이다. 우선 카페 이름이 정해져 있어야 한다. 콘셉트를 잡
으면서 상가 계약 전 하고 싶은 카페 이름을 미리 선정해두어야 한
다. 막상 닥치면 다 할 수 있는 일이지만, 일의 순서를 알고 진행하
면 급하게 처리하느라 실수를 범하는 일을 막을 수 있다. 임대차
계약서를 쓰는 순간부터 시간은 돈이기 때문에 여유를 부리지 말
고 정확하게 진행해야 한다. 실수 없이 술술 풀리는 사업을 하기
위한 첫발을 디뎌보자.

 사업자 등록을 위한 행정 절차 순서

위생교육 필증 → 건강진단 결과서(보건증) → 영업 신고증 → 사업자 등록증
→ 신용카드 가맹점 개설 → 인터넷/전화 신청

1. 위생교육 필증

카페 인테리어 공사가 시작될 때 서류 준비에 들어가면 된다. 창업하는 카페 유형이 '휴게음식점'인지, '일반음식점'인지 구분해야 한다. 기준은 주류(술)를 판매하는지, 아닌지에 따라 위생교육의 종류가 달라진다. 기존 사업자는 온라인으로 편하게 수강할 수 있다. 기존에는 신규 창업자도 가능했으나 2022년 10월부터 신규 창업자는 집합 교육으로 변경되어 오프라인으로 교육받아야 한다. 신규 창업 시 교육받아야 사업자 등록이 가능하며, 창업 후 매년 이수해야 하는 의무교육이다. 위생교육은 이수하지 못하면 과태료 부과 대상이니 창업 후에도 꼭 챙겨두어야 한다.

① **휴게음식점 위생교육** : '휴게음식업 중앙회' 사이트에서 교육받는다. 커피나 음료를 다루는 경우 받는다. 신규 창업자는 6시간 교육, 기존 창업자는 3시간 교육이다. 위생교육 면제 대상자인 조리사, 영양사, 위생사 면허 소지자는 신규 창업 시 받지 않아도 된다. 카페의 상호에 '카페'라는 단어가 들어가 있는 경우 휴게음식점으로만 등록이 가능한 상호 제한이 있을 수 있으므로 관할 위생과에 문의해보고 진행하자.

② **일반음식점 위생교육** : '한국 외식업 중앙회' 사이트에서 교육받는다. 주류나 음식을 조리해 판매하는 경우 받는다. 신규 창업자는 6시간 교육, 기존 창업자는 3시간 교육이다. 메뉴에 칵테일이나 와인 등 주류가 포함된 경우 일반음식점으로 허가받아야 한다. 추후 계획이 있는 창업자라면 미리 일반음식점으로 등록해두는 것도 고민할 시간을 줄이는 방법이다.

2. 건강진단 결과서(보건증)

카페에서 근무하는 모든 식품위생법 종사자인 직원들은 모두 검사 대상이다. 필수 항목인 만큼 위법 시 과태료 부과 대상이다. 신분증을 지참하고 근처 보건소에서 검사 가능하며(비용 3,000원), 병원에서도 가능하다(비용 7,000~20,000원). 검사 항목은 장티푸스, 폐결핵, 전염성 피부질환이다. 검사 후 일주일 안에 발급 가능하며, 보건소 검사 시 공인인증서로 온라인 발급도 가능하다(정부 24 홈페이지, 공공 보건포털 사이트 이용). 유효기간은 1년이며 해마다 검사해야 하는 항목이다.

3. 영업 신고증

'위생교육 필증'과 '건강진단 결과서'를 받았다면, 그 서류들을 지참해서 영업 신고를 하러 가면 된다. 카페 소재지의 관할 구청이나 보건소 내 '식품위생과'에 방문 접수한다. 보통 1시간 이내 가능하나 간혹 담당자가 현장 확인 후 발급하는 경우도 있다. 기존 사업자에게서 영업을 승계하는 경우, 기존 사업자(양도인)는 신분증과 기존 영업 신고증 원본을 지참하고, 신규 사업자(양수인)는 신분증, 임대차 계약서, 위생교육 필증, 건강진단 결과서를 지참해 함께 방문해 서류를 작성하면 된다.

① 영업 신고증 발급 시 필요한 서류 목록
- 임대차 계약서
- 건강진단 결과서(보건증)
- 위생교육 필증
- 신분증/도장

우아하게 행주 들고 카페 창업하기

② 상황에 따른 추가 서류

- 건축물대장(근린생활시설 확인 필요 시)
- 정화조 용량 확인증(대형 카페 오픈 시 구청 위생과에 문의해 받는다.)
- 액화가스(LPG) 사용검사필증(LPG 가스를 사용하는 경우)
- 소방방화시설 완비 증명서(점포가 1층인 경우 필요 없으나 지하 $66m^2$ 이상이거나 2층 이상 $100m^2$ 이상일 때 소방서에서 발급받는다. 인테리어 계약 시 참고하고 의논해야 하는 부분이다. 비상구, 스프링클러, 소화기, 내장재 불연재 사용 등 조건에 맞게 시공하면 합격증명을 받는 것이다. 생각보다 비용이 들 수 있으므로 꼭 확인한다.)
- 수질검사성적서(수돗물이 아닌 지하수 등을 사용하는 경우)
- 재난 배상 책임보험증(점포가 1층이면서 점포 바닥면적의 합계가 30평($100m^2$) 이상인 경우, 1층이 아니더라도 다중 이용 업소에서 제외되는 $100m^2$ 이상의 시설은 의무 가입 대상이다. 필수 가입 대상이 가입하지 않는 경우는 과태료 300만 원의 부과 대상이 된다.)

4. 사업자 등록증

카페 주소지 '세무서'나 '국세청 홈택스' 홈페이지에서 가능하다. 세무서 방문 시 필요서류는 임대차 계약서, 영업 신고증(위생교육과 건강진단 결과서로 발급받은), 신분증(주민등록등본)이다. 처음 사업자 등록 신청 시 간이 과세자인지, 일반 과세자인지 선택해야 한다. 간이 과세자는 처음 사업을 시작할 때 부가세 부담이 없다. 2021년 기준 연 매출 8,000만 원 이상은 신청할 수 없다. 간이 과세자로 등록할 수 없는 지역이나 건물도 있으므로 세무서에 확인 후 등록하자.

간이 과세자 경우 초기 시설 투자에 대한 환급을 받을 수 없으며, 세금계산서 발급 없이 시설 투자가 들어가는 경우 추천한다. 시설 투자 규모가 크고 세금계산서 증빙 비용이 크다면, 환급 가능한 일반 과세자로 등록을 추천한다. 처음 간이 과세자로 등록해도 다음 해 매출이 8,000만 원 이상일 경우 자동으로 일반 과세자로 전환된다. 본인의 상황에 유리한 조건이 어떤 것인지 확인 후 유리한 것으로 등록한다.

5. 그 외 참고 사항

일반 카페의 경우 '**휴게음식점**'으로 가장 간단하다. 맥주나 칵테일 주류를 함께 판매할 경우 '**일반음식점**'으로 등록한다. 베이커리류를 함께 판매하게 된다면 '**제과점영업**'으로 등록해야 한다. 로스팅한 원두를 다른 카페로 판매할 경우나 원두 납품을 하고자 하는 경우는 '**식품제조업**'으로 등록해야 한다. 콘셉트를 잡을 때 로스팅한 원두를 나중에라도 원두 납품 사업으로 확장하고 싶은 경우는 미리 받아두면 고민할 시간을 줄일 수 있다.

'**식품제조업**' 허가는 생각보다 조건이 많다. 하고자 하는 건물이 건축물대장에 근린생활시설 또는 공장 용도 표기가 있어야 한다. 로스팅하는 공간이 다른 공간과 분리가 되어 있어야 하며(가벽 또는 다른 층), 원재료 보관실은 바닥과 천장이 막혀 있고 출입문도 따로 있어야 한다. 내부 구조물 등은 세척, 소독이 가능해야 하고 환기시설도 있어야 한다. 복잡하기는 하나 남들과 차별화를 갖는다는 것은 경쟁력을 갖추는 중요 요인으로 그만한 대가가 있으니 차근히 준비하면 된다.

① 사업자 등록증 발급 후 해야 할 일

· **사업용 계좌 등록** : 카드사별로 손님이 결제한 금액(매출)을 입금받을 대표 계좌를 만들어야 한다. 카드사별 가맹점 등록 시 필요하며, 주거래 은행으로 편한 곳을 신청하면 된다.

· **카드 단말기 구입 & 카드사 가맹점 등록** : 사업자 등록 번호가 나왔다면 바로 카드 단말기를 구매한다. 대체로 포스 업체를 선택하면 포스/카드 단말기와 대행으로 카드사별로 가맹점 가입을 해주므로 신청하면 된다(매출이 입금될 사업자 본인 계좌인 사업용 계좌 필요). 승인은 카드사별로 각각 나오므로 기간이 일정하지 못한 점을 생각해 빠르게 준비한다. 단말기는 인터넷 연결이나 전화 연결이 되어야 사용 가능하므로 함께 신청한다.

· **사업자 카드 등록** : 사업 관련된 지출용으로 사용하는 사업자 카드를 만들고(사업자 계좌 등록 시 은행에서 주로 만든다), 국세청 홈택스에 사업자 카드 등록을 한다. 등록된 카드로 사용한 지출은 부가세, 소득세 신고 시 자료가 되므로 개인사업자라면 사업자 본인 명의로 된 카드들은 되도록 모두 등록해두는 게 좋다.

사업자 등록은 영업개시일부터 20일 이내에 신고하면 되지만, 인테리어 마감 전에 미리 받아두는 것이 좋다. 카페 비품을 구매하거나 인테리어 비용을 공제받을 수 있기 때문이다. 사업자 등록증이 발급되면 나도 이제 대표이니 뿌듯함도 있으나 부담감도 함께 온다. 선택에 대한 모든 책임을 지는 대표라는 사실을 잊지 말고 책임감 있게 행동해야 한다. 아는 만큼 앞서가는 것이니 창업하기 전 행정 절차에 대해 미리 알아두어 막힘없이 창업을 시작해보자.

첫 사업자 등록증을 발급받은 날

처음 사업자 등록증을 받았을 때 대표자라는 뿌듯함과 함께 이제 책임져야 할 부분들에 신중함을 가져야 하는 부담감도 함께 밀려왔다. 세금이라는 부분도 책임져야 하고, 투자한 부분에 대한 수익과 운영 유지도 고민해야 하는 것이 대표자의 일이다. 열정을 담을 수 있는 좋은 동기가 되므로 초기에는 자주 들여다보자. 사업자 등록증, 영업 신고증, 임대차 계약서는 종종 필요한 서류이므로 사진으로 찍어 보관하면 필요할 때 사용하기 좋으며, 사업자 등록증과 영업 신고증은 매장 내에 비치해두어야 한다.

05

부동산 계약할 때
꼭 확인해야 할 것들

카페 창업을 공식적으로 시작하는 단계는 상가 계약을 하면서 부터다. 부동산 계약 시 계약자 이름에 내 이름을 넣는 순간 진짜 시작이다. 계약이란 되돌리기 힘들다. 항상 조심하고 확실하게 처리해야 하는 부분인 만큼 계약하기 전 계약자 본인이 다시 한번 확인하는 절차가 필요하다. 중개인인 부동산이 신뢰할 만한 곳이라 알아서 챙겨주면 좋겠지만, 대부분은 디테일한 부분까지 나서서 챙겨주는 일은 드물다. 창업자는 이제부터 모든 일을 스스로 알아서 판단하고 결정해야 하므로 신중하게 행동해야 한다. 상가 계약 시 계약자인 내가 챙겨야 할 것들은 어떤 것들이 있을까?

 부동산 계약 전 중요한 주의사항

1. 건물주 성향 : 건물주 성향에 따라 한곳에서 오래 영업할 수도, 못 할 수도 있다.

2. **급매물** : 부동산 계약은 급하게 결정하면 후회할 일이 생길 수 있다.

3. **건물의 용도** : 제1종, 2종 근린생활시설에 등록되어 있어야 한다.

4. **등기부 등본** : 저당이나 담보액이 높게 설정되어 있는지 파악해야 한다.

5. **도시계획확인원** : 얻고자 하는 상가가 개발계획에 포함된 상권인지 확인한다.

6. **정화조 용량** : 건물의 정화조 용량이 부족하지는 않은지도 확인한다.

7. **상하수도 시설** : 기본적인 상하수도 시설이 제대로 있는지 확인한다.

본인 소유의 건물이 아니라면 **건물주의 성향**에 따라 운영자의 스트레스 지수가 크게 좌우한다. 간혹 운영하는 동안에도 계속 드나들면서 참견하는 건물주도 있다. 중요한 것은 계약 기간 만료 시 보증금이나 임대료를 계속 올릴 가능성이 있다. 되도록 주변의 평판도 알아보고, 기존 사업자들에게는 어떻게 임대료를 받았는지도 알아볼 필요가 있다. 자리가 자주 바뀌는 경우도 한번 확인해야 한다. 건물주 성향이 좋지 못하면 한곳에서 오래 영업하기 힘들기 때문이다. 별것 아닌 것 같으나 창업자들이 중요하게 생각하는 부분이다.

부동산에서 **급매물(?)**이니 빠르게 결정해야 한다고 하는 경우가 종종 있다. 진짜 좋은 매물일 수도 있으나 부동산 계약 시는 항상 신중하게 확인해야 한다. 급하게 정리해서 수익을 보려는 중개업자들도 있으므로 급매물이라는 말에 급하게 반응하지 말자. 진짜 좋은 조건인지 찬찬히 알아보다 안 되면 내 것이 아니라고 단념

우아하게 행주 들고 카페 창업하기

하는 자세도 필요하다. 임대료가 싸다고 무조건 좋은 것은 아니다. 임대료가 싸다는 것은 그만큼 상권이 자리 잡지 못했다는 다른 의미이기도 하다. 하고자 하는 콘셉트 분위기에 맞는 상권과 입지, 구조인지 확인하고 진행하자. 임대료가 싼 자리가 내 콘셉트와 맞아 뜻을 펼쳐 보일 수 있다면 금상첨화다.

기본적인 휴게음식점인 카페는 **건물의 시설허가**가 제1종, 제2종의 근린생활시설 용도로 되어야 가능하다. 만약 근린생활시설이 아니라면 **건물주가 직접 구청에 용도 변경을 신청**해주어야 한다. 건물주 동의 없이 진행이 불가한 항목이다. 요즘 트렌드인 개인 카페의 다양한 입지 선택에 있어서 간혹 사무실이나 주거지 용도에 계약하는 일도 있다. 건축물대장에서 확인하거나 부동산 중개업자에게 꼭 확인하고 진행해야 한다.

부동산 계약에 있어서 **등기부 등본 확인**은 필수다. 가장 기본적인 저당이나 담보가 잡혀 있는지 확인하는 과정이다. 그 금액이 건물 가치보다 높게 되어 있는 경우는 추후를 생각해서 계약하지 않는 게 낫다. 간혹 경매로 넘어가서 문제가 발생할 여지가 있기 때문이다. 도시계획확인원에서 얻고자 하는 상가가 재개발계획이나 개발계획 등이 향후 잡혀 있는지 확인할 필요도 있다. 당장은 아니지만 운영하다 갑자기 개발 등으로 나가야 하는 경우 권리금과 시설 투자금을 모두 날릴 수 있다.

건물의 **정화조 용량**이 부족할 경우 영업 신고가 나지 않는다. 건물주와 미리 협의하고 구청 청소과에 확인해 계약 전에 계약서에 명시하고 진행해야 하는 부분이다. 용량이 부족하면 건물주가 시공해야 하는데 이 부분을 모르고 진행하다 알게 된 경우, 마음이 급한 창업자가 비용을 부담하게 되는 경우도 종종 있다. **비용도 문제지만, 건물 구조상 시공이 안 될 수도 있다.** 정화조 청소 횟수를 추가하고 진행하는 방법도 있으나 우선 확인하고 계약하는 것이 안전하다.

상하수도 시설의 경우 기존 매장이 상수가 필요 없는 상황이면 인테리어 공사 시 묻어버리는 경우가 있다. 1개의 매장을 반으로 쪼개어 임대하게 되는 경우도 상하수도 설비가 세팅되어 있지 않은 공간이 생기기도 한다. 카페업에는 기본적으로 필요한 설비이므로 현장 검증이 힘든 경우는 계약할 때 임대차 계약서에 건물주와 의논해 특약 사항으로 기본 설비 조항을 명시해 추후 문제가 생기는 일이 없도록 한다.

부동산 계약은 신중한 만큼 중개인의 역할도 중요하므로 되도록 신의로 알고 지내는 것도 도움이 된다. 대부분 세입자보다는 고정 고객인 건물주 이익에 좀 더 신경을 쓴다는 것도 알아두자. 상가 계약 시 건물주와 협의해 인테리어 공사 기간이나 준비 기간을 임대료 기간에서 빼주는 경우도 자주 있다. 역세권인 번화가가 아니라면 대부분 편의를 봐주므로 잘 협의해보자. 이것부터 부동산 중개사무소에서 해줄 수 없는 일에 창업자의 능력이 발휘되는 순간일 수 있다. 건물주의 마음을 얻는 것도 사람의 마음을 얻는 것이니 이제 대표자의 마인드로 시작이다.

 카페 엔젤 상가 계약 전에 알아본 것들

카페로 자주 이용하던 곳이 마음에 들어 계속 주시해서 지켜보던 중 매물이 나왔다. 카페가 들어서기 전에 어떤 종류의 업종이 영업했는지, 왜 그만두게 되었는지도 알아봤다. 임대료는 어떤 추이로 변화가 되었고, 카페 엔젤과 비슷한 주변 상가의 임대료는 어느 정도인지도 비교해봤다. 건물 담보 대출금을 받은 것이 없는 것도 확인했다. 건물주의 성향이 어떤지는 부동산 중개사무소를 통해 알아봤고, 주변 상가 사장님들에게도 물어봤다. 정확한 데이터는 아니지만 겪어보고 알 수 있는 부분들은 대부분 오래 영업하신 주변 상가 사장님들이 잘 알고 계신다.

건물주분은 얼굴을 볼 수 없을 정도로 그냥 맡겨주시고, 경제 형편에 맞춰 편의도 봐주시는 편이다. 아파트 상가 안 건물이므로 관리실에서 대부분 관리해주는 상황이라 어렵지 않게 오픈 준비를 했다. 요즘은 주택가나 개인 단독 건물에도 창업하는 일들이 많은 만큼 건물의 조건들을 잘 알아보고 진행해야 한다. 대부분 부동산 중개사무소 측에서 정보제공을 해주지만, 먼저 나서서 물어보지 않으면 돌아오는 정보는 없다. 알아야 할 정보를 준비하는 것은 계약자인 사장이 챙겨야 한다.

상가의 경우 건물주가 1명이라면 동종 업종을 도의상 입점시키지 않는다. 상권 보호 차원에서 법인 건물 같은 경우도 같은 층이나 같은 건물 안에 동종 업종은 추후 계약하지 않는다. 입점된 매장들의 상권 보호를 위한 차원이다. 하지만 상가들의 주인이 개인일 경우 한 집 걸러 카페가 생길 가능성이 있다. 상가 주인들이 다르므로 상권 보호 자체가 성립되지 않는다. 요즘 무분별하게 카페가 들어서고 있는 상황에서 입점 전 한 번쯤 꼭 확인하고 가능하면 **상권 보호가 가능한 곳에 안착하는 것이 좋다.**

06

꼼꼼하게 정리하면 답이 보인다
- 카페 창업과 인수 절차

카페를 창업하는 조건은 신규로 새로운 자리에 터를 잡는 것과 기존에 운영하고 있던 카페 자리를 인수해 창업하는 방법이 있다. 신규로 창업하는 경우는 처음부터 하나씩 원하는 콘셉트로 준비하는 반면, 기존 카페를 인수하는 경우는 본인이 원하는 콘셉트와 비슷한 카페를 인수해 부분적으로 손을 보고 운영해야 한다. 신규로 창업하는 절차와 인수하는 경우 확인해야 하는 사항은 어떤 것이 있고, 주의할 점은 무엇일까?

 신규 카페 창업 프로세스

1. **카페 유형 선택 & 창업자금 책정** : 개인 카페 또는 프랜차이즈 선택 후 지출 비용 책정
2. **상권 분석 후 입지 선택 & 매장 계약** : 콘셉트에 맞는 자리 선점 후 카페 자리 계약

3. **메뉴 확정 & 인테리어 업체 선정** : 원하는 메뉴 확정 후 인테리어 공사 시작

4. **사업자 등록증 발급 & 카페 집기/부자재 발주**

5. **직원 공고, 채용** : 오픈 전 미리 공고 후 면접 후 확정

6. **개업 준비, 홍보** : 이벤트 준비, 홍보물 제작, 배너, 쿠폰 외 포스터 등

7. **영업 시스템 정비 후 오픈** : 오픈 시뮬레이션 후 재정비 후 오픈

신규 창업 계약 시 새로이 계약하는 만큼 건물주가 계약 조건을 변경 요청할 수 있다. 기존 사업자가 건물주에게 최종 확인하지 않고 본인이 계약했던 조건을 내놓는 경우 **막상 계약할 때는 건물주가 시세에 맞춰 조건을 상향 조정하는 경우가 있다.** 보증금을 올릴 수도 있고, 임대료를 올릴 수도 있다. 기존 사업자가 제시한 계약조건과 달리 건물주와 계약조건의 폭이 클 경우는 상향된 금액만큼 1년 정도 책정해서 권리금에서 깎아주기도 한다. 상가 계약은 기존 사업자와의 계약이 끝이 아니라 건물주와 계약을 마무리해야 하는 것임을 잊지 말고 변수에 대응할 준비를 해야 한다.

 기존 카페 인수 프로세스

1. **인수 자금 준비 후 매장 인수계약** : 상권 조사 후 마음에 드는 매장 인수 계약

2. **메뉴 조정 후 인테리어/기기 보수** : 기존 카페 메뉴 수정, 보완 & 시설 보수작업

3. **사업자 등록 발급 & 영업권리증 양도양수** : 영업 행정 절차

4. 직원 세팅 : 기존 직원 인수인계 or 신규

5. 개업 준비, 홍보 : 이벤트, 배너 쿠폰 교체 작업

6. 영업 시스템 정비 후 오픈

기존 카페 인수인계 시는 절차가 줄어들어 시행착오를 줄일 수 있다. 시설이나 기기들을 보수작업만 하고, 바로 영업해도 되기 때문에 창업 시간이 단축된다. 인테리어에서 창업자의 시간과 비용을 줄일 수 있어서 제대로 된 기존 카페를 잘 선택해 인수하면 좋은 점도 많다. 영업 신고증은 휴게음식점인데 일반음식점으로 용도 변경하는 것이 아니라면, 기존 영업 신고증을 양수하는 편이 좋다. 매수자와 매도자가 함께 구청을 방문해 서류만 작성하면 되므로 번거로움을 줄이고 바로 영업할 수 있다. 기존 사업자에게 운영하면서 불편하거나 주의해야 할 시설들에 대한 정보는 최대한 받아두도록 하자. 손님들 성향이나 분위기도 조언을 듣고 참고하면 좋다.

 기존 카페 인수 시 체크리스트

1. 기기 점검 & 렌탈 기간 확인

권리금은 책정 시 시설이나 기기들에 대한 비용이 포함된 것이다. 인수하기로 한 목록의 기기들이 빠짐없이 있는지, 하자가 있는 것은 없는지 확인한다. AS를 받을 수 있는 업체 연락처와 사용 기간들을 알아두자. 기기들은 중고로 구매해 사용하는 것들도 있을 수 있으니 참고하자. 정수기, 포스, 인터넷의 경우 계약 기간이 남아 있다면 해지하고 신규로 할 것인지, 인수할 것인지 기존 사업자

와 상의해 정리한다. 해지 시 계약 기간에 대한 위약금이 발생하므로 꼭 확인하고 미리 기존 사업자와 정리하도록 한다.

2. 매출 분석 제대로 하기

기존 사업자가 제시한 매출액이 높다고 해도 총매출액과 순이익은 다르다. 매출액이 높아도 유지 비용이 많다면 순이익은 높지 않을 수 있다. 운영할 때 줄일 수 있는 비용들을 확인하고, 최소의 비용으로 운영할 수 있도록 다시 세팅해야 한다. 기존 사업자가 운영을 잘해서 매출이 잘 나왔다고 그 매출이 나오는 것이 아니다. 사업자의 능력에 따라 매출은 변할 수 있다. 인수할 때는 기존 사업장보다 차별화를 두어 매출을 더 올릴 자신이 있을 때 인수하는 것이 좋다. 수정 보완할 것들이 창업자 눈에 보여야 한다.

3. 시설 점검

카페마다 취약한 시설들이 있다. 취약한 부분은 미리 알아두어 조심하거나 영업 전 보수 작업을 하도록 한다. 카페는 특히 배수·하수시설이 중요하므로 꼭 확인하고, 겨울철 동파는 없는지, 물이 새거나 역류하는 일은 없었는지도 미리 체크한다. 에어컨의 실외기 위치도 나중을 위해 알아둔다. 그 외 전기함의 위치와 용량은 어떻게 나뉘어 있는지도 확인한다.

4. 메뉴 정리 & 직원 관리

기존 카페의 메뉴를 수정 보완해 차별성을 두어 오픈한다. 메뉴판은 신규로 바꾸는 것을 추천하며, 콘셉트에 맞춰 메뉴를 정리하는 것이 필요하다. 가격은 기존 고객이 있으므로 상권 분위기를 보고 책정한다. 직원의 경우 기존 직원이 새로 시작하는 창업자 자신보다 정보가 많을 수 있는 장점이 있으나 간혹 본인의 기존 정보력으로 사장인 듯 행동하는 일도 있으므로 휘둘리지 않도록 한다. 사업자가 바뀐 만큼 운영 마인드도 다르니 새로운 조건으로 다짐받고 함께할 것인지 확인 후 재계약한다.

5. 적립 포인트 & 쿠폰 정리

기존 카페가 서비스로 주었던 포인트나 쿠폰 적립은 인수해서 그대로 적용할 것인지, 폐기할 것인지도 고민해본다. 기존 포인트나 쿠폰 적립 손님들은 단골일 경우가 많으므로, 신중하게 생각하고 투자 개념으로 인계받아 사용할 수 있게 할 것인지, 새로운 분위기로 갈 것인지 미리 생각하고 정리해두자.

신규 창업을 하는 것도, 인수 창업하는 것도 창업자 본인이 자신 있고 해보고 싶은 유형으로 하면 된다. 각각의 장단점이 있으므로 본인에게 맞는 조건이 어떤 것이 더 유리한지 확인 후 창업하자. 공사 과정이나 메뉴 설정에 본인의 인프라가 부족하다고 생각한다면, 기존 카페를 인수하는 것도 나쁘지 않다. 본인 콘셉트에 맞는 카페가 자리할 곳을 생각해보고, 자금과 상황에 맞는 곳을 선택해 인수할 카페에 대해 제대로 파악하고 진행한다.

 카페 엔젤의 기존 카페 인수 방법은?

카페 엔젤은 1년 반 정도 된 기존 카페를 인수한 것이다. 상권이나 입지가 마음에 들었고, 부족했던 메뉴 부분에서 보강할 자신이 있었다. 영업 시간이 짧은 기존 카페 시스템을 아르바이트를 타임별로 새로 뽑아 매출이 없는 타임은 영업을 준비하는 시간으로 책정했다. 러시 시간은 매출을 올리는 데 올인하고, 휴일 없이 영업함으로써 홍보에 집중했다. 일정한 맛과 스피드로 매출을 더 끌어올리려고 기존 카페보다 손님들에게 더 친절한 서비스를 위해 직원을 우대하고 창업자 마인드를 교육해주었다.

기존 직원은 인수하되 기존 사업자와 마인드가 다르므로 새로운 사업자의 철학과 운영 방법, 중요하게 생각하는 내용들은 면접을 통해 다시 교육하고 동의한 후 함께 일하기로 했다. 기존 사업자의 틀에 익숙해진 안 좋은 부분들은 반드시 짚고 넘어가며 고쳐주기를 강하게 이야기해야 한다. 새로운 사업자보다 기존 카페의 정보를 아는 직원은 함께 정보를 공유하되 대표자는 자신임을 잊지 말고 **운영 방식이 휘둘리지 않도록 해야 한다.**

엔젤 네이밍은 기존 손님들이 익숙해진 편하고 쉬운 이름이라 그대로 사용하기로 하고, 대신 고급화를 위해 **로고를 새로 제작해 정체성을 확립했다.** 무지 홀더를 쓰던 기존 카페와 차별화해 카페 엔젤 홀더도 제작해 인지도에 한 몫을 더했다. 쿠폰 서비스는 기존 단골손님들을 생각해서 그대로 인수하고 서비스해주었다. 신규 쿠폰은 열 잔이면 끝나는 것이 아니라 스무 잔까지 사용해 두 잔의 무료 서비스로 다른 카페와 차별성을 두어 제작했다. 열 잔을 모아 서비스를 받고 이어서 쓰기도 하고, 끝까지 모아 한꺼번에 두 잔을 사용하기도 한다. 쿠폰의 보관 기간이 늘어 사업자에게는 지출이 줄어드는 효과도 생각했다. 라떼류까지 무료 서비스를 확장시켜 손님들에게 쿠폰의 값어치를 높게 인식시켜주었다.

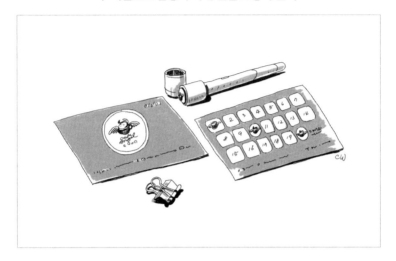

처음 인수하려고 생각했을 때 **기존 카페보다는 더 잘할 수 있다는 확신과 준비**가 되어 있던 차에 기회가 주어진 것이다. 기존 카페를 인수하므로 내 콘셉트대로 디테일한 부분까지 표현하지 못해도 창업을 준비함에 시간을 절약할 수 있는 것은 확실하다. 따라서 남은 에너지는 매출을 올리는 데 쏟아부어 보자!

07

권리금, 적정 금액을 판단하는 법

창업자가 상가를 임대할 때 계산해야 하는 부분은 보증금, 임대료, 권리금이다. 보증금은 건물주와의 계약으로 계약 종료 시 되돌려 받는 금액이므로 자금 형편에 맞춰 정리한다면 크게 문제가 되지 않는다. 반면 권리금은 기존 사업자와의 계약으로 계약 종료 시 다음 인수자가 없는 경우 금액을 돌려받을 수 있을지는 알 수 없다. 계약 시 내가 건넨 금액보다 더 받을 수도 있고, 아예 못 받고 나올 수도 있다. 권리금은 적지 않은 투자 부분이므로 상황에 맞는 대응을 현명하게 하기 위해서는 어떻게 책정이 되는지 알아두어야 한다.

 권리금을 이루는 구성 요소

1. 시설 권리금
기존 사업자가 시공한 인테리어, 커피 머신 외 장비 등 카페의 전반적인 시설들과 물건들을 포함한 금액이다. 좋은 인테리어나 고가의 장비들을 세팅한 사업자는 당연히 더 많은 권리금을 원한다. 이런 시설들은 모두 감가상각을 적용해 사용한 만큼의 비용은 제하고 나머지 부분을 책정한다. 대부분 인테리어는 2년, 기기나 장비는 5년을 기준으로 책정한다. 시설 권리금은 기존 사업을 그대로 인수 시 책정되는 금액이다.

2. 영업 권리금

기존 사업자가 장사를 잘해서 수익을 올린 부분에 대한 책정 금액이라고 생각하면 된다. 대략 6개월~1년 사이 순이익금을 평균 잡아 1년 동안 올릴 수 있는 수익금을 말한다. 예를 들어 1년 사이 평균 매달 300만 원의 순수익이 생긴다면 300×12(1년)=3,600만 원이다.

3. 바닥 권리금

입지가 좋고 상권이 발달해 유동인구들이 많은 곳일수록 높은 금액을 요구한다. 장사가 잘되는 메인 상권은 어마한 권리금이 형성되어 있는데 이러한 영향 때문이다. 기본 매출이 보장되는 상권이므로 권리금을 높게 주더라도 계약이 성사된다.

권리금 책정은 앞과 같이 시설 권리금, 영업 권리금, 바닥 권리금을 바탕으로 이루어진다. 권리금이란 인수자가 있어야 넘길 수 있는 계약이다. 근거 자료로 인정하는 합당한 금액이 상권의 권리금 시세에 대부분 반영한다. 권리금 시세는 부동산 중개사무소에서 비슷한 조건의 상가들을 알아보면 평균 권리금을 알 수 있다. 기존 사업자와 신규 사업자가 합의함으로써 책정되는 부분이므로

우아하게 행주 들고 카페 창업하기

합리적인 조율이 필요한 부분이다.

　권리금이 없는 자리는 신축 건물이거나 다음 인수자에게 인계를 못 하고 사업이 잘 안되어 떠난 경우다. 권리금이 없다고 무조건 반기지 말고 주변 상황을 잘 살펴봐야 한다. 기존에 어떤 업종이 있었는지, 왜 인계를 못 하고 떠났는지 파악해봐야 한다. 상권과 맞지 않는 업종을 선택한 것인지, 창업자가 운영을 제대로 하지 못한 것인지 문제점 정도는 알아보고 선택해야 한다. 권리금이 어느 정도 형성되어 있다는 것은 상권도 형성되어 있다는 의미이므로 아깝다고 생각하지 말고, 합리적인 금액인지 주변 상권의 시세를 잘 알아보자.

 권리금 계약 시 주의사항

1. 재건축이나 철거 시 보장받지 못한다

　시설 안전상의 이유로 재건축이나 철거될 경우 권리금을 회수할 기회가 없다. 2018년 이후 계약한 사업자는 10년의 영업 기간을 법적으로 보장받는다. 건물주가 바뀌어도 임대차계약까지 승계하는 것으로 하고 '포괄승계'라고 해서 영업 기간을 보장받는다. 추후 새로운 건물주가 다른 계획이 생겨 계약 만료 6개월~1개월 전에 재계약(갱신)을 거절한다는 통보를 받았을 때 10년 영업 보장이라고 그대로 있으면 거절을 승낙한 것으로 간주한다. 갱신 거절 통보를 받았을 경우 꼭 다시 갱신 요청을 해야 유지되는 것이다. 사업자가 임대료 3개월 연체 시에도 건물주는 계약 갱신을 거절할 수 있으므로 잘 챙겨두어야 한다. 다음 인수자를 구하지 못하고 계약이 만료되면 권리금 회수 기회가 없는 것이다.

2. 권리금 계약을 했다고 임대차계약을 맺은 것은 아니다

기존 사업자와 권리금을 조정하고 합의계약을 했어도 건물주와의 법적 임대차계약이 남아 있으므로 최종 계약이 된 것이 아니다. 그러므로 권리금 계약 시 특약 조항을 만들어 임대차계약이 체결되지 않으면 권리계약도 없던 것으로 위약금 없이 정리하는 데 동의하는 조항을 포함해야 한다. 권리금은 기존 사업자와의 계약으로 건물주와는 무관한 계약임을 잊지 말자.

3. 임대료 인상분에 대한 정리

기존 사업자가 제시한 정보와 다르게 건물주와의 계약 시 임대료를 올리는 경우가 많다. 건물주는 시세대로 받고 싶어 하므로 기존 사업자가 건물주와 상의한 부분이 아니라면 계약 시 임대료를 올릴 가능성이 크다. 인상 폭이 큰 경우 권리금에서 1년 치 인상 비용만큼 깎아주는 선례들이 있다. 잘 알아두고 대처하면 좀 더 나은 계약을 할 수 있다.

2015년 상가건물 임대차보호법이 개정되었다. 권리금에 대한 피해들로 '권리금 회수 기회 보호' 조항이 생겼다. 건물주는 임대차계약이 끝나기 6개월~계약 만료 전까지 기존 사업자가 추천한 신규 사업자와의 권리금 계약에 대해 방해하면 안 된다는 조항이다. 계약 체결을 거절해서 권리금 회수를 방해해 기존 사업자에게 손해를 입히는 경우 건물주에게 손해배상을 청구할 수 있다. 권리금 회수 기회를 보장해주자는 취지다.

권리금은 보증금처럼 완전히 법적으로 보장받지 못하는 금액이다. 카페 창업자가 수익을 일으키기 위해서 피해 갈 수 없는 비용인 만큼 최대한 지식 정보를 알아두고 빠른 상황 판단을 해야 한다. 무리한 금액은 피하도록 하되 적당한 비용은 창업에 있어서 필요한 부분임을 인정해야 한다. 투자하고자 하는 상권의 권리금 시세를 알아보고, 창업자금 대비 합리적인 권리금으로 시작해보자.

 ## 시설 권리금은 사업 투자비의 일부분으로 생각하자!

간혹 신축 건물에 기본 권리금이 없는 대신 무리하게 인테리어 비용으로 지출하고 '추후 시설 권리금으로 받으면 되겠지'라고 계산하는 분들이 있다. 만약 상황이 좋지 않아 정리하고 싶은데, 계약 만료일이 다가올 때까지 인수자가 없는 경우 원상 복구 비용까지 들여가면서 정리를 하고 나와야 한다. 이럴 경우는 창업자가 투자한 시설비에 원상 복구비까지 이중으로 손해를 보고 정리하게 되는 꼴이다. 보증금은 법적으로 보장되어 다 받을 수 있으나 권리금은 법적 보장을 받을 수 없다. **그저 사업 투자 비용의 일부분**이라고 생각하자. 회수할 수 있을지, 비용처리로 끝날지는 창업자의 성공적인 영업에 달려 있음을 기억하고 잘 선택해야 한다.

카페 장소와
상권의 모든 것

01

카페는
문화 공간이다

지금 내가 창업하고자 하는 카페 분위기는 어떤 스타일인가? 우리나라 카페의 현주소에 맞춰 콘셉트를 잡았는가? 카페도 시대적인 흐름이 있다. 손님들도 변하고 있다. 예전에는 그저 커피라는 음료를 마시기 위해 카페를 찾았다면, 요즘 손님들은 카페라는 공간 안에서 여유를 즐기기 위해 커피를 찾는 분위기가 되었다. 요즘 손님들이 원하는 카페는 어떤 스타일인지, 무엇을 중요하게 생각하는지 트렌드를 읽고 내 카페는 어떻게 대응해야 하는지 생각해야 한다.

유럽에는 역사가 깊은 유명한 카페들이 있다. 파리의 '레 뒤 마고'는 세계적 문호들이 글 쓰고 토론했던 문화 살롱이었고, '카페 드 플로르'는 파블로 피카소(Pablo Picasso) 같은 화가들의 사교 모임장이었다. 1876년 이탈리아 비엔나에 설립된 '카페 센트랄'은 레닌(Lenin)과 히틀러(Hitler) 등 정치인들이 단골인 카페였다. 1760년 설립한 이탈리아 로마의 '카페 그레코' 또한 괴테(Goethe), 쇼

펜하우어(Schopenhauer) 등 작가와 철학자들이 자주 드나들던 곳이다. 오래전부터 카페의 역할은 함께 모여 글을 쓰고, 정치적 토론과 강의와 파티가 있었던 지성인들의 휴식 공간이었다. 역사적인 많은 교류가 있었던 곳이 바로 '카페'라는 공간이었다.

사회학자 레이 올든버그(Ray Oldenburg)의 책 《**정말 좋은 공간**》에 나오는 제3의 공간은 제1의 공간인 '집', 제2의 공간인 '직장' 이외의 편안한 공간을 의미한다. 오래전 유럽에서 카페의 역할처럼 사람들이 편하게 모여서 이야기를 나누고 쉴 수 있는 '제3의 공간' 말이다. 카페는 그런 역할을 소화하고 있으며, 새로운 교류의 거점이 되고 있다. 집과 직장을 이어주는 인터체인지처럼 카페에서 새로운 정보들을 얻고 쉼을 얻고 있다. 현재 카페가 급격히 늘어나는 사회현상은 양적인 수를 넘어서 이제는 **질적인 다양함과 전문성**을 향해 달리고 있다.

카페의 현주소는 이제 단순히 커피만을 즐기러 오는 게 아니다. 커피를 매개체로 카페라는 공간 안에서 복합적인 자유를 누리는 것이다. 그런 손님의 취향에 맞춰 창업자는 커피 맛만 신경 쓰는 게 아니라, 공간에 대한 고민과 카페 안의 디테일에도 콘셉트를 표현해야 한다. 특히 개인 카페를 하고자 하는 창업자는 프랜차이즈와는 차별화된 자기 카페 공간의 콘셉트를 잡아야 한다. 그럴듯하게 따라 하는 공간이 아닌 **창업자의 진정성이 담겨 있는 메뉴와 공간 안에 손님이 함께 어우러지는 카페 분위기를 잡아야 한다.**

카페 공간의 분위기는 다양하게 추구할 수 있다. 자유로운 분위기, 고급스러운 분위기, 엔틱한 분위기, 레트로틱한 분위기 등 창업자가 진심으로 꾸릴 수 있는 카페를 만들어야 한다. 손님은 이제 그 공간을 사러 올 것이다. 집이나 직장에서는 느낄 수 없는 카페만의 분위기로 손님을 끌어야 수익을 올릴 수 있다. 국내 커피 업종은 꾸준히 상향곡선을 타고 있다. 그만큼 경쟁 카페 또한 많아졌다. 그 안에서 내 카페가 살아남으려면 카페의 현주소를 파악하고, 뒤처지지 않도록 꾸준히 노력해야 한다.

카페 창업자들에게 벤치마킹의 대상인 **'블루보틀'의 경우, 지점마다 처한 환경에 따라 다른 스토리의 인테리어를 추구한다고 한다.** 카페가 속한 지역의 문화와 역사, 지리적인 요건들을 우선 고려한다는 것이다. 그렇게 같은 브랜드 안에서도 주변 환경에 따라 자유롭게, 고급스럽게, 세련되게 분위기를 지점별로 나누어 다양함을 추구하고 있다. 그 안에서 그들만의 전문성을 보여주는 좋은 커피 맛은 기본이다.

손님들은 다양한 카페들을 접하며 **공간의 눈높이가 높아지고, 커피 맛에 대한 기대치도 더욱 높아져 간다.** 커피 맛만 좋으면 성공할 수 있는 시대는 아니라는 이야기다. 창업자들의 나이도 점점 젊어지는 추세이며, 그 안에서 새로운 아이디어가 샘솟는다. 카페 창업이 예전에는 중심가의 입지 좋은 환경 안에서 프랜차이즈의 성공을 꼽았다면, 시대의 흐름 속에서 이제는 **다양함과 차별성을 둔 개인 카페들이 성공 브랜드를 만들 수 있는 상황이다.** 내 카페만의 문화 공간을 만들고, 그에 상응하는 차별화된 메뉴로 콘셉트를 드러내고, 개인 브랜드의 성공을 위해 작은 디테일에도 신경을 써야 한다.

사람들은 커피를 마시며 여유를 마신다. 정성스럽게 내려준 커피를 마시며 좋은 음악과 편하고, 안락한 분위기 속에서 나름 자신만의 가치를 추구하며 잠시라도 나를 내려둔다. 그러기 위해 카페를 찾는다. 새로운 정보 교류를 위해서도 카페를 찾는다. 그런 의미에서 커피 한 잔은 많은 함축적 의미가 있다. 커피 시장이 커지면서 시대의 흐름에 발맞춰 건강을 찾는 웰빙 음료가 후발 주자로 뒤따르고 있다. 건강을 생각하는 음료와 티 문화도 여유로움 속에서 함께 성장하고 있다. 이러한 트렌드를 놓치지 말고 다른 카페와는 다른 내 카페만의 차별화된 문화 공간을 만들도록 해야 한다. 카페 대표인 나의 공간에 손님들을 초대하자.

02

상권별 장단점,
상권 종류 파악하기

카페를 창업하기 전 어떤 콘셉트로 운영할 것인지 대부분 고민한다. 본인이 운영하고 싶은 카페 분위기 말이다. 그 **콘셉트와 연결해서 알아봐야 할 것이 상권이다.** 창업자로서 신중한 선택의 순간인 것이다. 나에게 맞는 상권과 입지에 안착을 잘해야 성공 창업에 한 발을 잘 디딜 수 있다. 상권 공부는 하루아침에 끝낸다는 마음보다는 꾸준히 주위를 둘러보고 내게 맞는 장소를 물색해야 한다.

자영업자들이 운영하는 점포, 그 장소가 포함된 구역, 매출 활동이 일어나는 곳, 그런 곳들이 상권이다. 그 상권들은 저마다 비슷하나 나름 구역마다 특징이 있다. 내가 운영해보고 싶은 카페 콘셉트는 어느 상권에 적합한지 가늠해보고, 어떤 손님들이 내 카페를 찾아주면 좋을지 생각하자. 여러 특징의 상권 중 어느 곳을 선택해 창업해야 내가 추구하는 콘셉트가 성공할 승산이 높은지 찾아야 한다.

1. 대형/번화가/역세권 상권

유동인구가 많고, 고객층이 다양하다. 제품을 구매하거나 시간을 보내기 위해 마음먹고 나온 만큼 소비 욕구가 좋은 곳이다. 당연히 매출도 좋은 곳이다. 매출이 보장된 곳은 보증금, 권리금, 임대료 등 고정 지출 비용이 많다. 경쟁 카페들도 많이 입점하는 곳이라서 그에 상대할 경쟁력을 갖춰야 한다. 투자금이 높은 만큼 수익금도 많이 챙길 수 있는 상권이다.

솔루션 카페만의 특별한 콘셉트가 있고, 창업자금이 여유가 있다면 해볼 만한 상권이다. 대형 프랜차이즈와 차별화를 두어 손님을 끌어올 분위기나 맛에서 전략을 짜본다. 베이커리와 함께 다양한 메뉴를 세팅하길 추천한다.

2. 주택가/골목/집 근처 상권

다른 상권보다 창업 비용이 적게 든다. 주거지 상권으로 동네 고객의 성향 파악이 잘되어 메뉴 선택과 분위기를 잡기 수월하다. 집과의 거리가 가까워 출퇴근이 편하다. 수요층이 한정되어 있어 폭발적인 매출을 기대하긴 어려우나 안정적인 매출을 유지할 수 있다. 테이크아웃 위주보다는 주로 공간을 사용하는 손님이다. **신도시 아파트 상권일 경우 베드타운인지 꼭 확인한다. 거주하는 곳에서 잠만 자고 직장으로 이동하는 곳일 경우, 겉만 보기 좋고 실상은 수요가 없을 수 있다.** 수요 잠재고객을 꼭 확인하고 자리 잡아야 한다.

솔루션 손님들이 앉아서 쉴 수 있는 공간을 확보하고, 손님들의 성향을 파악해 메뉴와 가격을 책정한다. 동네 상권인 만큼 무엇보다 편안하게 찾을 수 있는 콘셉트가 무난하다. 거주하는 사람들의 경제력에 따라 소비 패턴이 다르므로, 내 카페 콘셉트와 어울리는지 확인할 필요가 있다. **동네 상권은 단골 확보가 중요**하므로 다른 상권들보다 맛과 서비스에 집중하면 승산이 있다.

3. 오피스 상권

대형 상권보다는 싸고, 주택가 상권보다는 창업 비용이 비싸다. 직장인을 대상으로 영업하기 때문에 꾸준한 수익을 기대할 수 있으나 출근이 적은 주말은 매출이 적을 수 있다. 점심시간인 러시타임에 테이크아웃 위주로 영업한다. 근처 유명 프랜차이즈 카페들이 많을 수 있으므로, 내 카페의 경쟁력을 확보해야 한다.

솔루션 **주말보다 평일 매출에 집중해서 운영한다.** 직장인들의 니즈를 파악하고 테이크아웃에 맞는 적정한 가격과 스피드로 점심시간을 노린다면 승산이 있다. 프랜차이즈에서 선보일 수 없는 고퀄리티의 메뉴 차별화를 갖고 있다면 더욱 좋다. 오피스 상권도 직장인들의 수입에 따라 가격 저항이 있을 수 있으므로, 선택한 곳의 주변 경제력도 함께 확인하고 가격선을 책정하자.

4. 대학가/학원가 상권

주 고객이 학생들이다 보니 공간 확보가 꼭 필요하다. 의외로 학생들이 카페 음료의 니즈가 강하므로, 저렴한 가격으로 승부를 보는 것이 좋다. 학생들은 이벤트나 입소문에 빠르게 반응하고 유행에 민감하다. 방학 때는 매출이 저조하므로 보완할 전략이 필요하다.

유행에 민감하고 이벤트나 입소문에 빠르게 반응하므로 **즉각적인 마케팅 영업**을 자주 선보일 수 있는 성향의 창업자에게 어울린다. 가성비 좋은 메뉴를 세팅하고, 카페 분위기는 젊은 층의 성향에 맞는 특색 있는 콘셉트를 잡는다면 승산을 볼 수 있다. 카페 안에서 소비하는 평균 시간이 장시간이라는 점도 고려해야 한다.

상권의 종류별 특징을 이해하고, **창업자의 성향에 어떤 상권이 어울리는지 파악하고 선택하자.** 콘셉트에 어울리는 상권은 어떤 곳인지 확인하고, 조달할 수 있는 창업자금의 규모와 맞는 곳인지도 확인하자. 가장 중요한 것은 어떤 손님의 성향에 창업자의 능력과 매력을 마음껏 발산할 수 있을지 생각해보자. 자신에게 맞는 상권을 선택하면 즐거운 마음으로 성공적인 창업을 시작할 수 있다.

 창업자 유형에 맞는 상권을 선택한다

창업자의 성향이 빠르게 회전되는 영업을 좋아하고, 장시간 머물러 있는 손님에 거부감이 있다면 테이크아웃 위주로 영업할 수 있는 오피스 상권이 맞을 수 있다. 이것저것 다 봐주고 챙겨주기 좋아하는 창업자라면 대학가나 주택가 상권이 어울린다. 직원들과 의논하며 영업하기를 좋아하는 성향이라면 번화가 상권을 선택해보자. 중요한 것은 창업자가 운영하는 카페이므로 자금의 여력이 합리적이고, 무엇보다 창업자가 자신 있게 운영할 수 있는 상권에 안착하는 것이 제일 좋다.

03
종합적인
상권 분석

　창업할 카페 장소를 물색했다면 내 카페가 포함될 상권을 분석해야 한다. 기본적인 매출을 올릴 수 있는 상권인지 확인하고, 입지를 선택해야 하기 때문이다. 상권을 분석할 때 가장 기본적인 부분은 매출을 올려줄 사람들이 얼마나 잠재되어 있는지 눈으로 보이는 것 외에도 확인해야 할 것들이 있다. 어떤 것들을 알아봐야 하는지 체크하고 제대로 된 상권 분석을 통해 안정적인 상권에 안착하자.

 상권 조사 순서

1. 창업하고자 하는 동네의 상권 범위 설정
2. 상권 범위 내의 손님들의 성향과 환경 조사
3. 상권 범위 내의 경쟁 카페 조사
4. 미래 상권 변화 추이도

상권 분석에서 핵심은 <u>유동인구수</u>다. 당연히 번화가나 권리금이 높은 곳은 유동인구가 많다. 창업자가 찾아야 할 곳은 저평가가 되어 있으나 유동인구가 있는 곳을 찾는 것이 핵심이다. 일명 가성비가 좋은 곳인지 알아보고 선택하는 것이다. 실패할 확률을 낮추기 위해서는 본인이 잘 알고 있는 동네로 상권을 생각하고 분석하면 좋다. 출퇴근 거리가 짧은 곳은 카페 일에 좀 더 집중할 수 있으므로 효율적이다.

선택한 상권이 오피스 상권인지, 주택가 상권인지, 역세권인지 확인하고 **소비 패턴**을 파악해야 한다. 같은 주택가라도 신규 아파트거나 작은 평수 주택이 대부분이라면 대출금이나 생활 여유가 어려워 소비하지 않을 수도 있으므로 경제력도 함께 봐야 한다. 오래되고 안정적인 동네의 대형평수가 있는 곳은 소비에 부담이 없는 경우가 많다. 디테일한 부분들도 함께 봐야 하는 것이 상권 분석이다. **상권 안에 가구 수는 얼마나 되는지와 함께 소득 수준** 등도 알아봐야 한다. 경제적으로 여유가 있는 손님들이 당연히 소비도 쉽고, 가격 저항도 적기 때문이다. 이런 부분들은 추후 메뉴 가격을 책정할 때 참고하면 좋다.

 **상권 분석 시 체크사항**

첫째, 상권 범위에 거주하는 인구수다. 그 지역에 사는 사람 포함 근무자 수, 외부에서 유입되는 인구수 등이 포함된다. **인구수가 많다는 것은 일단 잠재고객이 있다는 뜻**이므로 중요하다. 반면 **잠재고객들의 질적인 부분도 파악**해야 한다. 소비 수준이나

소비하는 연령 분포, 주거 형태 등 질적 부분도 매출에 영향을 주기 때문이다.

둘째, **사람들의 동선**을 알아보자. 상권은 흐르는 상권과 고이는 상권이 있다. 말 그대로 흐르는 상권은 사람들이 머물지 않고, 빠르게 스쳐 지나가는 통로일 뿐이다. 겉으로 보기에는 사람들이 많이 지나다녀 상권이 좋은 곳처럼 보이지만, 실상 소비하는 사람이 아닐 수 있다. 고이는 상권은 겉으로 보기에는 유동인구가 많지 않으나 대부분 소비하러 나온 사람으로 매출을 안정적으로 높일 수 있다. 아파트 단지에 학교나 상업시설이 많은 곳은 밤낮으로 사람들이 소비하므로 안정적인 매출확보가 수월하다. 아파트 단지의 경우 세대수를 확인하면 가늠해볼 수 있다.

셋째, 상권 범위 내의 **경쟁 카페**를 조사한다. 주변 점포의 보증금, 임대료, 권리금 등을 알아보고 메뉴 종류, 가격, 분위기, 직원 수, 콘셉트 등을 파악해보자. **어떤 콘셉트 카페가 장사가 잘되는지 알아보고, 되도록 나와 같은 콘셉트가 없는 틈새시장 상권이 좋다.** 경쟁 카페의 매출을 예상하고 어떤 손님들이 주 고객인지, 어느 시간대에 매출이 발생하는지도 함께 파악해두어야 한다. 경쟁 카페가 무리하게 많은 곳은 되도록 피하는 것이 좋다. 카페가 생길 수 있는 여분의 자리가 있는 곳도 피하기를 권한다. 정해진 파이를 나누어 먹기밖에 안 되는 곳은 최대의 매출을 올리기 쉽지 않다.

종합적인 상권 분석 자료를 볼 수 있는 곳이 있다. **소상공인 시장진흥 공단에서 제공하는 '상권정보시스템(sg.sbiz.or.kr)'**은 지도를 기반으로 상권영역에 따라 창업률, 폐업률 및 유동인구와 업

우아하게 행주 들고 카페 창업하기

종별 과밀에 따라 고위험/위험/주의/안전 등으로 한눈에 알 수 있도록 분석해주고 있다. 예비 창업자의 창업을 돕고, 기존 소상공인들에게 정보를 제공함으로써 영업 아이템 선별에 도움을 주고 있다. 서울시에서도 비슷한 서울 골목 상권에 창업을 원하는 영세 소상공인들을 위해 '**서울시 상권분석서비스**(golmok.seoul.go.kr)' 사이트를 제공하고 있다.

　상권을 분석하는 것은 내가 정한 카페의 콘셉트와 잘 어울려 안정적인 매출을 올릴 수 있는 장소인지 확인하는 과정이다. 상권 주변에 오래된 점포들이 꾸준히 여러 해 동안 영업하고 있다면, 소비층이 안정적이라는 의미이므로 **주변 점포들의 상태를 알아보는 것도 중요하다.** 경쟁 카페가 없는 곳이 최적의 장소이지만, 그런 곳이 소비가 없어 모두의 선택지에서 제외된 곳이라면 나 또한 실패를 경험할 수도 있다. 상권 분석은 한 가지가 아닌 복합적인 요소들을 파악하고, 내 카페의 콘셉트가 잘 안착해 흥할 수 있는지 가늠해보는 과정이다.

카페 엔젤의 상권 분석

　카페 엔젤을 만나기까지 정해놓은 상권 내에서 여러 개의 점포를 봤다. 필자의 성격상 먼 거리는 무리라는 생각으로 거주지인 강동구 내에서 점포를 물색했다. 10여 년을 강동구에서 살았기 때문에 지역 분위기는 어떤지 미리 알고 있었다. 테이크아웃 위주로 하려면 근처 역세권으로 알아봐야 하지만, 테이크아웃과 홀 매출 둘 다 잡으려면 동네 상권이 유리할 것으로 판단했다. 동네 주민들

과 소통하려면 아파트 상가나 골목 상권으로 자리를 잡아야겠다
고 생각을 정리했다.

　역세권은 보증금과 임대료가 비싸 처음 시작하기에는 무리수
가 있다는 생각에 반공격적인 영업과 동시에 안정적인 영업을 함
께 할 수 있는 아파트 상권을 눈여겨봤다. 그러던 중 기회가 되어
지금의 카페 엔젤에 자리 잡게 되었다. 상권 범위를 좁히고 집과 가
까운 곳 중에 내가 자신 있게 영업할 수 있는 곳, 분위기 파악이 되
어 어떤 콘셉트로 다가가면 좋을지 느낌이 왔다. 아파트 주민들의
소득 수준도 나쁘지 않아 기호식품인 커피라는 음료를 즐기기에
무리가 되지 않는다고 생각했다. 상권을 선택할 때는 급하게 선택
하기보다는 여유 있게 목표를 갖고 **상권의 변화되는 모습도 보면
서 그 상권 안에서 내가 잘할 수 있겠다는 확신이 들었을 때 빠
른 결단으로 안착해야 한다.**

우아하게 행주 들고 카페 창업하기

04

카페 하기 좋은 장소 VS 나쁜 장소

카페를 안착하고 싶은 상권을 선별했다면, 이제 어느 장소에 내 카페를 창업할 것인지 안착 포인트인 **입지**를 선택해야 한다. 무조건 좋은 자리라고 모든 창업이 성공하는 것은 아니다. 어떤 종류의 업종이 인기가 있을지 환경을 조사해야 한다. 장소를 선택하는 데 있어서 많은 매장을 둘러보고 다른 조건들을 비교하는 것은 기본임을 잊지 말자. 카페의 성공 창업을 위해서 어느 상가를 임대해야 하며, 카페 매출을 올리기에 좋은 장소와 나쁜 장소의 조건은 어떤지 확인하자.

제일 중요하게 봐야 할 것은 **내 카페의 콘셉트를 제대로 발휘할 수 있는 장소인가**이다. 분위기 있는 안락한 카페를 꿈꾸는 창업자와 빠른 스피드가 필요한 테이크아웃으로 승부를 보고 싶은 창업자가 발품을 팔며 찾아봐야 할 입지는 완전히 다른 것이다. **필요한 공간에 따라 접근법이 달라야 한다.** 내가 하고자 하는 카페 콘셉트와 어울리는 상가를 봐야 한다. 콘셉트에 맞는 공간과 내부 구조가 구축되어 있는지 확인하고 지출 비용과 수익률 등을 가늠해 계산한다. 창업 비용을 줄이고 단골 위주의 카페를 창업하기 위해 역세권 뒷골목 같은 장소를 찾는 개인 카페 창업자들도 있다. 이렇듯 입지는 창업자의 카페 목적에 따라 디테일하게 찾아야 하는 게 포인트다.

혼자서 부지런히 찾아다니는 것은 한계가 있다. 창업을 준비하면서 콘셉트를 잡았다면 정해놓은 상권 근처의 여러 부동산 중개사무소를 방문해 카페 평수와 임대료 등 원하는 조건 등을 이야기해두고 연락처를 남기고 오면 된다. 물론 연락이 온다고 빠르게 계약하지 말고, 최대한 내 콘셉트 그림이 그려지는 매장을 얻을 때까지 찬찬히 여러 개의 매물을 봐야 한다. **싼 자리라고 무조건 나쁜 곳은 아니며, 비싸다고 무조건 좋은 자리는 아니라는 것을 잊지 말자.** 그렇다고 너무 저렴한 임대료에 혹하지는 말자. 내가 하고자 하는 카페의 목적을 항상 생각하고 자리를 봐야 한다. 여러 매물을 보며, 좋은 자리를 보는 안목을 키우고, 부동산 중개사의 이야기를 듣다 보면 어느 순간 감이 온다. 그러기 위해서는 다양한 상권들을 살펴봐야 한다.

 카페 하기 좋은 조건의 장소란?

1. 유동인구가 많고 사람들이 고이는 위치(목적을 갖고 모이는 곳)
2. 교통이 편리하고 약속 장소로 접근하기 쉬운 곳
3. 대단지 아파트의 상가(학구열이 높은 초중고가 있다면 더욱 좋다.)

우아하게 행주 들고 카페 창업하기

4. 적정한 권리금이 형성된 곳

5. 은행, 마트, 학원 등 상가들이 모여 있는 곳(관공서가 있는 곳)

6. 주변의 매장들이 비어 있지 않고 오래 성업 중인 곳

7. 전면이 잘 보이는 건물의 코너 자리(전면이 넓은 매장, 테라스를 사용할 수 있는 곳)

　카페 하기 좋은 장소로 가장 중요한 것은 유동인구다. 약속이 있어 나오거나 볼일이 있어 나오는 곳으로, 지나가는 장소가 아닌 목적이 있어 그 상권에 모이는 위치 말이다. 교통이 편리하거나 거주지에서 쉽게 걸어 이동할 수 있는 **접근성이 좋은 곳은 사람들이 쉬이 모인다.** 아파트 단지의 상가 복합 몰은 여러 가지 기능이 있으므로, 각자의 목적에 따라 나오기 마련이다. 은행이나 마트, 병원, 아이들의 학원에 관공서가 함께 있다면 더할 나위 없이 좋다. 대형 교회나 성당, 오피스, 원룸 밀집 지역도 카페 하기 좋은 장소다. 학구열이 좋은 아파트 단지나 동네의 경우 아이들의 정보교환을 위한 목적이 있고, 학기 행사 때마다 소모임이 자주 있어서 좋다. 그런 곳들은 상권이 활발해 일정 부분 권리금이 존재한다.

　상권이 좋은 곳은 근처 매장들이 비어 있지 않고 성업 중이다. 매장의 규격은 세로로 깊은 매장보다 전면이 넓은 매장이 좋으며, 가시성이 탁월한 코너 자리는 무조건 점수를 주고 들어간다. 멀리서도 쉽게 보이거나 찾기 쉽다면 좋은 입지다. 카페 특성상 테라스를 사용할 수 있다면 서비스 공간으로 플러스 알파인 것이다. 또한, 평평한 지대에 발걸음이 쉽게 들어오기 쉬운 장소를 선택한다. 마지막 수익까지 생각해서 다른 창업자에게 매장을 넘기기 쉬운 장소인지도 확인해야 한다. 다음 창업자에게 권리금 등을 받고

빠질 수 있는 좋은 장소를 선택할 필요가 있다.

 카페 하기 나쁜 조건의 장소란?

1. 유동인구가 많으나 흘러 스쳐 지나는 곳
2. 임대료가 너무 싸고 권리금이 없는 곳
3. 주인이 자주 바뀌는 장소(건물주 성향이 안 좋은 곳)
4. 주변에 비어 있는 매장들이 많은 곳
5. 경쟁 업종이 유난히 많은 곳
6. 도로 폭이 너무 좁은 곳(폭이 좁아 지나가기 바쁜 곳)
7. 매장 앞에 계단이나 높은 턱이 있는 곳
8. 매장 층고가 낮아 답답해 보이고 소리가 울리는 곳

좋은 곳이라고 착각하기 쉬운 장소는 **유동인구는 있으나 지나치는 통로에 있는 자리다.** 바빠 걸어가는 통로에 밀려 스쳐 지나는 곳, 목적을 갖고 일부러 나올 일이 없는 자리는 겉으로는 인구 밀도가 높아 좋은 장소인 듯 보이지만, 실상 그런 곳에서 소비하는 사람은 없다. 매출이 없는 곳은 당연히 임대료가 저렴하고, 권리금 또한 책정하지 못하는 곳이 많다. 주변에 공실인 매장들이 눈에 보이는 것은 상권에 메리트가 없다는 뜻도 된다. 건물주의 성향이 좋지 못해 주기적으로 창업자가 교체되는 곳은 피한다.

상권이 좋으나 **경쟁 카페가 너무 많아** 차별화를 내세우기에도 매출에 한계가 보이는 곳은 좋지 않다. 카페 앞 도로 폭이 너무 좁아 지나다니기도 바쁜 곳이라면, 여유 있게 커피 한 잔을 생각

할 수도 없을뿐더러 그런 곳은 매장 자체가 눈에 들어오지도 않는다. 매장 앞에 계단이나 높은 턱이 있는 곳은 쉬이 발걸음을 옮기기 쉽지 않은 곳으로 지양한다. 가끔 매장 안에 들어서면 답답하면서 작은 말소리에도 공간이 울려 소음이 심하게 느껴지는 곳이 있다. 이는 층고가 낮기 때문이다. 대화를 나누는 카페의 특성상 여러 사람이 모여 이야기를 나누면 울림소리에 머리가 아프다는 손님들이 많다. 그런 장소는 분위기 내는 카페 장소로 적합하지 못한다.

마음에 드는 자리를 발견했다면 추가로 확인해야 할 것들이 있다. 시간대별로 그 장소를 지나가는 유동인구수와 연령대, 성별 등을 파악해서 기록해보자. 가능하다면 일주일 내내 요일별로 조사는 물론, 주말과 시간대별로 유동인구수를 조사하는 것이 좋다. 추후 정보들을 바탕으로 휴점 요일과 영업 시간 세팅 시 자료로 사용해도 좋다. 내 카페 콘셉트에 맞는 소비자로 타깃을 정한 사람들이 얼마나 어느 시간대에 많이 지나다니는지 확인할 필요가 있다.

무권리에 임대료가 저렴한 곳이어도 내 카페 콘셉트와 맞는 자리로 나만의 전략을 갖추고 있다면 승부를 볼 만하다. 카페 창업에 정답은 없다. 다만 **카페 창업을 하는 원초적인 목적은 손님을 유입시켜 수익을 발생시킨다는 것이어야 함을 절대 잊지 말자.** 상권 조사도, 입지 선택도 모두 창업을 통해 수익을 내기 위한 작업임을 생각하고, 그 중심에 매출을 일으켜줄 손님이 있는 곳에 안착하거나 찾아오게 만들어야 한다는 생각을 반드시 해야 한다.

내 카페가 안착할 입지 선택은 창업 과정에서 반 이상을 차지할 만큼 중요한 선택 사항이다. 그만큼 매출에 큰 영향을 주는 것이 입지다. **카페가 포함된 상권, 상권 안의 입지에 있는 내 카페, 내 카페의 콘셉트, 이 모든 것이 조화를 이루어야 성공 창업할 확률이 더욱 높아지는 것이다.** 중요한 선택인 만큼 급하게 생각하지 말고, 내가 잘 알고 관심 있는 동네와 지역을 선정하고, 꾸준한 탐색시간을 들여 나와 맞는 장소를 선점하도록 하자.

 부동산 중개사무소에 좋은 입지를 문의하는 Tip

부동산 중개사무소에 문의할 때 기존에 나와 있는 매물도 보지만, 상권을 조사할 때 발품으로 둘러보다 마음에 드는 자리가 있다면 부동산 중개사무소 측에 의뢰할 수도 있다. 예전 의류 업종 매장을 운영할 때 일이다. 역세권에 있어야 매출이 보장되는 의류 업종이라서 큰 대로변을 집중해서 봤다. 둘러보던 중 시설도 너무 낡았고 업종도 부실해서 손님도 없는 매장이지만, 내 눈에 너무 탐나는 자리를 발견했다. 내가 머릿속에 그리던 매장 자리로 딱 맞는다는 생각으로 부동산 중개사무소 측에 의뢰해서 작업한 적이 있다. 물론 좋은 가격에 계약했고, 영업하면서 예상대로 큰 수익을 내는 매장으로 자리 잡았다.

가끔 매물을 내놓지는 않으나 부동산 중개사무소 측에서 연락이 오면 이 기회에 정리하려는 사업자가 의외로 있다. 이렇게 원하는 콘셉트에 어울리는 자리를 발견하면 부동산 중개사무소 소장님이 중개인으로 나서서 매매할 의향이 있는지, 조건은 어떤지 알아봐 주므로 그냥 지나치지 말고 **욕심나는 자리가 있다면 일단은 알아볼 필요가 있다. 운이 좋다면 좋은 조건에 내 카페가 될 수도 있다.**

우아하게 행주 들고 카페 창업하기

05
변화하는 상권에
대응하기

상권 조사를 통해 알아봤던 내 카페의 상권, 즉 그 상권 안에 창업할 때의 조건이 계속해서 그대로 있는 것은 아니다. 상권이란 계속 변화한다. **경제활동이 멈추지 않는 한 상권은 작은 움직임에도 변화하는 것이다.** 카페 입지를 최종 선택하기 전 추후 그곳이 어떻게 변화할 것인지 예측해보고, 주위 환경을 둘러봐야 한다. 어떠한 요인들로 인해 상권이 변화되는지 알아보고, 카페 장소를 계약한 순간부터 내 카페를 둘러싼 상권들이 어떻게 변화하는지 항상 지켜봐야 한다.

 상권이 변하는 원인은 어떤 것들이 있을까?

1. 재건축으로 인한 아파트 이전
2. 횡단보도/건널목 설치(동선 변화)
3. 공공기관, 대형마트, 소규모 상가 시설 입성

4. 경쟁 업체 등장

5. 새로운 아파트 단지 형성(대규모 상가 시설 입성)

6. 주변 집값의 변화

7. 시대적 특수 사항(ex : 코로나19 전염병)

8. 소비자 성향 변화(배달과 온라인 쇼핑 이용)

상권의 변화는 창업자에게 좋은 상황으로 전환되어 기회가 될 수도 있고, 지금보다 좋지 못한 상황으로 변할 수도 있다. 재건축으로 아파트가 공사에 들어가면 기존에 있던 상권은 무너지는 것이다. 아파트에 살던 소비 계층이 없어지기 때문이다. 횡단보도의 새로운 설치로 지나치지 않았던 길에 새로운 동선이 생기면서 그 길에 있던 상가는 덕을 보는 것이고, 기존 상가는 유동인구를 그만큼 뺏기게 되는 것이다. 공공기관의 입주나 대형마트 등 새로운 소규모 상업 시설은 소비층인 손님을 몰고 오는 것이기에 좋은 환경을 만들어주는 것이다.

홀로 독점하며 입지를 다졌던 곳에 경쟁 업체가 하나둘 들어서면서 파이를 나누는 것은 상권의 좋은 변화가 아니다. 주변에 새로운 아파트 단지가 입주하면서 소비층을 대거 몰고 오는 것은 좋은 상황이긴 하나, 그 아파트와 함께 대규모의 상가 시설이 들어오는 것은 경쟁 업체들을 몰고 오는 상황이므로 예의 주시해야 한다. <u>상권 자체는 확대되어 겉으로는 좋아 보이지만, 소비 계층 대비 많은 상가 시설은 과다한 경쟁 구도가 발생할 수 있다.</u>

주변 집값의 변화에도 상권은 흔들린다. 특히 아파트 상권은 집값이 호황일 때는 소비 심리가 좋아져 가격 저항이 덜 하지만,

우아하게 행주 들고 카페 창업하기

집값의 하락은 저가의 상품을 판매하는 경쟁 업체 쪽에 손을 들어줄 수 있다. 이번 코로나19처럼 전염병이 도는 특수 상황에서는 오프라인보다 온라인 소비와 배달업이 성황을 이룬 것을 알 수 있다. 이런 상황은 오프라인 영업 위주였던 카페와 마트에 적지 않은 타격을 주는 것이다. 이렇듯 상권은 눈에 보이지 않는 작은 디테일에도 민감하게 반응하고 있다. 내 카페 앞에 유명한 음식점이 있어 손님을 끌고 왔으나, 그 음식점이 이전하면서 손님들의 발길이 뜸해지는 경우가 있다. 이러한 모든 것이 상권 변화다. **상권 변화는 추후 내 카페의 권리금에도 영향을 주므로 중요하게 생각하고, 창업 전과 후 항상 지켜봐야 하는 부분이다.**

창업자는 상권의 변화를 지켜보기만 하면 안 된다. 분위기를 파악하고, 그에 따른 변화에 빠르게 준비해야 한다. **변화하는 상권 안에서 내 카페가 살아남아야 할 차별성을 찾아야 하고, 시대적 흐름을 따라가야 한다.** 누구도 미리 알려주지 않으며, 중요한 것은 그 상황들을 겪어낸 창업자인 사장만이 어떻게 대응해야 하는지 제일 잘 알고 있다. 변화하는 상권과 입지에 영원한 단골은 없다. 경쟁 카페는 공간의 여유가 있는 한 계속 끊임없이 생길 것이다. 긴장을 늦추지 말고 항상 새로운 마음으로 사업에 임해야 한다.

 카페 엔젤의 상권 변화

개인 카페를 9년간 운영하는 동안 **아파트 상가 안에서도 상권의 흐름은 바뀌었다.** 아파트 주민들이 걸어 다니는 입구에서 끝쪽에 자리한 카페였지만, 1층에 메인 카페는 우리뿐이기에 손님들

은 끝에서 끝까지도 걸어와 주었다. 카페에서 나와 바로 보이는 횡단보도를 건너면 다른 대단지 아파트에 사는 분들이 우리 상가 지하 대형마트에 장을 보러 온다. 장을 보러 가는 동선에 위치하니 자연히 손님들에게 가시성도 좋고 인지도도 좋았다. 이런 좋은 상권을 보고 입지를 선택한 것이다. 하지만 몇 해 지나 반대편 끝 쪽에 경쟁 카페가 오픈하니 상가 끝까지 걸어와 카페 엔젤을 찾아주는 손님은 단골들과 카페 엔젤이 좋아 기억하는 손님으로 축소되었다. 동선을 한번 막아선 것이다. **경쟁 업체로 인해 상권에 좋지 않은 변화가 온 것이다.**

아파트는 2년마다 전세 세입자들이 움직인다. 전세값의 폭등으로 이동이 되면서 단골손님들이 바뀌는 상황이 되었고, 학군을 중요하게 여기는 학부모들은 아이들의 학교 배정에 맞춰 그 대열에 합류하게 된다. 그때마다 새로운 손님들에게 '여기 카페 있어요!'라고 홍보에 집중해야 하는 시기가 오는 것이다. 그사이 지하 대형마트 옆에 또 다른 개인 카페가 들어서며 우리 카페를 오게 하는 동선을 막았고, 그렇게 전세값 상승과 경쟁 카페로 좋지 않은 상권으로 변화가 또 오게 되었다.

전세값의 상승과 함께 온 집값 상승은 손님들의 경제력을 높여 카페 엔젤의 가격대 있는 건강식 수제 음료의 매출에 한몫했고, 카페 엔젤이 어려운 시기에 좋은 변화로 의미가 있었다. 이처럼 상권은 처음 내가 들어왔던 상태로 유지되기 쉽지 않다. 코로나19라는 누구도 예측하지 못했던 상황은 배달 위주 영업이 자리 잡아 판로가 바뀌는 큰 계기가 되었다. 손님들은 마트를 직접 나오기보다는 온라인 쇼핑으로 장보기를 대신했다. 그러던 중 지하의 대형마트는 큰 매장을 반으로 줄이면서 내 카페의 손님도 축소시키는 상황이 되었다. 지금은 옆 매장에 맛있고 유명한 장호덕 만둣집과 질 좋고 저렴한 과일집이 입점해 동선을 끌어와 주어 함께 또다시 힘내고 있다.

상권의 변화는 나에게 득이 되기도, 실이 되기도 한다. 한없이 나쁘기만 하지도 않으며, 한없이 좋기만 하지도 않는다. 그때마다 **유동성 있게 대응하는 것이 최선이다.** 변화된 상권에 맞춰 경쟁 업체들보다 퀄리티 있는 메뉴로 손님들의 발길을 잡고, 홍보에 집중하고 있다. 자리 잡은 손님들이 단골이 되어주고, 입소문으로 홍보해주며 매출이 오르고 그런 일들이 반복되는 것이다.

카페 콘셉트를
결정짓는 인테리어

창업 전부터 시작하는 인테리어 준비

창업자의 고민 중 매장을 선택하는 것 다음으로 넘어야 할 고비가 인테리어일 것이다. 한번 공사가 진행되면 되돌리기에는 비용과 시간이 많이 소모된다. 따라서 공사를 시작하기 전에 제대로 준비해 시행착오 없이 진행할 수 있도록 한다. 인테리어를 실수 없이 진행하기 위해서는 어떤 것들을 미리 알아두고 준비해야 하는지 확인하고, 내 카페 콘셉트 분위기를 낼 수 있는 인테리어를 완성해보자.

인테리어는 비용이 많이 드는 부분인 만큼 창업자는 한 번쯤 셀프 인테리어를 생각해볼 것이다. 우선 셀프 인테리어를 할 수 있는 역량이 자신에게 있는지 되물어봐야 한다. 카페 인테리어를 한두 번 경험해본 창업자라면 도전해볼 만하다. 인테리어 공사의 순서, 어떤 업체에 어떤 파트를 맡겨야 하는지, 인테리어 소재의 장단점, 배수 시설, 인허가 사항이 숙지되어 있고, 디자이너 감각이 있어 조화로운 인테리어를 할 수 있다면 도전해도 괜찮다. 하지만 카페 창업이 처음이고 인테리어와는 먼 창업자라면 좋은 업체를 선별해서 의뢰하길 추천한다. 돈은 돈대로 버리고, 분위기는 어설프게 나올 확률이 높기 때문이다.

인테리어 계획 전 준비해야 할 것

1. 카페 계약 시 가능하면 인테리어 업자와 동행해 내부를 살핀다.
2. 인테리어는 꼭 카페 전문 인테리어 업체를 찾는다.
3. 외관과 내부 인테리어의 콘셉트도 중요하지만, 주방 동선을 제대로 계획한다.
4. 인테리어 전 카페 콘셉트는 미리 잡아둔다.
5. 벤치마킹을 통한 사진 자료 외 인테리어 관련 정보들을 수집해둔다.

마음에 드는 카페 장소를 정했다면 가능하면 계약 전에 인테리어 업체와 상담하길 추천한다. 창업자가 둘러보는 내부와 인테리어 업체가 둘러보는 시선은 다르다. 창업자는 매출과 관련된 영업적인 입지와 외관을 본다면, 인테리어 업체는 내부에 시설적으로 공사가 필요한 디테일한 부분을 파악해준다. 전기 관련 용량 추가 공사가 들어가야 하는지, 배수 관련 누수가 있어 공사가 필요한지, 화장실이 있다면 수압 관련 문제는 없는지 등 전문가의 눈으로 한번 볼 필요가 있다. 이 과정은 공사 시 크게 들어가야 할 비용적인 부분과 공사 기간을 결정할 때 도움이 되는 부분이다. 생각지 않게 큰 지출이나 문제가 예상되는 부분이 있다면, 계약 전에 고려해 계약을 취소하는 상황까지 생각해야 한다.

인테리어 업체는 각자 전문 파트가 있다. 주거 공간인 아파트를 공사하는 전문업체와 식당이나 사무실 등에 많은 경험이 있는 전문업체 등 각자 전문적으로 추구하는 파트가 있다. 당연히 카페도 카페 전문 인테리어 업체에 맡기는 것이 중요하다. 카페 공사를 여러 번 해본 업체의 경우, 진행 상황을 잘 알고 있으므로 어떤 부분에 신경 써야 하는지 알기 때문이다. 카페의 경우 주방 시설들과 배수 시설들이 중요한 사항이므로, 그 시설들에 대해 노하우가 있는 카페 전문 인테리어 업체에 맡기는 것이 시행착오를 줄이는 것이다.

카페 인테리어에서 바(bar), 즉 **주방 쪽 인테리어는 시각적인 부분도 중요하지만, 실용적인 부분이 더 중요한 요소들이 밀집되어 있다.** 배수 시설부터 음료 제조 동선의 효율적인 머신들 위치까지 제대로 세팅이 되어야 한다. 물론 콘셉트에 따라 어떤 메뉴를 넣을 것인가 고민하고, 필요한 집기들을 선정해야 구상할 수 있는 과정이다. 창업 전 콘셉트를 잡고 메뉴 구성을 하고, 그에 따라 필요한 집기들을 선정하고, 주방 인테리어를 구상해야 한다. 그러므로 **카페 창업 시 콘셉트를 정하는 것은 인테리어 전에 무조건 결정해야 한다.**

카페 콘셉트를 정한 상태에서 인테리어 업체와 미팅 시 꼭 필요한 것은 사진 자료다. 제대로 된 내 카페 콘셉트를 전달하기 위해서는 창업자가 생각하고 있는 부분을 최대한 디테일하게 보여주는 것이 실패 확률을 줄이는 것이다. 공사는 한번 시작하면 되돌

우아하게 행주 들고 카페 창업하기

리기 힘든 만큼 제대로 된 정보 전달만이 확실한 방법이다. 원하는 색상과 분위기를 사진과 이미지로 보여주며 표현하고 싶은 소재들도 사진으로 전달하면 더욱 정확하게 진행된다. 전체적인 분위기와 디테일한 색상, 소재, 소품들과 어우러지는 벽면 구조, 간판 분위기, 조명 디자인과 조명 색, 메뉴판과 외관의 스타일인 파사드까지 말이다. **창업자가 원하는 방향을 얼마나 디테일하게 정보 전달하느냐에 따라 인테리어의 완성도가 달라진다.**

창업 전에 카페 콘셉트를 잡고 충분히 자료를 수집해서 인테리어 업체와 미팅 시 디테일한 부분을 짚어가며 조율할 필요가 있다. 포기할 부분은 포기하고, 업체의 더 좋은 아이디어는 수렴한다. 이 과정을 통해 공사 비용을 효율적으로 줄이고, 제대로 된 정보 수집을 바탕으로 시행착오를 거치지 않고 공사 기간을 단축할 수 있다. 업체에 모든 것을 일임하지 말고, 창업 전에 충분한 자료들을 모아 인테리어에 내 카페 콘셉트를 정확히 표현해내야 한다.

카페 엔젤 인테리어 디자인

인테리어에서 창업자가 나서서 목소리를 낼 수 있는 것은 벤치마킹한 자료들이다. 시설적인 부분은 전문가들이 해결할 수 있지만, 내 머릿속에 그려진 콘셉트는 말로만 설명하기에는 정확도가 떨어진다. 최대한 창업 전 시간이 나는 대로 스크랩하고, 사진 자료와 정보들을 모아서 인테리어 미팅 시 적극 어필하길 바란다. 충분한 자료를 수집하고 거듭 확인한 후 전문가와 상의 후에 공사가 진행될 수 있도록 해야 한다.

인테리어 업체가 나서서 상황에 따른 좋은 아이디어를 제시해 주는 곳은 정말 이상적인 업체다. 그러나 대부분 비용적인 부분이나 추후 문제가 될 여지가 있을 수 있으므로 적극적인 제안은 잘 하지 않는다. 창업자만이 내가 원하는 콘셉트로 인테리어가 될 수 있도록 많은 정보를 찾고 확인할 수 있다. 그 중심에는 **사진 자료가 제일 중요하다.** 사진 자료에서는 이미 검증된 인테리어 분위기와 색감들의 조화를 벤치마킹할 수 있다. 되도록 내 카페 분위기의 콘셉트와 비슷하고 입지 상황과 카페 면적, 타깃 층이 비슷한 곳을 찾아보면 더욱 효율적이다.

인테리어가 완성된 느낌을 보고 대략적인 견적을 받아보고 싶다면, **인테리어 중계 플랫폼들이 올려둔 포트폴리오를 참고하면 좋다.** 시공한 다양한 분위기의 카페 인테리어를 보다 보면 창업자가 추구하는 콘셉트와 비슷한 곳들이 있다. '핀터레스트'나 '큐플레이스' 사이트는 많은 사진 자료를 보유하고 있어서 한번 둘러보는 것도 좋다. 업체를 선별한 후 정확한 인테리어 견적은 반드시 내 카페 현장을 보고 진행해야 한다.

02
내 카페 콘셉트에 맞는
인테리어 업체 고르는 법

카페는 주거 공간이 아닌 상업적인 공간이다. 창업자 스타일로 가는 것이 맞지만, 엄연히 카페는 손님들을 위한 공간임을 잊지 말아야 한다. 인테리어 작업 시 매출로 이어지는 공간으로 만들기 위해서는 카페 콘셉트가 이미 결정되어 있어야 한다. 카페 콘셉트를 가장 정확하게 보여줄 수 있는 것이 바로 인테리어다. 내 카페 콘셉트를 제대로 표현하기 위해서 작업 시 어떤 부분들을 고려해야 하는지 알아보자.

 인테리어에서 내 카페 콘셉트를 보여주는 방법

1. 파사드(facade)
카페의 외관인 정면으로 먼저 노출되는 부분인 만큼 가장 강하게 이미지를 보여줄 수 있다. 테이크아웃 전문 카페인 경우는 디자인적인 부분도 중요하지만, 손님들을 응대하는 주 출입구이므로 실용적인 부분도 놓치지 말아야 한다(ex : 외부 테이크아웃 출구).

2. 메인컬러

카페마다 추구하는 자기만의 대표 컬러가 있다. 컬러로 통일 감을 주는 것은 콘셉트를 나타내기에 쉽고 좋은 수단이다. 컬러풀한 색상으로 유니크한 카페를 화려하게 연출하기도 하고, 화이트 컬러로 어떤 색상의 소재와 소품과도 무난하고 조화롭게 연출할 수 있다.

3. 바닥

카페 바닥은 기본적인 느낌을 표현할 수 있는 부분으로, 어떤 소재를 사용하느냐에 따라 콘셉트 이미지가 달라질 수 있다. 에폭시로 빈티지하고 세련된 느낌을 주거나 경제적인 데코타일로 무난함을 추구하거나 내구성이 좋은 폴리싱 소재를 사용해도 좋다. 따뜻함이 느껴지는 콩 자갈 바닥도 멋스럽다.

4. 벽 디자인

전반적인 분위기를 잡을 수 있는 부분으로, 콘크리트 벽을 그대로 표현해 인더스트리얼(industrial) 느낌으로 연출하거나 웨인스코팅(wainscoting) 방식으로 클래식하고 깔끔한 느낌을 연출한다. 우드 소재로 밝은 느낌의 아늑하고 따뜻한 분위기나 어두운 느낌의 고급스러운 분위기로 연출한다.

5. 천장

소형 카페의 경우 좁은 느낌이 드는 곳은 노출 천장으로 공간이 넓어 보이는 효과를 주고 빈티지 느낌을 더해준다.

6. 조명

깔끔한 레일 조명이나 분위기 있는 간접 조명을 사용한다. 포인트로 레터링 네온 사인 등도 카페에 어울린다. 주광색은 밝고 하얀 조명이고, 전구색은 노란빛이 도는 카페에 많이 쓰이는 조명이며, 주백색은 주광색과 전구색의 중간색인 따스한 빛이다. 조명은 인테리어의 디테일함을 연출해주는 마무리 작업과도 같다.

7. 기타

개방감을 연출하기 좋은 폴딩 도어, 포인트 컬러의 소품이나 사진 공간, 어닝(간판을 대신하는 어닝의 네임사인) 등 공간을 구성하는 모든 것들이 콘셉트를 표현한다.

카페 전문 인테리어 업체의 경우 오래된 경험이 축적된 곳일수록 많은 포트폴리오를 보유하고 있다. 작은 평수의 소형 카페 인테리어부터 대형 카페까지 다양한 스타일의 콘셉트가 연출되어 있으며, 직접 시공한 카페의 이미지들과 소재, 분위기들을 한눈에 볼 수

| 간판을 대신하는 어닝 네임사인 |

있으므로 참고해보자. 작은 카페일수록 **수납과 동선이 중요**하므로 설계 디자인을 잘해야 한다.

전반적인 레이아웃이 잘 짜여 있는지 확인하고, 콘셉트에 맞는 가구도 협의 하에 제작이 가능하므로 필요할 때 확인해두자. 창업자는 인테리어 업체에 콘셉

트에 맞는 일관된 주문을 해야 한다. 여기저기서 좋은 것을 짜 맞추는 것이 아닌 **통일감 있는 한 가지 콘셉트로 분위기를 내야 한다.**

요즘은 인테리어 업체들을 조건에 맞춰 **여러 곳을 소개해주는 플랫폼** 역할을 해주는 곳도 있다. 막상 혼자서 업체들을 알아보려면 막막한데, 업체들을 선별해서 무료 견적을 받을 수 있도록 추천해준다. 마음에 드는 곳이 생길 때까지 소개해주니 안정적인 인테리어를 작업하고자 할 때 유용하다. 미팅을 통해 함께 호흡이 잘 맞는지 적극성도 체크하고, 창업자가 원하는 콘셉트 분위기가 맞는 업체를 선별하기에 좋은 시스템이니 잘 활용하면 도움이 된다.

요즘 카페 트렌드는 공간을 소비하는 분위기다. 인테리어는 내 카페 콘셉트를 보여줌과 동시에 손님을 끌 수 있는 매력과 편안함을 놓쳐서는 안 된다. 단순히 보기에만 좋은 것이 아닌, 인테리어는 손님을 내 카페로 오게 만드는 일종의 마케팅인 것이다. **좋은 인테리어는 손님이 그 공간을 활용하고 느끼며 다시 찾아주고, 창업자는 콘셉트가 있는 카페를 연출해 매출을 올리는 데 목적이 있음을 잊지 말자.**

 ## 상권에 맞는 인테리어의 중요성

인테리어 콘셉트도 상권에 맞춰야 한다. 창업자의 콘셉트가 확고하다면 상권 자체를 바꿔야 한다. 편안하게 다가가야 할 동네 상권에 너무 고급스럽고 무거운 분위기의 인테리어는 손님의 발길을 잡기보다는 입구에서 서성이게 만든다. 동네 상권의 인테리어는 되도록 밝고 따뜻한 분위기가 어울린다. 고급스럽고 럭셔리한 인테리어 콘셉트를 하고 싶다면, 그 분위기가 어울리는 상권 안으로 들어가는 게 효과적이다.

건너 아는 지인 2명이 비슷한 오피스 동네 상권에 각기 다른 인테리어 콘셉트로 오픈했다. 한 분은 해외 유학파 출신으로 본인이 추구하는 고급스러운 콘셉트로 무거운 느낌이 도는 인테리어 카페를 오픈했고, 다른 한 분은 동네 카페 콘셉트에 맞는 평범하고 깔끔한 인테리어로 오픈했다. 해외 유학파 출신인 지인은 커피에 대해서는 누구보다 자신 있었지만, 시일이 지날수록 고급스러운 분위기의 카페는 테이크아웃도 어울리지 않아 손님들이 입구에서 서성이다 돌아섰다고 한다. 동네 카페보다 고급스러운 레스토랑이 더 어울릴 것 같은 파사드부터 동네 상권과는 맞지 않았다. 안이 잘 보이지 않는 꽉 닫힌 문도 한몫했다. 콘셉트에 대한 의지가 확고해 진행했지만, 얼마 지나지 않아 정리했다는 안타까운 소식을 전해 들었다.

무조건 고급스럽고 럭셔리해 보이는 게 매출에 도움 되는 게 아니라는 것을 깨닫게 해주며, 상권에 맞는 인테리어가 얼마나 중요한지도 새삼 느끼는 소식이었다. 인테리어는 옷과 같다. 내가 입어서 편하고 자신 있어야 한다. 시장 갈 때는 편안한 옷, 초대받은 모임에는 격식 있는 옷차림, 등산 갈 때는 실용적인 등산복, 친구들과의 파티에는 예쁘고 화려한 옷을 입고 가는 것처럼 말이다. 어느 상권에 내가 창업할지, 내 카페 손님이 누구인지 생각하고, 그곳에 맞는 인테리어 콘셉트를 선택하는 것이 가장 중요하다.

03
인테리어 견적서
꼼꼼하게 살펴보기

인테리어 공사를 시작하기 전 창업자가 **가장 먼저 할 일은 예산을 책정하는 것이다.** 제대로 된 견적서를 받기 위해서는 창업 자금에서 어느 정도를 인테리어에 투자할 것인지 인테리어 예산을 업체에 정해주어야 한다. 인테리어에서 창업자는 실무자가 아니다. 창업자는 전문가에게 인테리어를 맡기고, 예산에 대한 부분을 견적서를 통해 승낙하는 역할이다. 그러므로 견적서는 어떤 근거로 책정이 되는 것이며, 주의해야 할 사항들은 무엇인지 알아두어야 한다.

 인테리어 견적의 기본 예산 정해주기

인테리어 견적 시 카페는 평당 얼마라는 제안은 참고할 수 없다. 카페 인테리어는 상업적인 공간이다. 주거 공간인 아파트나 심플한 사무실의 견적과는 다르다는 이야기다. 상업적인 시설은 그

구조와 환경이 제각각 너무나도 다르다. 각기 다른 상황에서 공사가 진행되는 부분이므로 견적은 천차만별이다. 기본적인 철거 유무와 전기 증설 유무, 가구 제작 유무, 자재의 퀄리티 등 변수들이 많기 때문이다.

창업자는 하고자 하는 **매장의 컨디션을 보여주고, 책정한 예산 금액의 폭을 정해주어야 업체가 그 안에서 예산에 맞춰 디자인하고 콘셉트를 표현할 수 있다.** 돈과 관련된 부분에서 창업자는 알게 모르게 작아지지만, 인테리어 업체에 솔직한 것이 이상적인 인테리어를 완성할 수 있다. 비용적인 부분은 인테리어에서 충분히 합리적으로 조율할 수 있으며, 창업자의 조건에 맞춰 얼마든지 당당하게 요구할 수 있다.

 인테리어 업체 선정 방법과 주의사항은 무엇일까?

1. 견적서에 비포함 내역(견적 외)이 있는지 살펴본다

인테리어 업체를 선택하기 전 3~4군데 견적을 받아보고 비교해본다. 견적을 받기 전 창업자는 카페에 필요한 부분들을 숙지하고 있어야 제대로 된 견적서를 요구할 수 있다. 견적서에는 포함 내역과 비포함 내역이 있다. 창업자가 견적서를 작성할 때 요구하지 않으면 추후 추가되는 사항들은 비포함 내역으로 이중 비용이 발생한다는 말이다. 되도록 인테리어 관련된 부분들은 포함 내역으로 견적을 받아야 여러 업체 비교 시 정확하게 구분할 수 있다. 전기 증설 공사, 간판, 어닝, 냉난방 시설 등은 비포함 내역으로 분류되기 쉽다. 카페 인테리어에 필요한 부분들을 정리하고, 견적을 요구할 때 전부 포함으로 총예산에 맞춰야 한다. 간판 같은 경우 따로 전문업체에 시공하고자 한다면 견적서를 따로 받아 총예산 비용을 맞춰본다.

2. 분야별 공사 내역과 상세 내역도 같이 요구해야 한다

분야별 공사는 말 그대로 목공, 도장(페인트칠), 바닥 등 큰 분류로 금액을 나누어 놓았다면, 상세 내역은 어떤 자재를 쓰는지, 인건비는 몇 명에 얼마인지, 조명의 개수와 종류, 바닥 타일 종류와 수량, 식대 등 디테일하게 적어놓은 것이다. **자재비의 경우 자재상에 따라 차이가 나는 부분이므로 자재 단가보다 자재의 종류를 잘 알아봐야 한다.** 상세 내역에는 공사 항목, 자재비, 인건비, 경비(보험료 외 공과잡비), 기업이윤 등이 작성되어 있어야 한다. 진행 비용이라는 명목으로 이윤을 적어놓기도 한다. 기업이윤은 보통 10~20% 정도를 책정하며, 경비의 경우 3~8% 내외로 상황에 따라 책정한다. 인테리어도 당연히 이윤을 남기는 업체다. 그 금액이 과하지는 않은지 확인해볼 필요가 있다.

3. 인테리어 업체의 분위기를 파악한다

견적 금액이 업체 선정에 큰 기준이 되기는 하지만, 미팅 때 모습이라든지, 스케줄대로 약속은 잘 지켜지는지, 창업자의 입장으로 배려하는 모습이 있는지, 견적서의 금액과 다른 부분에서 성실하게 임하는지도 놓쳐서는 안 된다. 기본 **사업자 등록증을 보유하고, 경력이 어느 정도 된 업체를 선정하길 추천한다.** 인테리어 작업은 창업자가 실무자는 아니지만, 대부분 공사 기간에 적잖은 스트레스를 받는 부분이므로 실무대행을 잘해주는 좋은 인테리어 업체를 선정하는 일이 무척 중요하다.

우아하게 행주 들고 카페 창업하기

4. AS 부분인 공사 후 하자보수도 계약서에 추가되어야 한다

주거지와 다르게 상업적인 곳은 문제가 생기는 경우, 영업적인 부분인 수익과 연결되어 있어 AS 부분도 꼭 챙겨야 한다. 계약 시 하자보수 부분에 대해서도 특약 사항을 넣어야 한다. 인테리어 업체는 내부 구조와 전기, 배관 외 시설 등 모든 부분을 알기 때문에 문제가 생겼을 때 가장 빠르게 해결해줄 수 있는 곳이다. 이런 부분들 때문에 선정한 업체와는 계속 연을 이어간다는 마음으로 신중하게 골라야 한다.

5. 창업자가 일반 과세자로 등록할 경우 세금계산서를 꼭 챙겨두자

창업 시 간이 과세자가 아닌 일반 과세자로 등록할 경우, 세금계산서는 반드시 발급받아야 한다. 공사 비용의 10%가 추가되어 금액이 높아지지만, 그만큼 부가세 신고 시 환급받으면서 종합소득세 비용처리로 정리할 수 있는 혜택이 있다. 목돈인 만큼 세금혜택을 받을 수 있는 것은 꼼꼼하게 챙겨두어야 한다.

6. 공사 기간을 정확히 명시하고, 공사대금은 협의하에 서너 번에 나누어 지급한다

공사 기간은 창업자에게 오픈 일을 맞추는 일이므로 정확하게 약속해야 한다. 오픈 행사 등 이벤트와 관련된 스케줄이 있을 수 있기 때문이다. 되도록 공사 기간은 가능하다면 짧게 부탁하자. 계약과 동시에 임대료 지출이 되므로 늘어지는 공사 기간은 불필요하다. 공사대금은 일반적으로 계약금 10%로 책정하고, 중도금 60%는 1~2차례 상황에 맞춰 나누어 지급한다. 공사가 끝나고 나면 잔금을 치른다. 하자보수 부분이 걱정되는 창업자는 간혹 2주나 한 달 뒤에 세금계산서의 부가세 10%를 지불하는 경우도 있다.

 견적서를 구성하는 분야별 세부 내역은
어떤 것들이 있을까?

1. 철거 공사

카페를 인수해 영업하지 않고 기존 구조물들을 들어내고 공사를 진행하기 위한 철거 작업을 말한다. 디자인에 따라 선반, 벽, 천장 등을 뜯어내는 일이다. 인건비와 폐기물 처리비용이 책정된다.

2. 목 공사

인테리어에서 가장 많은 부분을 차지하는 공사다. 칸막이, 선반, 싱크대, 붙박이 의자 등 대부분 골조는 목수들이 작업하는 영역이다.

3. 전기 공사

철거할 때 시작해서 공사가 끝나는 시점까지 계속된다. 조명의 등 기구, 콘센트용 전선, 냉난방기, 간판과 외부 조명, 주방 설비용 배관 등 전기 공사는 창업자가 주방 동선에 맞춘 기기들의 위치를 알려주고, 콘센트 위치를 작업 전에 미리 이야기해주어야 한다. 카페의 경우 전력 소비량이 많은 **에스프레소 머신은 꼭 단독 동력선을 사용하도록** 한 번 더 확인하자. 콘센트의 경우 되도록 충분하게 사용할 수 있도록 곳곳에 배치해두어야 한다. 전기 증설 비용은 인테리어 시 대부분 비포함 내역으로 책정되며, 비용적인 부분이 작지 않다. 공사가 진행되어야 하는지는 계약 전 미리 부동산 중개사무소 측에 전력량을 확인해달라고 부탁하고, 증설이 필요한 경우는 견적서에 포함해 받아둔다.

4. 바닥 공사

바닥 마감을 어떤 종류로 할 것인지에 따라 금액 차이가 많이 난다. 에폭시, 데코 타일과 세라믹 타일 등 콘셉트와 디자인에 따라 선택해 작업한다.

5. 도장 공사

도장이란 페인트칠을 의미한다. 벽면과 천장, 집기나 선반 등을 작업한다.

6. 창호 공사

창과 문을 작업하며 콘셉트에 따라 강화 유리문이나 철재 유리문, 창으로 개방감 있는 폴딩 도어 등이 포함된다.

7. 냉난방 공사

요즘은 주로 천장형을 설치하며, 실외기의 위치에 따라 설치비 차이가 난다. 실외기 배관 가격이 비싸므로 실외기 위치는 최대한 가까운 위치가 좋으며, 옥상으로 올려야 하는 경우는 금액이 만만치 않으므로 미리 알아두자. 설치비는 대략 1m당 3만 원가량 책정되며, 옥상으로 올리는 경우 사다리 차량을 이용하게 되면 추가 비용이 또 발생하게 된다. 냉난방기 선택 시 공간이 10평 정도라면 20평 이상인 제품을 선택해야 한다.

8. 간판 & 어닝 공사

인테리어 효과와 차양 차단 효과를 겸비한 고정 어닝에 네임 프린팅을 해서 간판 겸 사용하는 경우가 많아졌다. 간판의 경우 따로 시안을 요청하고, 간판 종류는 콘셉트에 따라 다양하므로, 포트폴리오를 참고해 원하는 시안을 요청해도 좋다. 기본적인 고무 스카시, 파사드, 후광 채널, 까치발 스카시, 골드미러 등 종류가 다양하다.

 카페 엔젤이 생각하는 현실 인테리어란?

쓸쓸하지만 인테리어의 진짜 마지막도 생각해야 한다. 창업자들이 미처 생각지 못하는 실수가 있다. 필자도 제대로 된 준비 없이 급하게 오픈한 2층 카페를 원상 복구 비용만 1,000만 원을 주고 나와야 하는 상황을 경험했다. 처음 시작하는 카페라 들뜬 마음에 마치 내 집을 꾸미기라도 하는 것처럼 인테리어 예산 비용을 최대한 오픈하고, 2층 외부 복도 벽마저도 천년만년 쓸 것처럼 요구했다. 인테리어로 분위기를 잡으면 손님들이 줄을 서 줄 것 같았다. 그러나 인테리어가 하나의 마케팅 역할이 되기는 하지만, 그것만이 성공으로 이어주는 것은 아니다.

폐업한다는 것은 인계할 인수자가 나타나지 않아 결국은 계약 기간이 끝나는 시점에서 원상 복구하고 나온다는 말이다. 신축 상가여서 권리금이 없고, 오픈 후 장사가 잘되어 나중에 권리금을 받고 나오면 그게 다 수익일 거라고 계산했다. 지금 돌이켜 보면 참 어리석었다. 꿈을 안고 시작하는 창업자들은 인수해줄 사람이 없어서 원상 복구를 해주고 나올 거라고는 아마 생각지도 못할 것이다. 창업하는 사람들은 만에 하나 그 최악의 상황도 그림을 그려봐야 한다. **건물주가 인수자가 없어 원상 복구를 요구할 경우, 세입자는 원래대로 해주고 나와야 한다.**

필자의 카페 인테리어는 굉장히 근사했다. 벽은 회색빛 파벽돌로 멋지게 전부 둘렀고, 바닥은 세련된 에폭시로 마무리하고, 천장에 매달린 조명들은 하나하나 골라 달았다. 개방감 있는 폴딩 도어에 작은 창고까지 완벽한 인테리어지만, 건물주는 처음 사무실 같은 인테리어로 다시 만들어달라고 원상 복구를 요구했다. 시간이 흐른 뒤 알았다. 그 건물은 내 건물이 아니고, 나는 그저 빌려 쓰는 세입자였다는 것을. 언제든 나갈 준비를 하고 있어야 함을 너무 늦게 깨달았다. 임대료를 내는 카페를 마치 우리 집 공사하듯이 되도록 무리하게 다 뜯어고치는 우를 범하지 않도록 한다. 카페 인테리어를 할 때는 최소의 비용으로 최대의 효과를 내는 합리적인 자세가 필요하다. 잘된 인테리어란 손님들이 찾아와 편하게 즐기고, 다시 찾아오는 영업에 효과를 주어 매출이 나오는 것임을 잊지 말자.

04
인테리어 하기 전
카페 집기 선정하기

인테리어 업체를 선정하고 나면 모든 것을 업체가 다 알아서 해준다고 생각한다. 하지만 그렇게 편하게 방치했다가 카페에서 근무하는 내내 불편함을 토로할 수 있다. 카페는 다른 곳과 다르게 핵심인 바(Bar)의 역할이 중요하다. 바(Bar)의 동선을 어떻게 잡느냐에 따라 음료 제조의 편리성과 스피드가 결정된다. 반드시 창업자가 확인하고 공사를 진행해야 한다. 카페 전문 인테리어 업체의 경우, **기본적인 제안은 해주겠지만, 카페마다 콘셉트와 메뉴 구성이 다르므로 누구보다 잘 아는 창업자 본인이 동선 설계를 하고, 전문가와 상의해서 확정해야 한다.** 어떤 부분들을 생각하고 설계해야 하는지 확인해보자.

창업 전 하고자 하는 콘셉트를 잡고, 그에 해당하는 메뉴를 구성한다. 그 후 메뉴 작업에 필요한 집기들을 선택해야 한다. 카페는 기본적인 에스프레소 머신부터 제빙기, 정수기, 냉장 냉동고, 쇼케이스, 그라인더, 블렌더, 디스펜서 외에 추가로 베이커리 콘셉트라면 제빵 관련 집기들을 추가한다. 핸드드립 전문이라면 그에 필요한 집기들을 골라두어야 한다. 이렇듯 창업자 본인 카페의 콘셉트에 필요한 집기들을 미리 생각해두어야 한다. 더 나아가 어느 브랜드의 어떤 제품을 쓸 것인지 선택해두면 더욱 좋다. 집기들의 사이즈를 정확히 알면 그에 맞춰 인테리어 시 세팅을 정확히 할 수 있기 때문이다.

중요한 바(Bar) 동선을 어떻게 정리해야 할까?

1. 카페의 공간부터 분석하자
카페의 공간 구성은 제일 중요한 바(bar)의 위치부터 선정해야 한다. 바(bar) 위치 선정 기준은 손님의 출입구를 생각하고, 급배수 시설이 어디에 있는지 확인해야 한다. 배수 시설은 영업에 많은 영향을 주므로 최대한 가까이 있는 것이 좋다. 테이크아웃 위주의 매장은 바(bar)의 크기를 좀 더 확보하는 것이 좋다. 손님 공간인 홀은 어느 정도의 면적을 할애할 것인지, 창고는 어느 곳에 자리 잡는 것이 좋은지 공간을 분석하고, 구역을 나누어두어야 한다.

2. 바(Bar) 설계에 필요한 집기들을 선별한다
카페 메뉴의 콘셉트를 잡고 메뉴 제조에 필요한 바(bar) 안에 구성될 집기들을 선택하고 사이즈를 미리 알아둔다. **인테리어 업체에 사이즈(높이, 넓이)를 정확히 알려주면 효율적인 세팅이 이루어질 수 있다.** 카페 집기 중 에스프레소 머신, 디스펜서(온/정수), 제빙기, 정수기는 급수와 배수 설비가 필요한 집기들이다. 집기의 배관 길이는 짧을수록 좋다. 카페 커피 찌꺼기나 음식물에 배관이 자주 막히는 현상이 생기므로 배관의 사이즈는 클수록 좋으며 75mm 이상을 권장한다.

3. 메뉴 작업의 동선을 생각하고 집기들의 위치를 세팅한다

포스가 있는 카운터에서 손님에게 주문받고, 원두가 담아 있는 그라인더에서 원두를 갈아 탬핑을 하고, 옆에 있는 에스프레소 머신에서 추출을 한다. **최소의 움직임으로 연결되는 동선**을 구축하는 것이 제일 좋다. 우유가 있는 냉장고는 작업대 아래에서 바로 꺼내어 작업할 수 있도록 세팅하고, 작은 카페의 경우 테이블 냉장 냉동고를 사용해 그 위에 기기들을 세팅하고 작업대로 사용하면 공간과 동선을 줄일 수 있다.

얼음을 사용하는 제빙기 위는 컵을 둘 수 있는 공간을 만들어 바로 얼음을 담아 작업할 수 있도록 배치한다. 메뉴 작업 시 필요한 파우더와 시럽 등은 작업대 근처 가까운 곳에 수납공간을 만들어 세팅하고, 손을 뻗어 바로 사용할 수 있는 동선을 구축한다. 메뉴 작업 시 왔다 갔다 하는 움직임이 많을수록 스피드는 떨어지고, 바쁠 때 함께 근무하는 근무자와 동선이 겹치는 상황이 자주 발생해 작업 효율이 떨어진다.

4. 바(Bar) 안의 집기 설계 후 시뮬레이션으로 작업을 해본다

공간 구성 시 인테리어 업체에 급배수 시설과 매장의 주의할 점을 전달받아 둔다. 창업자 본인만의 도면을 만들어 집기들의 위치를 선정한다. 손님이 출입구를 통해 들어와 주문받고, 메뉴가 만들어지는 과정의 동선을 시뮬레이션으로 다시 한번 더 확인한다. 필요하다면 바(bar) 사이즈와 메뉴 구성이 비슷한 카페를 벤치마

우아하게 행주 들고 카페 창업하기

킹해 참고해도 좋다. 주의할 점은 급배수 시설이 다를 수 있으므로 기술적인 부분은 인테리어 업체와 상의하도록 한다.

효율적인 카페 인테리어

에스프레소 추출이 많은 카페 **작업대의 높이는 근무자의 키에 맞춰 설계**한다. 원두를 갈아 포터에 넣고 누르는 작업인 탭핑을 편하게 할 수 있는 높이는 피로감을 낮추고, 스피드 있게 작업할 수 있는 환경의 기본이다. 설거지가 많고 대부분 서서 작업하는 공간이다 보니 가장 많이 근무하는 근무자의 체형에 맞춰 평균적으로 설계하도록 한다. 커피 찌꺼기(커피 퍽)를 버리는 넉 박스의 경우는 에스프레소 머신 근처에 두어 추출 후 바로 버릴 수 있도록 한다. 작업대 옆은 싱크대를 두어 재료 손질 후 바로 정리할 수 있도록 동선을 짜주면 효율적이다.

수납공간은 깊이 들어간 것보다는 가로로 긴 수납장이 카페 물품들을 정리하고, 재고를 파악하기에 수월하므로 참고하자. 바(Bar) 안에 기계들을 세팅할 때 비상시 AS가 생길 경우도 생각하고, 작업 여유 공간도 가능하면 확보해두자. 기계 뒤쪽을 손봐야 고칠 수 있는 집기인 경우는 앞으로 빼낼 수 있는 유동성을 생각하고, 인테리어 업체에 이야기해야 한다. 가끔 디자인적인 미관을 중요시해 상판을 다 덮고 몰딩해서 뺄 수 없는 상황이 되면 나중에 다 뜯어내야 한다. 이런 책임은 고스란히 창업자의 몫이다.

작은 카페일수록 수납 공간과 동선을 더 신경 써야 한다. 수

납은 한곳에 다 모아 정리하기보다는 필요한 위치의 근처 수납장을 이용해 여분을 보관하면 좋다. 손님들의 눈에 여분의 파우더나 시럽 등 제품들이 보이지 않도록 수납하는 것도 중요하다. 최대한 근무자가 서 있는 곳에서 메뉴 작업 시 좌우 앞뒤로 움직임이 최소화할 수 있는 동선을 짜도록 한다. 카운터의 경우 포스 앞에서 손님들의 메뉴 선택이 이루어지는 공간인 만큼 포스터나 미니 배너 등을 놓을 수 있는 공간 확보도 중요하다. 추가 매출을 위한 그랩 앤 고(Grab & Go, 손님이 바로 집어서 계산할 수 있는 상품) 제품을 놓을 수 있는 공간도 도움이 된다.

카페의 바(Bar)는 시각적으로 보이는 디자인적인 면모와 손님을 맞이하고, 메뉴를 제조하는 동시다발적인 작업이 필요한 핵심 공간이다. 그만큼 미관상 보이는 부분도 중요하지만, 빠르고 정확하게 메뉴를 만들 수 있는 집기들의 세팅도 중요하다. **효율적인 바(Bar) 동선이란 메뉴 제조의 정확도와 스피드를 높여 손님을 만족시키고, 근무자의 피로감을 낮춰 업무의 효율을 높여 서비스의 질이 좋아지게 하는 것에 목표를 두어야 한다.**

 작은 카페 엔젤의 공간 활용

바(Bar) 뒤쪽 메뉴판을 만든 공간은 상부 장을 만들어 앞은 메뉴판으로, 메뉴판 문을 열면 안쪽은 수납장으로 작은 공간을 효율적으로 사용하고 있다. 작은 카페는 테이블의 사이즈를 조금씩만 줄여도 손님들의 동선을 좀 더 여유롭게 할 수 있다. 처음에는 인테리어 업체에서 정해준 60×60 사이즈의 테이블을 사용했었다.

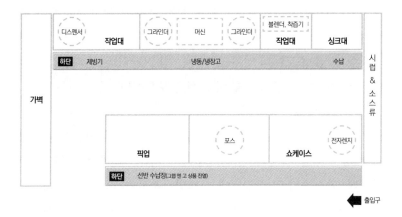

| 카페 엔젤 바(Bar) 동선 레이아웃 |

하지만 운영하면서 작은 카페의 공간 확보를 위해 고민하다가 테이블 사이즈를 줄이기로 하고 50×50으로 세팅했더니 카페 공간도 여유 있어 보이고 손님들 동선도 편해졌다. 음료와 간단한 디저트를 놓기에도 충분한 테이블 사이즈다.

매장이 넓어 공간이 여유롭다면 4인용 넓은 테이블이 좋지만, 작은 카페의 경우 4인용은 추천하지 않는다. 2인용 테이블을 사용해 손님이 2명씩 앉는 경우 따로 떼어서 사용하고, 단체 6명이 함께 사용해야 하는 경우는 2인용을 3개 붙이면 된다. 작은 공간인 경우는 공간 활용이 중요하므로 2인용 테이블을 붙여 사용하기를 권장한다.

사용하면서 불편했던 점은 처음 시작할 때 급배수 시설의 중요도에 신경 쓰지 못해 싱크대 하단에 배수관이 있음에도 제빙기를 가장 먼 끝에 배치했던 점이다. 배관 길이가 길어져 커피 찌꺼기 축적으로 배관이 막혀 고생했다. 영업에 큰 지장을 주는 부분이니 바(Bar) 레이아웃을 잡을 때 꼭 신경 쓰자. 시럽과 소스류가 세팅된 곳은 반통유리창이다. 테이크아웃 손님의 시선을 끌기 위해 오픈형 반 폴딩 도어나 상부로 열리는 창을 달았다면, 개방감과 손님의 접근성이 더 좋았을 텐데 아쉬운 부분이다.

싱크대 옆 작업대 위쪽은 오픈형 선반 수납장을 만들어 파우더와 매장용 컵을 세팅해서 메뉴 작업 시 바로 사용할 수 있도록 추가했다. 디스펜서 옆 작업대에는 제빙기에서 바로 얼음을 담고, 디스펜서에서 온수 물을 담을 수 있도록 테이크아웃 컵들을 배치해두었다. 상부 수납장 아래는 와인랙을 달아 유리잔을 걸어 여분 수납공간도 확보해두었다. 포스 앞쪽은 좁고 긴 선반장을 준비해 그랩 앤 고 상품을 세팅해두었다. 운영하면서 변화를 줄 수 있는 부분들은 편하고, 효율적으로 바꾸거나 추가하면 된다. <u>**단, 배관이나 창문 위치 등은 쉽게 손을 댈 수 없는 부분이므로 인테리어 작업 전에 꼭 확인해두어야 한다.**</u>

05
카페 인테리어 과정 정확히 파악하기

　창업자는 창업을 시작하고 준비하면서 정신없는 시간을 보낸다. 인테리어 공사 기간에 쉬고 싶은 마음도 들 수 있지만, 인테리어 작업이 제대로 되어가고 있는지 확인하고 미리 수정하고, 요구하려면 어떠한 과정으로 진행이 되는지 인테리어 기본 스케줄을 알고 있어야 한다. 한번 시작된 공사는 되돌리기 어려우므로 시작 전에 미리 숙지하고, 인테리어 업체와 미팅 시 꼭 당부해야 한다. 창업자는 인테리어 과정과 디테일한 요구사항 등은 인테리어 노트를 만들어 모두 메모해둔다. 인테리어 진행 과정을 알고, 해당 날짜 공사 기간에는 미리 공사가 시작되기 전 확인하는 방법도 시행착오를 줄일 수 있다.

　인테리어의 본격적인 공사 기간은 대부분 3주 정도 잡으면 된다. 매장 컨디션에 따라서 차이가 있겠지만, 천장과 바닥공사가 필요하다면 1주 정도 더 잡으면 대부분 마무리 지을 수 있다. 업체 스케줄에 따라서 기간 조율이 어느 정도는 가능하므로 가능하면 효율적으로 공사가 쉬는 기간 없이 진행될 수 있도록 한다. 창업은 매장을 얻는 순간부터 시간이 돈임을 생각해야 한다. **무작정 빨리 끝내는 것이 아닌 효율적으로 제대로 된 공사가 진행될 수 있도록 업체와 상의해야 한다.**

 인테리어 업체는 어떻게 선별할까?

1. 내 카페의 콘셉트를 정한다.
2. 포트폴리오를 참고해 카페 콘셉트를 잘 표현해줄 인테리어 업체를 선별한다.
3. 마음에 드는 3~4곳의 인테리어 업체를 선별해 예산을 오픈 하고 현장 미팅을 한다.
4. 세부견적서를 요청하고 공사 비용 외 미팅 모습 등을 비교, 분석한다.
5. 합리적인 공사 견적과 적극적인 참여도를 보이는 업체를 선택한다.

제일 먼저 내 카페의 콘셉트를 정하고 그에 맞는 카페 인테리어 분위기를 구상한다. 벤치마킹한 카페의 사진 자료들과 인테리어 업체에서 보유하고 있는 포트폴리오를 분석해 마음에 드는 카페 분위기를 잘 표현한 업체 3~4곳을 선별한다. 사업자 등록이 되어 있는 정식 업체인지 확인하고, 되도록 카페 공사 이력이 풍부한 곳을 선별한다. 공사한 카페들의 후기들을 참고하거나 방문해 공사에 하자는 없었는지 체크하면 더욱 좋다. 창업자의 인테리어 예산 범위를 알려주고, 현장 방문을 통해 견적서를 의뢰한다. 현장 미팅 시 공사 범위를 정확히 지시해야 한다. 내부의 천장, 바닥공사 유무, 외부 파사드와 간판 외 기타 원하는 공사 품목을 정확하게 요청해야 한다.

가끔 의지가 없는 업체는 현장 방문을 꺼리거나 계약해야 방문한다는 조건을 제시할 수도 있다. 그런 업체는 과감히 버리고, 업체의 성실도나 대응 방법을 보고 선별하도록 한다. 간혹 견적서 작성에 수수료를 요구하는 업체도 있을 수 있으니 참고한다. 인테리어 업체도 어디까지나 이윤을 남기는 곳이다. **무작정 공사 비용이 저렴한 곳도 문제가 있을 수 있으니 합리적인 공사 비용인지 확인한다.** 견적서에 표시된 자재들의 품목도 너무 저가의 것이 아닌지도 확인해볼 필요가 있다. 요즘은 인터넷으로 기본적인 정보는 충분히 얻을 수 있으므로 활용해본다. 참고로 카페와 너무 먼 거리의 업체는 AS 시 불편할 수 있으므로 지양한다.

 본격적인 인테리어 공사 과정은 어떤 순서일까?

1. 현장 미팅

선택한 업체와 현장을 방문해 매장 구조물을 확인하고 철거할 부분들, 살릴 수 있는 부분들을 정확히 선별한다. 내부와 외부, 간판 등을 확인해서 되도록 손봐서 다시 사용할 수 있는 부분들은 공사 비용을 생각해 살려본다. 미리 생각해둔 주방 바(Bar) 동선 레이아웃과 선택한 집기들의 정보를 업체 담당자에게 전달하고 가능한지 상의하고 조정한다. 카페는 주방 급배수 시설이 중요하므로, 창업자가 생각하는 레이아웃에 맞춰 집기들의 위치가 안정적인지 확인하고 인테리어 도면을 요청한다.

2. 도면 미팅(평면 도면 & 3D 도면)

업체는 현장에서 수집한 정보들과 창업자의 요구사항을 바탕으로 도면을 작성하고 미팅을 한다. 창업자는 원하는 부분들이 도면에 반영이 되었는지 확인하고, 업체에 설명을 요구할 수 있다. 의심이 가는 부분들은 꼭 이야기를 나누고 마무리 짓고 넘어가야 한다. **도면 미팅에서 사이즈와 색상, 재질 등 디테일하게 정리가 되어야 한다.** 업체는 도면에 나온 그대로 공사를 진행하므로 나중에 확인하지 못한 부분은 고스란히 창업자의 몫이다. 평면도를 확인할 경우 바(Bar)의 레이아웃을 집중적으로 확인한다.

창업자가 원하는 대로 세팅이 안 되었을 경우, 수정을 요청하고 보완해 다시 미팅을 잡는다. **도면 미팅은 한 번에 끝나는 경우가 거의 없다. 두세 번의 미팅을 통해 정확도를 높이고 문제가 생기지 않도록 미리 방지한다.** 물론 처음부터 모든 게 정확하게 표현되어 있다면 바로 공사를 진행한다. 마무리로 3D 도면은 공간감을 느낄 수 있고, 전체적인 분위기를 볼 수 있으므로 꼭 확인하자. 확정 도면이 나오면 이제부터 도면 그대로 공사 시작이다. 이후에 도면과 상이한 경우는 업체가 책임을 지고 미처 확인하지 못한 부분은 창업자가 책임을 져야 하므로, 도면 미팅 시 서로 정확하게 정보 전달을 통해 마무리해야 한다.

3. 착공의 시작, 철거 작업

불필요한 부분들을 모두 제거하는 작업이다. 살릴 수 있는 부분은 남겨두고 바닥, 벽, 천장 등 공사를 새로 할 부분들은 모두 철거한다. 철거할 부분이 많은 경우 철거 비용도 만만치 않으므로 부동산 계약 시 이전 세입자가 놓고 간 물건들이나 정리할 부분들이 많다면, 철거해주는 조건을 넣어 공사비를 줄여보자. 간판 같은 경우 철거 시 사다리 비용도 포함될 수 있으므로 참고하자.

4. 급배수 설비 공사

카페는 배수 시설을 특히 신경 써야 한다. 대부분 카페가 모두 커피 찌꺼기로 배관이 막혀 애를 먹는 경우가 많다. 배관 사이즈가 작다면 공사가 무리 되지 않는 선에서 75mm 이상으로 교체하기를 권한다. 배수관 길이를 짧게 할수록 좋지만, 어쩔 수 없는 상황으로 **배관의 길이가 길어질 경우는 점검소제구 설치를 요청하자**. 배관의 어느 부분이 막혀서 문제가 발생했는지 막힘 현상을 확인하기 위한 장치로 배관의 중간에 확인하기 쉽게 설치해두는 것이다.

5. 금속 공사

카페 외부 파사드 또는 바(Bar)의 골조, 벽 등 금속으로 작업하는 공사다. 콘셉트에 따라 사용하는 범위가 다양하다.

6. 목공 작업

카페 인테리어 중 가장 많은 부분을 차지하는 부분이다. 목재로 카페의 전체적인 레이아웃을 잡고 벽면의 수납장, 선반, 붙박이 의자나 카페 바(bar), 천장, 벽 등을 작업한다. 스테인레스 재질의 바(bar)를 완성하는 것도 목공으로 레이아웃을 잡고 스테인레스로 표면을 마감하는 작업이므로, **목공 작업은 카페 인테리어의 전부라고도 할 수 있다**. 목공 작업 시 필요한 소품들이 있다면 미리 부탁하는 것도 좋다.

7. 마감 도장(페인트칠)

목공 작업이 끝난 후 겉면을 다듬고 페인트칠로 색을 입히는 작업이다. 디자인적으로 색감을 표현하고 방부, 방충, 방화 등의 마무리 공사 작업이다.

8. 타일 작업

콘셉트에 따라 바닥이나 벽면에 타일 작업을 하는 공사다. 카페 바(Bar)의 주방 벽 부분은 타일을 둘러 디자인적인 면과 메뉴 제조 시 오염되는 부분을 세척하기 쉽게 해서 청결도를 높이는 경우가 많다.

9. 바닥 공사

카페 콘셉트에 따라 다양한 소재로 공사가 가능하다. 도기 타일이나 편리하고 경제적인 데코타일, 빈티지하고 세련된 에폭시, 따뜻한 느낌의 콩 자갈, 바닥 박리가 되지 않고 반영구적인 콘크리트폴리싱도 있다. 내 카페 콘셉트에 어울리며 합리적인 비용인 것으로 선택하면 된다. 단, 2층 이상일 경우 소방법에 맞는 소재를 선택해야 하므로 확인해두자.

10. 전기 조명 공사

전기 공사는 철거 시, 목공 작업 전, 모든 공사가 마무리될 때 등 중간중간 필요하다. 전기 증설 여부는 미리 숙지하고 현장 미팅 시 확인해준다. 필요한 콘센트 위치 등도 미리 이야기해둔다. 되도록 **콘센트는 여유 있게** 뽑아두는 것이 좋다. 주방 바(bar) 쪽은 집기들 사용을 위해서 여분을 만들고, 손님 테이블 쪽도 여유 있게 테이블마다 뽑아 놓는 것이 좋다. 위쪽 선반이 있는 곳 근처에도 콘센트를 뽑아두자. 카페는 감성이므로 시즌마다 소품들이 다양해질 경우 필요하다. 하단에 콘센트를 사용하기에는 미관상 저하된다. 공사 후 전기라인 평면도를 받아두고 전기 컨트롤박스(분전함) 안에 차단기와 연결된 라인이 어느 파트인지 메모해달라고 요청하자. 영업 중 차단기가 떨어지면 그와 연결된 어떤 부분이 문제인지 빠르게 확인하고 대처할 수 있다.

11. 간판 설치 & 어닝 작업 마무리(에어컨, CCTV 등)

외부 메인 간판과 벽이나 기둥에 심볼로 들어가는 카페 로고나 네이밍도 디자인 겸 홍보가 되므로 다양한 디자인과 소재들로 카페 콘셉트를 표현해본다. 마무리 작업 전 냉난방기 설치와 CCTV 설치도 확인한다.

카페 공사의 기본 진행 과정은 철거 > 급 배수 공사 > 금속, 목공 작업 > 도장, 타일 작업 > 바닥 공사 > 전기, 조명 작업 > 간판, 어닝 작업 순이다. 업체 스케줄에 따라 조금씩 앞뒤로 변동이 있지만, 인테리어 공사 과정을 업체와 공유해 부족한 부분들은 공사 시작 전 확인하면 좋다. **카페 인테리어는 콘셉트를 제대로 표현하고, 타깃 고객을 유입시켜 매출을 창출하며, 하자 없는 인테리어 공사에 목표를 두고 진행한다.**

 인테리어 공사 중인 현장 방문은 꼭 해야 한다

인테리어 시공 시 되도록 자주 현장을 방문하자. 물론 자주 방문하면 현장에서 작업하시는 분들은 반가워하지 않으시는 경우가 많다. 커피를 사 들고, 간식거리를 들고 반가운 얼굴로 인사하고 들어서자. 현장에서 궁금한 것은 물어도 보고, 도면대로 진행이 되고 있는지 내 눈으로 확인하자. **인테리어는 소재와 색상에 따라 전혀 다른 느낌이 나올 수 있다. 같은 색이어도 소재가 다르면 전혀 다른 분위기가 연출된다.** 전체적인 조화가 이루어져야 콘셉트를 제대로 표현한 것인데, 한 공간이 튀어버리면 전체적인 느낌이 무너지는 상황이 펼쳐질 수 있다. 현장에서 제대로 된 느낌이 나는지 가능하면 매일 가서 확인하자.

공사 과정을 인지하고, 언제 어떤 작업이 진행되는지 알아두고, 디테일하게 챙겨보고 싶은 파트가 있다면 자주 가서 확인할수록 좋다. 목공 작업하시는 분들과 친목을 다져 자투리 목재로 소품 하나라도 더 부탁할 수도 있다. 필자는 목공 팀장님과 친해져서 목재 사용 후 남는 것으로 카페 벽의 부분적인 보수도 진행했다. 혹여 현장 방문이 어려울 경우는 담당자에게 사진을 요청해두자. 인테리어는 한번 잘못 시공되면 되돌리기 쉽지 않기 때문에 창업자 자신이 주인이란 것을 잊지 말고 부지런하게 움직여야 한다.

06
삼박자 맞추기
– 인테리어, 익스테리어, 소품

정보가 없는 상황에서 카페를 선택하는 이유는 시선을 잡는 인테리어다. 손님들은 조화로운 분위기와 한 걸음 다가설 수 있는 편안함이 있는 카페를 선택한다. 발길을 잡는 것은 단연 시각적인 요소가 으뜸이다. 좋은 것만 골라 묶어놓은 것이 아닌 전체적인 분위기가 어우러지는 카페 인테리어가 편안함과 세련됨을 느낄 수 있다. 그렇다면 조화로운 인테리어를 위해서 어떤 부분들을 신경 써야 할까?

 조화로운 카페 분위기를 잡아주는 것들은
무엇일까?

1. 조명
카페 인테리어의 마무리라고 할 수 있을 만큼 **어떤 조명 색을 입히느냐에 따라 전체적인 분위기가 달라질 수 있다.** 조명 디자인이라고 칭할 만큼 조명 제품의 종류도 다양해 소품처럼 구성할 수도 있다. 포인트를 주고 싶은 곳에 사용하면 좋은 소품 대용이 될 수 있다. LED 조명은 초기 투자 비용이 일반 전구보다 비싸나 반영구적이고, 발열량이 적으며, 전기 사용량이 적은 장점이 있어 요즘 많이 사용한다.

① **주광색** : 하얀 색상이 도는 조명이다. 낮처럼 밝고 깨끗한 시야 확보에 좋은 조명이다. **모던한 인테리어**에 주로 사용되는 조명 색으로 차가운 느낌이 든다.

② **주백색** : 카페에서 가장 선호하는 색상으로 아이보리 색상이 도는 조명이다. 주광색과 전구색의 중간 색상으로 따뜻한 느낌과 편안한 분위기를 주며 음식에 좋은 조명이다. 해외에서 가장 선호하는 조명 색이며 **감각적인 인테리어**에 많이 사용된다.

③ **전구색** : 노란 색상이 도는 조명이다. 눈부심이 적어 휴식에 적합한 색상이며, 주백색에 비해 어두워 무드 조명으로 많이 사용되는 **셀카가 잘 나오는** 조명 색이다.

카페의 화려한 분위기를 잡기 위해 샹들리에를 조명으로 선택하고자 할 때는 천장 높이가 250cm 이상 되어야 제대로 분위기를 낼 수 있는 높이이니 참고해두면 좋다.

2. 테이블 & 의자
카페 콘셉트와 맞는 소재를 선택하고, 목공 작업 시 원하는 디자인 작업이 가능하다. 공간이 부족한 곳에 붙박이 의자를 많이 사용하기도 하는데, 인테리어 작업 전 미리 요청해두어야 한다. 둥근 테이블은 여러 명이 사용하기 좋고, 사각 테이블은 붙여 사용하기 좋다. 의자는 디자인과 소재에 따라 카페 분위기가 달라질 수 있으므로 합리적인 가격으로 선택하되, 프레임이 원목일 경우 여러 손님이 오래 사용하는 특성상 철재 프레임과 비교해 약할 수 있다. **분위기 전환 시 교체하면 전체적인 느낌을 바꾸는 데 도움이 된다.**

3. 식기 용품(컵, 접시, 스푼, 포크 등)

커피와 음료를 맛으로도 먹지만, 요즘 트렌드는 눈으로도 먹는다. 예쁘고 분위기 있는 내 카페 콘셉트에 맞는 식기를 선택하는 것도 경쟁력을 높이며, 인테리어의 감성에 정점을 찍어준다. 개인 카페만의 다양하고 독특한 디자인의 식기를 선택하는 것이 프랜차이즈 카페에서 보여줄 수 없는 감성 분위기를 느끼는 포인트가 될 수 있다. **처음 세팅할 때는 많은 수량을 준비하기보다 적은 수량을 준비해 사용하면서 필요할 때 추가 구비하는 것을 추천한다.** 사용하면서 불편한 점이 있을 수도 있고, 생각보다 회전율이 높아 적은 수량으로도 가능하다.

4. 쇼케이스

카페 기본 집기에 포함되며 요즘은 카페 분위기를 잡는 데 시각적으로 다양한 쇼케이스들이 출시되고 있다. 사이즈와 디자인이 다양하므로 카페 상황에 맞게 원하는 디자인과 규격을 생각하고 선택한다. 쇼케이스 안에 디저트류와 생과일, 보틀 제품, 수제청 등의 세팅으로 카페 정체성을 느끼게 해주며 **메뉴 홍보로 매출 효과도 노릴 수 있다.**

5. 소품

내 카페만의 특색 있는 오브제로 콘셉트에 맞춰 일관성 있게 채우는 것도 좋다. 다른 곳에서는 보기 힘든 독특한 소품들도 눈길을 끈다. 다양한 책들도 좋고 마니아 층을 위한 소품들도 카페 감성을 구성한다. 요즘은 플랜테리어로 자연 감성을 표현한다. 비용도 부담스럽지 않고 편안한 분위기를 조성한다. **소품의 경우는 인테리어 공사가 끝난 후 구매한다.** 전체적인 분위기에 어울리는 소품을 구성해야 하므로, 소품 자체만 마음에 든다고 사는 경우 자칫 떠 보일 수 있다.

 간판으로 익스테리어를 마무리하자

익스테리어(exterior)란 외부에서 보이는 카페의 모습을 말한다. 파사드로 전체적인 익스테리어를 구성하며, 그 안에 간판은 익스테리어를 보여주는 대표 사인이다. 사람들에게 가장 먼저 눈에 띄어 접근을 유도하는 매체다. 손님에게 어필하기 위해서는 카페의 느낌을 잘 표현하고, 분위기에 맞는 소재와 디자인을 채택해야 한다. 다양한 디자인과 표현 방식들이 있으므로 전문업체에 의뢰해 따로 제작할 수 있다. 창업 전 마음에 드는 포트폴리오나 다른 카페의 벤치마킹으로 자료를 미리 준비해두면 좋다. **전문 간판업체와 상의해 매장 컨디션에 어울리며, 가시성에 효과적인 디자인과 재질을 선택한다.**

간판 업체에서는 스티커 작업 외 다양한 홍보 사인도 하므로 상담할 때 메인 간판뿐 아니라 포인트를 주고 싶은 벽면 작업도 필요하면 함께 상의하자. 돌출 간판의 경우 양면으로 광고할 수 있어

전면 간판과 세트로 설치하면 좋다. 우리가 알고 있는 기본 간판 작업 외에 파사드도 간판 업체에서 작업이 가능하다. 매장 컨디션에 따라 어떤 디자인과 소재가 내 카페에 어울리며 최대의 홍보 효과를 볼 수 있을지 고민해보자.

인테리어는 한번 하면 끝이 아닌 주기적으로 낡은 곳은 보수를 해주어야 하며, 카페의 소품도 변화를 주어야 한다. 메뉴 홍보에 효과적인 포스터나 이미지를 주기적으로 바꿔 분위기 전환을 할 수 있도록 하는 방법도 있다. 인테리어도 하나의 마케팅이다. 분위기가 좋은 카페를 손님이 선택하는 것은 당연하다. **그 기본은 청결**임을 잊지 말자. 아무리 익스테리어가 훌륭해도 지저분하고 먼지 쌓인 곳은 무의미하다. 카페도 음식업임을 기억하고 항상 깨끗하고 청결함을 유지하며 그 안에 지루함이 없도록 분위기를 유지하자.

 남들보다 더 빠르게 시즌별 소품을 사용하자!

야외 테라스처럼 햇빛을 받는 곳은 태양열 조명 소품도 좋은 아이템이다. 전선도 필요 없고 태양열을 이용하므로 효율적으로 관리하기 좋다. 요즘은 점점 태양열을 이용한 소품들이 많아지므로 참고해보자. 계절별 시즌, 할로윈, 크리스마스 등 소품으로 분위기 전환을 잡고자 하면 **다른 곳보다 조금은 빠르게 세팅하는 것도 마케팅이다.** 시즌 때는 모두 같은 분위기라 차별화를 느낄 수 없지만, 먼저 선두를 잡으면 손님들에게 스타트 이미지를 줄 수 있다. 다른 곳보다 빠른 크리스마스, 빠른 추석, 할로윈이면 더 신선함을 줄 수 있다. 남들보다 조금 더 빠르게 움직여 눈에 띄자.

카페 직원과
함께 일하는 법

01
직원 면접은
어떻게 해야 하나?

창업자가 된다는 것은 사장이 되어 모든 책임을 지는 일이다. 그 안에 **나와 함께 뜻을 갖고 동참할 직원을 구하는 일도 창업의 과정이다.** 힘들어도 많은 수익을 위해 혼자 노력하는 창업자도 있으나 매출이 적어 직원을 구하기 힘든 상황도 있다. 하지만 롱런하기 위해 사장은 적어도 나 이외 1명 이상은 함께 카페를 위해 고민하고, 좋은 기운을 주는 내 편을 만들기를 추천한다. 카페 매출 상황에 맞춰 근무시간을 조정하면 합리적으로 구할 수 있다. 중요한 직원 선별을 어떻게 시작해야 하는지 알아보자.

 직원(아르바이트) 채용은 어떻게 해야 할까?

구인 사이트 등록 → 서류 검토 → 개인 통보 → 면접 → 테스트 근무 → 확정

1. 구인 사이트 등록

요즘은 다양한 구인 사이트가 있다. 기업회원으로 가입하고 부담 없이 무료로 하루에 1회씩 접수해 업데이트할 수 있다. 급하지 않다면 무료를 이용하면 좋다. 사이트에 기본 양식대로 내용을 작성하고, 직원 채용 시 원하는 부분들도 메모해 올려주면 된다. 하루에 한 번씩 추가로 무료로 작성할 수 있으므로, 다음 날 올리기를 반복하면 된다. 중간에 근무시간이나 조건이 바뀌면 수정해 올리면 되므로 간단하게 할 수 있다.

2. 서류 검토

서류 검토는 생각보다 신중하게 보도록 한다.

① 이력서 내용에서 마지막 근무 날짜가 너무 오래전은 아닌가?

② 이전 근무했던 곳들의 근무 기간들이 너무 짧지는 않은가?

③ 거주지가 근무지와 먼 거리는 아닌가?

④ 남자라면 군대는 다녀온 군필인가?

⑤ 사진 속의 이미지가 카페 콘셉트와 어울리는가?

⑥ 모든 곳을 위한 이력서가 아닌 내 카페만을 위한 멘트가 있는가?

신중한 면접을 보기 위해서 **일차적으로 서류에서 내 카페에 맞지 않는 조건은 배제시켜야 한다.** 가끔은 서류 접수자 전부를 불러 면접을 보는 곳도 있는데, 효율성도 떨어지고 집중도도 떨어진다. 서류상 조건이 안 맞는 부분은 면접에서도 마음에 들 확률이 낮다. 선택과 집중이 필요한 부분이다.

3. 개인 통보

서류 검토 후 조건이 **마음에 드는 구직자에게 문자로 면접 의향을 물어본다.** 가끔 의미 없이 서류를 넣을 수도 있고, 다른 곳에 이미 취업이 된 경우도 간혹 있다. 면접 의사 답장이 오면 가능한 날짜와 시간을 잡는다. 혼자 근무하는 경우 되도록 손님이 없는 한가한 시간을 정한다. 면접 시간을 정하면 정해진 면접 1시간 전에 출발 문자를 넣어달라고 요청해둔다. 다른 곳에서 면접을 미리 보고 마음을 정해서 면접을 안 오거나 마음이 바뀌는 경우 연락이 없다면 신경이 쓰이게 된다. 스케줄은 미리 빼두고 면접 1시간 전 연락이 없다면 오지 않는다고 생각하자.

4. 면접

면접은 1명씩 보기를 추천한다. 가끔 어떤 곳은 3~4명을 한꺼번에 보는데, 개인적으로 대기업 회사 면접이 아닌 개인 카페에서 함께할 동지를 구하는 일이라면 1명씩 집중해서 보는 것이 좋다. 딱딱하지 않은 분위기로 커피 한 잔을 대접하며 이야기를 나눈다는 느낌으로 집중한다. 면접자에게 사장으로서 쉽게 보이지 않되 부드러운 모습을 유지한다. **개인 카페의 직원은 갑과 을이 아닌 손님에게 카페의 콘셉트를 함께 어필할 동지를 구한다는 마음을 가져야 한다.**

이력서에 기재한 내용 보고 질문, 메모하기

① 카페에서 일해본 적은 있는가? 얼마나 했으며, 음료 제조는 어느 정도 해봤는가?

② 오픈/미들/마감 어느 파트에서 근무했는가(오픈은 오픈 준비, 마감은 머신 청소 외 정리 경력)?

③ 전 직장을 그만두게 된 이유는 무엇인가?

④ 지금 하는 일은 무엇인가(취업 준비, 시험을 본다면 언제, 다른 곳과 병행 근무 여부)?

⑤ 군대는 다녀왔는가? 미필이라면 군대 계획은 언제인가(근무 기간 예측)?

⑥ 거주지가 어디인가(너무 먼 거리는 오래 근무하기 힘들다)?

⑦ 카페 관련 직종에 관심이 있는가?

⑧ 근무하고자 하는 카페 분위기가 내 카페와 맞는가? 카페를 미리 알고 지원했는가(근무환경)?

⑨ 정해진 근무시간 외 여유 있는 시간에 더 근무할 여력이 되는가(바쁠 경우 추가 근무 여부)?

⑩ 근무한다면 언제 출근이 가능한가(날짜 확인)?

면접 시 당부 사항

① 원하는 기본 근무 기간(6개월 이상~)은 지켜주도록 당부한다.

② 근무시간은 꼭 지키되 불가피한 상황으로 출근이 힘들 경우 미리 이야기해줄 것을 요청한다.

③ 사장이 카페에 임하는 마인드를 알려주고, 함께 노력해야 함을 이야기한다.

④ 카페 타깃층이 아이들이 많은 경우, 여자분들이 많은 경우 등 특이사항을 이해시킨다.

⑤ 카페 콘셉트에서 다른 곳과 차별화해서 어필해야 하는 부분이 있다면 근무 전에 이야기해준다.

⑥ 셀프인지, 서빙인지 등 카페 기본 근무 조건을 설명해준다.

면접이란 사장은 마음에 드는 직원을 구하고, 구직자는 본인

이 근무할 환경이 되는지 확인하는 과정이다. 쌍방의 의견이 맞지 않으면 출근해도 어차피 오래 유지하기는 쉽지 않다. 이런 부분들을 미리 방지하고, 서로에게 맞는 사람을 찾아 효율적인 카페를 운영함에 목표를 둔다. 사장의 요구조건이나 숙지 사항을 이야기하고, 궁금한 사항에 대해 질문할 시간을 준다. 최종 근무할 의향이 있는지를 묻고, 마무리 의사 표현이 애매하다면 생각해보고 근무 의사가 있는지 문자를 넣어달라고 한 뒤 면접을 마무리한다. 내 카페를 처음 알고 온 근무자라면 본인이 추구하는 카페 분위기와 사장 마인드가 면접 보는 동안 아님을 느낄 수도 있다. 좋고 나쁘다는 의미가 아닌 서로 추구함이 다름을 인정하고, 아닌 부분은 억지로 끼워서 맞추지 않는다.

5. 테스트 근무

근무하고자 하는 의지가 강하고, 사장도 마음에 든다면 하루 정도는 테스트 근무가 있음을 이야기해준다. 근무지에서 일하면서 분위기가 맞는지 서로 합을 맞춰보고, 사장은 면접과는 다르게 실무에서 원하는 방향이 나오는지 확인한다. 구직자는 카페 근무가 괜찮은지 확인하는 과정이기도 하다. 첫 근무는 다들 생소해 긴장할 수 있으므로 그런 부분들은 감안하고 **가능성이 있는지를 확인하는 과정임을 생각해야 한다.**

① 근무시간을 잘 지켜 출근했는가(첫날부터 근무시간이 지켜지지 않는 것은 문제가 있다)?
② 손님에게 친절하게 응대하는가(손님들의 요구사항에 귀 기울이는가)?
③ 음료를 제조함에 손 떨림이나 협응이 힘들지는 않은가(주방

우아하게 행주 들고 카페 창업하기

에서 안전을 위한 적합 여부)?

④ 인사하는 모습이나 근무함에 적극성을 보이는가(첫날임을 생각하고 가능성을 확인한다)?

⑤ 밝은 표정으로 내 카페의 이미지에 도움이 되는가(근무자 이미지가 바(Bar)에서 어울리는가)?

6. 확정

테스트 근무가 끝나고 사장이 원하는 스타일의 직원이라면 일할 의사가 있는지 확인하고, 정확한 근무시간과 앞으로의 교육이나 근무 스케줄을 언급해준다. 만약 마음에 들지 않는 경우 하루 근무한 비용과 함께 내 카페와는 맞지 않아 힘들 것 같다고 정중히 이야기하고 돌려보낸다. 테스트 근무 기간은 1~3일 정도 사장의 의지대로 서로 이야기를 나누어 정하며, 근무한 시간은 정확히 비용을 계산해 지급하도록 한다. 사장의 입장에서는 아까운 비용이라고 생각이 들 수도 있지만, 그만큼 신중하게 내 카페 이미지를 구축할 동업자를 구하는 비용으로 생각하면 된다.

잘 선택한 직원은 그 이상으로 카페 운영에 반드시 도움이 된다. 직원을 구함에 정답은 없다. 면접 또한 정해진 틀은 없다. 창업하는 순간 모든 부분은 사장 마음이다. 내가 왜 이 일을 하는지 목표를 생각하고 움직인다. **직원을 구함에 있어 어떤 부분들을 중요하게 생각하고 있는지 사장 본인의 의지를 확인하고, 내 카페 운영에 도움이 되는 직원을 찾는 것에 목적을 두면 된다.**

내 카페에 어울리는 동료를 구할 때 절대 쉽게 생각하지 않았다. **직원의 이미지는 곧 카페 이미지**이며, 사장의 이미지임을 생각했다. 테스트 근무 날짜는 근무자 면접 시 좀 더 알아보고 싶다면 2~3일이라고 이야기했다. 길지 않은 시간을 할애하고 가능성이 보이지 않는다면 끝내야 한다. 서로 합의해 진행되는 부분은 문제가 없다. 내 카페와 뜻이 맞지 않아 보낼 때는 기분 좋게 솔직히 이야기하고, 최저시급보다 더 많이 봉투에 넣어준다.

9년을 운영하면서 직원 문제로 트러블은 거의 없었고, 오히려 사장처럼 일하는 직원들을 어디서 찾았냐며 가족이 아닌지 손님들이 자주 묻곤 한다. 가끔 테스트 근무 후 안 될 것 같아서 돌려보낼 때 어떻게 이야기하냐고 묻는다. 싫은 소리를 좋아하는 사람은 없다. 그러나 나와 맞지 않는다고 귀한 사람을 곁에 두고 계속 구박하기보다 솔직하게 우리와는 맞지 않음을, 부족한 부분을 이야기하고, 언제든 커피 마시러 오라며 기분 좋게 이야기하고 보냈다. 진정성은 여기에서도 발휘되어야 한다. 함께하지 못한 친구가 커피 마시러 친구와 왔을 때 서비스 케이크와 함께 맛 좋은 커피를 대접한 기억도 있다. **사람을 대함에 솔직함만큼 큰 무기는 없다.** 사장인 내가 지금 원하는 직원은 어떤 사람인지 기준을 잡고 솔직하게 찾아봐야 한다.

직원 교육
– 고객 서비스의 접점은 직원

손님이 다시 카페를 찾는 이유는 음료의 맛과 편안한 분위기, 친절한 서비스라고 할 수 있다. 이 모든 서비스를 제공하는 사람은 실제 근무하는 사장과 직원이다. 카페의 바(Bar) 안에서 손님을 맞이하고 음료를 제조하며 카페 전체를 관리하는 컨트롤 타워다. 창업자인 사장은 당연히 본인이 추구하는 철학을 바탕으로 최선을 다해 운영하겠지만, **직원의 마인드는 사장이 어떻게 하느냐에 따라 많은 편차를 보인다.** 성공 창업을 위해서는 함께 근무하는 직원들에게 실무에 대한 교육부터 마음가짐까지 교육해야 한다.

카페 콘셉트에는 사장의 기본적인 경영 철학이 녹아 있다. 외적으로 보이는 부분과는 다르게 내적으로 녹아 있는 사장의 경영 철학은 꺼내어 알려주고 행동으로 보여주지 않으면 알 수 없는 부분이다. 사장은 카페를 운영하면서 손님들을 대하는 기본 마인드와 디테일한 상황에서는 어떻게 대처해야 하는지 등을 직접 이야기하고 알려주어야 한다. 친절함을 최고의 무기로 삼는 카페라면 말투와 서비스에 집중하고, 커피 맛에 승부를 보는 사장은 커피 기술 실력 향상에 집중한다. **사장이 어떠한 철학을 가지고 카페 운영에 집중하는지 행동으로, 말로 교육해야 한다.**

 카페 직원이 지켜야 할 기본은 어떤 것일까?

1. 출근 시간을 정확히 지킨다(시간제 파트의 경우 미리 와서 준비하길 원하는 사장이라면, 퇴근 시간은 미리 온 시간만큼 일찍 보내 주도록 한다).
2. 손님이 들어오고 나갈 때 인사를 제대로 한다(손님맞이는 서비스의 기본이다).
3. 표정은 밝은 모습을 유지하도록 한다(사장이 분위기를 어떻게 하느냐에 따라서도 좌우된다).
4. 카페 바(Bar) 정리와 청결함을 늘 유지한다(어떤 시간대에 근무하더라도 음료를 제조하고, 손님을 맞이하는 바(Bar)는 항상 정리되고 깨끗해야 한다).
5. 맡은 일에 적극성을 보여야 한다(전반적인 흐름을 이해하고 능동적으로 일해야 한다).

직원이 **근무한 시간에 대한 보상은 제일 중요한 원초적인 문제**다. 직원을 교육하고 사장의 철학을 이해시키기 위해서 직원의 급여 날짜는 꼭 맞춰야 한다. 파트 타임의 경우 시간을 넘치게 할지언정 부족하게 책정하는 실수는 범하지 말아야 한다. 직원의 기본적인 것이 보장되어야 사장의 말도, 뜻도 마음을 열고 받아들이는 것이다. **카페에서 인사란** 손님과 직원에게 긍정의 힘이 된다.

그냥 매뉴얼의 인사가 아닌 얼굴을 맞대고 반가운 마음에 아는 얼굴을 만난 마음으로 하도록 사장이 먼저 보여주어야 한다. "안녕하세요!"라는 멘트가 마음으로 다가오면, 어느새 단골손님들은 먼저 "안녕하세요!"를 외치며 카페를 들어선다.

　직원과 함께 있을 때 직원에게 모든 것을 맡기는 사장이 간혹 있다. 직원은 그저 사장의 일을 도와주는 사람이라고 생각해야 한다. 제대로 된 교육 기간이 지나고, 사장과 직원의 마인드가 일치해 익숙해지면 사장 같은 직원이 탄생하는 것이다. **직원의 컨디션은 카페의 오늘 이미지다.** 기분 나쁜 일이 있거나 고민이 많은 직원의 얼굴과 행동, 말투는 그대로 손님에게 전해진다. 카페의 바(Bar)란 그런 곳이다. 사장은 매일 직원의 컨디션을 살펴야 하며, 몸이 좋지 못한 직원은 조기 퇴근할 선택권을 준다.

　고민이 있다면 고민 상담도 해주고 공감도 해준다. 개인적인 문제도 중요하지만, 카페 업무는 공적인 일인 만큼 사적인 일로 감정을 섞지 않는 게 '프로'다움을 인지시켜 주어야 한다. 사장 또한 개인적인 일로 카페에서 화를 내거나 감정을 섞는 일 따위는 솔선해서 보이지 말아야 한다. 바(Bar) 안에 들어서는 순간부터는 연예인이 된 마음으로 손님에게 임해야 한다. 힘든 날은 너무 어렵다. 힘들지만 생각하고 노력하는 것과 시도조차 하지 않는 것은 확실히 다르다. 항상 밝은 모습으로 손님들을 맞이할 수 있도록 함께 노력해야 한다.

　청결은 카페의 기본이다. 처음 교육하는 직원에게는 "그냥 깨끗하게 하자!"가 아니라 "머신 주위의 커피 가루는 항상 털어서 음료 잔에 묻지 않도록 하고, 행주는 자주 빨아서 각 접어 개켜두고 탭퍼에는 물기가 없도록 하자!"라는 식으로 **자세하게 요구**해야 한다. 서로 약속된 곳에 지정한 물품들이 있어야 한다. 혼자 근무하는 것이 아닌 둘 이상 근무하는 곳이라면, 꼭 지정된 곳에 물품이 있어야 효율적인 영업을 할 수 있다. 처음부터 자세히 제대로 교육해야 나중에 흔들림이 없다.

근무하는 태도를 보면 돌아가는 시스템을 눈치로 파악하고, 시키지 않아도 적극적으로 센스 넘치게 알아서 일해주는 스타일의 직원이 있다. 사장에게는 너무 반가운 일이다. 하지만 항상 그런 스타일의 직원만 있는 게 아니다. 조심스러운 성격에 시키고 지시해야 움직이는 스타일도 있다. 처음에는 잘 몰라 그런 것이라면 괜찮지만, 시간이 지나도 능동적이지 못하고 시간만 때우려는 스타일도 있다. 그런 직원은 과감히 돌려보내야 한다.

조심스러운 성격은 **가능성**이 있다. 시간이 지나 차오르면 성실하게 묵묵히 할 일을 하는 스타일이 있다. 그런 가능성은 일하면서 확인해야 한다. 그것을 기다려주는 시간은 투자의 시간이라고 생각해야 한다. 사장이 솔선해야 한다고 직원은 그대로 두고 혼자만 일하는 사장이 되어서도 안 된다. 직원 교육은 사장의 부재 시 사장의 대리역할을 해줄 또 다른 나를 만든다는 마음으로, 사장이 카페에 임하는 자세를 알려주는 것이다.

손님들에게 내 카페 이미지가 좋게 보이고 싶은 것은 모든 사장의 같은 마음일 것이다. 카페 이미지에는 겉으로 보이는 인테리어 외 메뉴와 분위기가 있다. **근무자는 카페 분위기를 만드는 제일 중요한 역할을 한다.** 카페 콘셉트에 따라 바리스타의 고용 조건이 다른 것은 바(Bar) 안에 근무자로 인해 바뀌는 카페 분위기 때문이다. 프랜차이즈가 아닌 개인 카페의 경우는 더욱 신경 써야 하는 부분이다.

직원의 매력적인 외모와 청결함, 복장의 단정함과 세련미, 말투의 다정함과 세심함 등 카페 근무자는 보이는 마케팅이다. 손님들은 매력적인 것에 끌려 움직인다. 잘생기고 예쁨이 아닌 매력을 느껴서 기분 좋게 하는 요소들이다. 사장은 직원들이 매력을 발산할 수 있도록 도와야 한다. 칭찬을 들어 기분 좋은 직원은 손님들에게 웃으며 이야기할 수 있고, 자신감이 있는 직원은 말투에 활기참이 느껴진다.

이 모든 것은 **사장이 직원을 어떻게 대하느냐에 따라 달라진다.** 간혹 무조건 잘해주기만 하면 된다고 잘못 생각한다. 당근과 채찍은 적절해야 한다. 해야 할 일을 제대로 하지 않고, 잘못된 실수가 반복될 경우는 당연히 사장으로서 일의 잘못됨을 인지시키고, 두 번 다시 그런 일이 없도록 진지하게 이야기해야 한다. 잘못된 일을 하고도 반성의 자세가 없다면 사장으로서 직원에게 제대로 된 이미지를 심어주지 못한 경우일 것이다. 사장도, 직원도 카페 업무와 손님의 일에 관해서는 예외가 없으나 카페를 이끄는 수장으로서 책임을 지는 사람은 사장이라는 타이틀은 제대로 각인 시켜주어야 한다.

 카페 직원의 실무 교육 방법

1. 처음 출근 날은 카페 분위기를 느끼고, 자신감을 얻기 위해 매장을 돌아다니며 배너, 테이블, 창문 등을 닦게 한다. 수납 장을 열어 어느 곳에 무엇이 있는지 대략 파악하도록 한다.
2. 손님이 들어설 때, 나갈 때 밝게 인사하도록 한다.
3. 메뉴판에 어떤 메뉴들이 있는지 보면서 포스에서 계산하는 방법을 교육한다.
4. 본인이 좋아하는 메뉴를 선택해 음료를 제조하는 방법을 알 려주고 맛을 보도록 한다(어색한 분위기를 없애고, 본인이 좋아 하는 레시피는 금방 외우게 된다).
5. 우리 카페의 에스프레소를 추출하는 법을 설명하고 동작을 직접 보여주며, 주의사항을 일러주고, 왜 그래야 하는지 이 유를 설명하고 숙지하도록 한다.
6. 카페에서 잘 나가는 메뉴를 선정해 제일 먼저 레시피를 외 우고 만들어보도록 한다(처음에는 항상 직접 보여주고 부족하 다면 시뮬레이션으로 설명하며 반복한다).
7. 손님들의 주문이 들어오면 옆에서 제조과정을 지켜보도록 하고 컵에 얼음 채우기, 물과 우유 붓기 등은 계속 연습하도 록 한다. 익숙해지면 새로운 것을 한 가지씩 해본다.
8. 레시피 교육은 어떤 메뉴인지 설명하고 만들어지는 과정을 보여주고 시음해 맛을 알 수 있게 한다(손님 주문이 들어온 메

뉴일 경우 조금 남겨 꼭 맛을 보게 한다. 어떤 맛인지 알아야 손님에게 추천하거나 설명해줄 수 있다).

9. 퇴근할 때 레시피 노트를 주고 외워 오도록 한다(레시피는 카페의 중요한 자산이다. 직원에 대한 신뢰가 없는 테스트 기간에는 넘겨주면 안 된다).

기본적인 센스를 갖추고 있다면 **음료 제조 기술은 시간이 지날수록 익숙해진다.** 직원의 기본 인성은 바꾸기 힘든 부분이지만, 메뉴를 만드는 기술은 노력 여하에 따라서 충분히 좋아질 수 있다. 커피를 추출하고 레시피대로 음료를 만들고 예쁘게 플레이팅 하는 것은 할수록 실력이 늘어난다. 레시피 교육에서 중요한 것은 정해진 비율대로 정확히 제조하는 것에 목적을 두고, 어떤 사람이 만들더라도 같은 맛이 날 수 있도록 해야 한다. 데코 하는 것은 개인 취향대로 예쁘게 보이는 것에 초점을 맞추면 되지만, 중요한 음료의 맛은 같은 맛을 내는 것에 초점을 맞춘다.

손님에게 사랑받는 직원 교육 방법

카페는 갑과 을의 서비스 정신이 딱히 필요한 곳이 아닌 자유로운 곳이다. 직원 교육을 할 때 손님이 갑인 무조건인 서비스가 아닌, 음료값을 받았으니 당연히 우리는 편안하고 기분 좋은 서비스를 해야 한다고 이야기한다. 친절하지 못하고 맛없는 음료가 나가고 기분 좋은 서비스를 제공하지 못한다면, 돈을 받지 말아야 한다고 설명한다. **사장과 직원, 카페의 존재 이유는 곧 손님**이므로 손님이 다시 찾아올 수 있도록 서비스해야 한다고 교육한다.

카페에 무례한 손님이 없게 하려면 바(Bar)에 근무하는 근무자가 우스워 보이거나 만만해 보여서는 안 된다. 친절하되 자신감 있고 당당한 모습이어야 손님들은 적절한 서비스를 요구하고 받음에 감사한다. 바(Bar) 안에 어떤 사람이 어떤 모습으로 서 있느냐에 따라 카페 이미지가 달라진다. 필자는 직원들의 깔끔한 옷차림에 신경 쓰고, 어울리는 헤어 스타일을 봐준다. 또한, 자신감을 불어넣어 주려고 노력한다.

겉에서 오는 자신감과 본인이 괜찮은 사람이라고 느끼는 **자신감이 있으면 스스로 당당해진다.** "오늘 머리 스타일 너무 잘 어울린다", "오늘 티셔츠 너한테 딱이다", "너는 웃을 때가 너무 매력 있어", "지금 손님한테 한 멘트 너무 좋다" 등 좋은 점들과 잘한 일을 내세워 칭찬해준다. 필자는 직원들에게 가끔 어울리는 티셔츠를 선물하기도 하고, 신상 운동화를 사주기도 한다. 사장이 준 만큼 그 모든 것들은 고스란히 손님들에게 기분 좋은 서비스와 정확한 레시피로 만들어진 맛있는 음료로 돌아간다. 예쁘다, 멋지다, 잘한다고 하니 다들 퇴사할 때는 더 예뻐지고 당당해져서 헤어지는 것 같다.

직원들에게 당신들은 걸어 다니는 카페 이미지이므로, 동네에서 다닐 때 나쁜 짓 하지 말라고 우스갯소리도 한다. 동네 카페의 손님은 어디서든 만날 수 있음을 주의하고 행동해야 한다. 매출이 나오는 카페의 직원은 많은 손님들을 만나니 더욱 주의해야 한다. 직원은 손님을 기억 못 해도, 손님은 직원을 기억한다. **사장인 나와 직원들의 이미지 관리까지도 직원 교육**인 것이다.

우아하게 행주 들고 카페 창업하기 ANGEL

03
동업자로
진정성 있게 대하기

　매출을 창출하기 위한 회사의 구성원들은 같은 목표를 갖고 방향성을 고민하며, 목표를 이루기 위해 같은 마음으로 일한다. 작은 카페의 시스템도 다르지 않다. 규모가 축소되었을 뿐 매출을 창출하기 위해 같은 목표를 향해 무던히도 노력한다. 그 구성원에 직원은 규모만 작아졌을 뿐 회사에 대한 애정만큼은 카페의 직원도 같은 마음이다. 어쩌면 **규모가 큰 회사보다 작은 카페의 직원이 더 많은 동지애를 보일 수 있다.** 사장이 가까이 있기 때문이다.

　사장이 보여주는 카페에 대한 애착심과 방향성은 직원에게 그대로 전달된다. 생각해보자. 카페를 운영하는 데 있어 직원에게 급여란 기본적인 보장이다. 사장은 매출이 많을수록 그만큼 수익이 커지는 보상이 있다. 같은 목적을 가지고 함께 일하는 직원에게도 비슷한 상황이 된다면 어떨까? 무슨 일이든지 동기가 중요하다. **직원이 원하는 바가 무엇인지 파악하고, 그에 상응하는 대가를 이루어준다면 어떨까?**

사장도, 직원도 같은 사람이다. 지금 하는 일에 더 많은 보상을 받을 수 있다면 더 노력하고 고민할 것이다. 마음을 다해 근무하는 것과 그저 시간을 보내며 근무하는 것은 어떤 차이가 있는지 알 것이다. 사장은 직원을 카페 일에 함께 고민하고 발전시켜 나아갈 동지라고 생각하고, 겉으로 해주는 척이 아닌 진정성 있는 마음으로 대해야 한다. 그런 마음이 들지 않을 직원이라면 아예 처음부터 뽑지 말아야 한다. 직원에게 대우하는 보상이란 크기가 중요한 것이 아니다. 직원들은 사장의 진정성 있는 마음을 읽는 것이다.

 ## 직원의 니즈를 파악하고 조직을 책임져라

직원의 니즈를 파악하는 것도 사장의 경영 업무 중 하나다. 동기를 부여함에 개인마다 차이가 있다. 돈을 버는 것이 우선이라서 필요한 시간에 더 근무하게 해주면 좋아하는 직원이 있다. 정해진 근무 외 시간은 자기 계발에 투자하는 것을 추구하는 직원은 근무시간 외 추가 근무 부탁을 가급적 하지 말아야 한다. 커피 분야에 관심이 있어 커피 관련 교육을 해주면 더 열심히 하는 직원도 있다. 새로운 메뉴 개발에 도전을 자주 하는 직원은 재료를 자유롭게 사용할 수 있도록 허락해주면, 이것저것 시도하고 시음해 신메뉴를 개발하기도 한다.

각자의 니즈가 다른 직원들은 면접 볼 때나 근무하면서 미리 파악해둔다. 사장이 그들의 니즈를 맞춰주면 함께 일하는 동안 서로에게 시너지 효과를 발휘할 수 있다. 어느 곳이든 조직이 제대로 운영되려면 위아래가 정리되어야 한다. 2명 이상은 조직이 되는 것이다. 카페는 진정성을 갖춘 수평적인 동지 관계와 결정권을 갖고 책임을 지는 상하관계가 함께 적절히 유지되어야 하는 곳이다.

사장은 일하고 나아가야 할 순간에는 직원과 수평적인 관계로 최선을 다한다. 무언가를 결정해야 하는 순간에는 의견을 수렴해 단호한 결단을 내리고, 그 부분에 대해 혼자 책임을 져야 한다. 현명한 결정을 내리기 위해서 사장은 주위를 살피고 항상 노력해야 한다. 직원들이 믿고 따르는 사장이 되어야 한다. 카페에서 발생하는 모든 책임은 사장의 몫이다. 깨진 컵 하나, 비싼 소품의 파손도, 직원의 실수도 모두 사장이 책임져야 한다. 직원들에게 그런 책임은 벗어두게 하고 카페 업무에 최선을 다하는 환경을 제공해야 한다. 사장의 진정 어린 마음에 직원들은 스스로 더 노력하게 된다.

듣기 싫은 소리, 쓴소리는 사장의 몫이라 강조하고, 카페의 발전을 위해서 꼭 해야만 하는 사장의 역할임을 인지시켜야 한다. 직원들이 미워서 질책하는 것이 아니라 그 행동이 잘못되어 지적하는 것임을 알게 하고, 무엇이 잘못인지 단호하게 이야기한다. 뒤돌아서면 그 일은 두 번 다시 이야기하지 않는다. 만약 직원이 이유 없이 미워지는 순간이 온다면 함께 일하면 안 된다. 직원들은 모두 사장의 진정성을 느낀다.

 직원을 대하는 사장의 자세에 디테일함이 필요하다

1. 손님과의 트러블과 컴플레인 발생 시
카페는 서비스업이다. 손님과 갑과 을의 관계는 아니나 음료값을 지불한 상황에서 합당한 처리를 해주어야 한다. 문제 발생 시 최종 결정은 사장이 한다. 직원이 실수한 경우, 사장은 본인이 마무리한다는 마음으로 문제를 적극적으로 해결한다. 직원의 실수는 나중에 조용히 이야기한다. 직원의 억울한 사정이 발생하는 일도 있으므로 내 편인 직원의 상황을 이해해주되, 서비스업은 손님의 입장이 우선임을 이해시킨다. 사장의 부재 시 환불 시스템과 손님에 대한 무료 서비스 제공 등은 현장에서 근무하는 직원에게 모든 권한을 일임하고 '선 처리 후 보고'할 수 있도록 한다.

2. 직원의 변동된 스케줄은 상의하고 결정한다

가끔 사장 마음대로 직원들의 스케줄을 자주 바꾸는 곳이 있다. 처음에는 사장의 결정이니 따를지 모르나 잦은 스케줄 변동은 직원들의 근무 태도를 안정적이지 못하게 할뿐더러 상의 없이 일방적인 통보는 기분 좋은 일이 아니다. 어쩔 수 없는 상황일 경우, 상황을 이해시키고 양해를 구해 스케줄을 바꿔야 한다. 이런 일은 상하관계가 아닌 수평적인 관계로 해결해야 하는 부분이다.

3. 직원의 개인적인 일로 휴무를 요청할 시 되도록 들어준다

직원이 개인적인 업무로 가끔 휴무를 신청할 때가 있다. 그런 날은 큰 문제가 아닐 경우 들어주도록 한다. 사장 혼자 바쁠 상황이더라도 개인 용무가 있다면 빼주어야 한다. 사장의 입장만 생각해서 거절한다면 그 직원의 그날 근무는 몸만 와 있는 상황이 된다. 서로의 마음만 멀어질 뿐 득 될 것이 없는 상황이다. 하루를 넘겨주고 직원의 마음을 얻는 것이 멀리 보는 것이다. 사장의 진정성을 느낀다면 직원은 빼기 힘든 상황에서는 알아서 미리 스케줄을 정리한다.

4. 일의 적극성이 떨어지면 상담으로 직원의 상태를 파악한다

사장이 가까이서 직원을 지켜본다면 분명 일의 능률과 적극성의 변화를 느낄 수 있다. 일에 집중하지 못하고 무언가 평소와 다르게 적극성이 떨어진다면 진로에 다른 문제가 생긴 경우다. 그만두고 다른 일을 해볼까 하는 생각이나 일에 회의가 들어서일 수 있다. 그런 경우 이야기를 들어주고 문제 해결을 해주도록 한다. 휴가를 주거나 다른 일을 위한 근무시간을 조정해줄 수 있는지 확인한다. 그만두는 이야기를 꺼내기가 힘들어 고민하는 경우, 입장을 이해해주고 인수인계만 제대로 하고 퇴직하기를 기분 좋게 권해준다.

5. 직원의 잘못된 태도는 담아두지 말고 바로 이야기한다

남에게 싫은 소리를 하는 일은 쉽지 않다. 하지만 일의 능률과 제대로 된 영업을 위해서 사장은 바로 이야기할 수 있어야 한다. '한 번은 괜찮겠지'라는 마인드는 앞으로의 실수도 흐지부지 넘어가 감정의 골을 만들 수 있다. 카페 안에서 발생하는 업무에 관련된 일은 서로 좋은 관계일수록 명확히 짚고 넘어가야 제대로 된 운영을 유지하고 관계 또한 유지할 수 있다.

직원을 이해하고 처한 상황을 알 수 있으려면 **사장이 모든 일을 경험**해봐야 한다. 비품 정리부터 청소 외 카페 업무들을 기본적으로 숙지해야 제대로 된 직원 교육이 이루어지고 직원의 상황을 이해할 수 있다. **현장을 모르면 직원들의 불편함과 내 카페의 특이사항을 이해하지 못하고, 문제 발생 시 명확한 해결점을 찾기 힘들다.** 적어도 카페에서 진행되는 일들은 사장이 알고 있어야 상황에 맞는 솔루션을 줄 수가 있다. 정확한 솔루션을 줄 때마다 사장의 신뢰도가 높아지는 것이다. 이 모든 일은 성공적인 카페 운영을 위한 것들이며, 직원을 대하는 진정성 있는 태도 또한 그 부분임을 꼭 기억해야 한다.

카페 엔젤과 함께한 사랑스러운 직원들

엔젤은 직원들과 회식을 자주 한다. 매출이 많아 바쁜 달은 특히 더 자주 했다. 수고한 만큼 **회식으로 보답**해주었다. 오픈/미들/마감/주말 파트 멤버가 모두 세팅되어 있던 때 모두 모여 맛있는 메뉴를 정하고 함께 즐길 수 있는 시간을 만든다. 인수인계해주었던 전 멤버들도 시간이 된다면 함께 나와 카페 분위기의 변화와 본인들의 지나온 훌륭함을 서로 웃으며 이야기를 나눈다. 서로 개인적인 고민과 상황을 이해하기에 신뢰를 바탕으로 카페 운영에 다같이 동참해 사장이 지시하지 않아도 알아서 운영되는 시스템이 만들어졌다. 물론 그전에는 제대로 된 신입 직원 교육이 있었다.

서로의 친목이 다져지고 나면 근무 시 다음 근무자가 불편하지 않도록 미리 일을 해주고 배려해 카페 일은 빈틈이 없었고, 고스란히 손님들에게 제대로 된 서비스로 돌아갔다. 사장에 대한 신뢰도 또한 카페에 오는 손님들에게 친절로 돌아갔다. 카페에서 근무할 때만큼은 즐겁게 일할 수 있는 분위기를 조성해주었다. 손님이 없는 시간은 간식으로 분위기 전환을 시키고 내일을 위한 파이팅을 한다. 신메뉴 개발을 위해 마감 후 다 같이 모여 음료를 제조하고 시음하며 가격을 책정하는 일도 함께했다.

카페 엔젤 직원들은 근무 시 **카페의 모든 메뉴를 무한정** 마실

수 있다. 정해진 조건은 없다. 백 잔을 먹고 기분 좋게 일할 수만 있다면 그렇게 하라고 이야기한다. 퇴사 후 카페 엔젤에서 근무했던 분들은 언제 와도 무료다. 그동안의 노고를 생각해 배려하는 시스템이다. 많은 서비스를 오픈해도 직원들은 알아서 적절히 행동한다. 사장의 마음을 알기에 정도를 지키며, 예의 바르게 무엇이든 묻고 행동한다. 배려해준 만큼 사장을 배려해주는 마음으로 보답해주었다.

연애 상담부터 진로 상담까지 소소하지만 진지한 이야기로 마음을 나누었다. 편하고 좋은 사이이지만, **잘못된 일은 바로 지적해 마음에 담아두는 일이 없는 사장이다.** 평소에는 수평적인 관계로 친구 같으나 업무상 문제가 생기면 상하관계로 무서운 사장이라는 타이틀이 붙는다. 사장의 경영 철학을 알고 있기에 이해하고, 혼이 나도 뒤끝이 없어 좋다는 직원의 마음도 얻었다. 직원들의 가족들도 챙기다 보니 서로에게 숨김이 없고, 사장이 운영하는 카페가 잘되기를 바라는 마음에 어느새 본인들이 사장이 되어 일하는 모습을 보여준다. "무슨 직원들이 사장처럼 일하냐?"라며 손님들이 칭찬하는 소리가 오픈부터 꾸준히 들려온다.

단지 직원들이 잘되기를 진심으로 바라고 사장으로서 카페 일이 우선이지만, 좋은 일로 퇴사하거나 다른 일을 찾을 때는 함께 응원해주었다. 미리 구직하고 인수인계 기간을 길게 잡아 본인들이 계획한 새로운 스케줄에 문제없이 퇴사하도록 배려했다. 바쁘고 힘들게 나온 매출에서는 외식할 만큼 급여 시 더 챙겨주었고, 새로 온 직원보다 기존 직원에 대한 배려를 먼저 했다. **카페의 성공과 직원의 성공을 함께 이루려고 노력하다 보니 사장의 진심이 전달되었는지 모두 사장 마인드로 근무해주었다.**

| 내 카페 직원은 동업자 |

근무한 시간은 본인들이 체크하라고 맡겨두었다. 파트 타임으로 근무 시 정해진 시간 외 오버 근무시간을 사장이 매일 체크하기가 수월하지 않고, 직원의 입장으로는 돈 이야기를 꺼내기 민감한 부분일 수 있다. 주는 사람보다는 받을 사람이 더 정확히 아는 것이다. 본인들의 근무시간은 받을 만큼 체크해서 급여일에 보내주면, 사장은 직원이 계산한 급여만큼 보내주는 시스템을 적용했다.

서로를 신뢰하는 시스템이어서 바쁘고 고생한 파트는 조금씩 더 챙겨주었다. 급여 문제로 트러블은 단 한 번도 없었다. 가끔 깜빡해 급여일을 잊으면 "그 돈이 어디 가겠어요?"라며 사장보다 더 여유를 부리는 직원들이다. 마이너스가 나더라도 '직원의 급여만큼은 밀리지 않는다'라는 마인드로 이제껏 운영해왔다. 기본적인 신뢰가 깨진다면 그 위에는 어떠한 것도 쌓을 수 없음을 잘 알고 있다. 카페 엔젤에 함께하는 직원은 동업자 그 이상이고, 9년이 지나가는 지금껏 모든 매출은 **그들이 있었기에 가능한 일들임을 잘 알고, 항상 감사하고 있다.**

04

카페 사장에게 필요한
좋은 리더십

"자기 자신을 통제하려면 머리를 써라. 다른 사람을 통제하려면 마음을 써라."

엘리너 루스벨트(Eleanor Roosevelt)의 말이다. 카페 사장에게 이런 거창한 리더십까지 필요할까? 겨우 작은 카페일 뿐인데? 시작은 작고 미비하나 우리는 성공 창업이라는 꿈을 꾸고, 어디까지 치솟아 갈지 모르는 능력을 최대치로 발휘한다. 그 끝에는 무엇이 보장되어 있을지 아무도 모른다. 그저 할 수 있는 한 무한한 가능성을 열어두고 최선을 다한다. 창업자인 사장은 시작한 사업을 성공적으로 나아갈 수 있도록 좋은 리더십을 갖춰야 한다. 앞으로 나와 뜻을 함께할 직원이 1명일지, 100명이 될지는 아무도 모르는 일이다. 창업을 시작하는 순간 가능성은 무한대다. 언제 기회가 올지 모른다. 미리 준비된 자세로 성공의 순간을 놓치지 말아야 한다.

1. 진정성 있는 사람 중심의 가치관

사업이란 사람을 상대로 사람과 함께 이루어 나가는 것이다. 카페는 사람들을 가까이에서 접객하는 업종 중 하나다. 다른 업종보다 특히 사람의 영향이 크다. 함께하는 직원과 같은 목적을 가지고, 목표를 이루기 위해서 한마음으로 나아갈 때 빠르고 바르게 성공으로 도달할 수 있다.

2. 솔선수범의 자세 – 서번트(servant) 마인드

사장이 직원을 가르치기 위한 가장 효과적인 방법은 솔선수범이다. 직원들보다 앞장서서 본보기를 보여주는 것만큼 강력한 것은 없다. 행동하지 않고 목소리만 높이는 리더를 누가 따라가겠는가? 큰 목소리를 내지 않아도 행동으로 직접 보여주는 모습은 천 마디 말보다 강하다. 사장의 가치관과 경영 철학을 말하지 않아도 느낄 수 있도록 자신을 낮추고, 작은 일에도 마음을 다해 먼저 행동하자.

3. 악역을 자칭하는 책임감

조직이 제대로 운영되기 위해서는 악역이 필요하다. 싫은 소리를 반기는 사람은 없다. 사장은 그런 싫은 소리, 잘못됨을 지적하는 쓴소리를 거침없이 해내야 한다. 우리가 하는 일은 봉사가 아닌 사업이다. 카페가 제대로 운영되기 위해서 사장은 카페의 생존을 위해 책임감을 지고, 기본적인 카페 유지와 성장을 위해 잘못된 방향을 잡아내야 한다. 악역이 없다면 발전도 없다.

4. 현장을 바탕으로 한 추진력

카페 현장에서 근무하는 직원들의 말에 귀를 기울이자. 모든 문제는 현장에 답이 있다. 직원들이 소리 내어 말하는 것에 귀를 기울이고, 잘못된 것은 새로운 방향으로 전환시켜 앞으로 나아가야 한다. 사업은 혼자 하는 것이 아니다. 각자 맡은 일에서 문제를 파악하고 해결할 수 있는 환경을 만들어줄 때 리더는 그것을 바탕으로 더 나아갈 수 있다

5. 건강하고 활기찬 카리스마

함께 노력하는 수평적인 관계에서 모든 책임을 져야 하는 순간에는 수직적인 관계로 돌아섬이 필요한 것이 사장의 카리스마다. 리더는 결국 홀로 서야만 한다. 카페를 이끄는 수장으로 직원들이 믿고 따를 수 있는 건강하고 활기찬 카리스마가 필요하다. 공감을 끌어낼 수 있는 현명한 결단력이 필요한 순간이 반드시 온다. 현답을 찾기 위해 끊임없이 노력하자. 직원 뒤에서 모든 상황에 책임을 져줄 활기찬 카리스마는 성공 조직을 이끄는 필수조건이다.

데일 카네기(Dale Carnegie)는 《자기관리론》에서 다음과 같이 말했다.

"운명이 레몬을 건네면 레몬에이드를 만들어라."

카페의 어려운 시기가 올 때 중심을 잡고, 현명하게 화이팅을 외칠 사람은 리더인 사장뿐이다. 한 번씩은 앞으로 나아가는 시간이 아닌 재정비 투자의 시간이 필요하다. 새로운 도약을 위해 칼을 놓지 않고 그저 때를 기다리는 시간 말이다. **직원들을 독려하**

고 새로운 계획을 세워 나아갈 방향을 제시함으로써 사장의 진정한 리더십을 발휘한다. 끊임없는 시행착오가 있겠지만, 상황에 맞는 전략을 짜고 성공으로 이끄는 시도를 끝까지 놓지 말아야 한다. 실패란 말을 함부로 하지 말자. 포기하지 않는 이상 실패란 없다. 리더가 포기하면 진짜 끝이다.

 ## 사장의 진정성 있는 카리스마

　사장처럼 일한다고 손님들의 칭찬이 자자하고, 인기를 한 몸에 받았던 직원이 근무할 때 일이다. 그 직원은 나를 위한다고 재료를 아끼기 위해 레시피와 다르게 적당히 줄여서 나가기도 했다. 맛에 큰 영향을 끼칠 정도로 그런 게 아니라 한두 번 지적한 상태였다. 하지만 또 그런 일이 일어나서 나는 불같이 화를 냈다. 이미 좋은 소리로 지적을 한 상태였고, 이번 일을 그대로 또 넘어가면 이제 규칙은 없다는 생각이 들었다.

　친구처럼 친한 사장은 그 자리에 없었다. 그 직원은 같은 맛을 내기 위해 모두가 약속한 레시피를 지키지 않았다. 혼자 마음대로 생각하고, 결정하는 작은 습관은 무서운 결과를 낳을 수 있다. 또한, 그 직원 외에 4명의 파트 직원들에게 갈 영향도 무시할 수 없었다. **우리가 정한 규칙이 깨지는 순간, 전부 무너질 수 있다고 사장이 판단한 첫 단추이기에 그냥 지켜보지 않았다.** 물론 그 직원은 진심으로 사장의 이익을 위해 행동한 일인 것을 알고 있다. 마음이 흔들려 망설이는 순간 사업가인 사장은 없고, 친구 같은 사장만 남는다.

그 직원은 처음에는 사장님이 혼내는 것이 서운하기도 하고, 화나기도 했다고 한다. 본인은 사장님을 생각해서 재료를 아끼고자 한 것인데, 그것을 몰라주니 서운했다고. 나는 그 직원에게 이렇게 말했다.

"네가 나를 생각해주는 마음은 충분히 고마운 일이지만, 우리는 재료를 아끼는 게 목적이 아니야. 손님들에게 제대로 된 맛과 서비스를 주어야 너와 내가 카페에 오래 존재할 수 있어."

직원에게 잠시 밖으로 나가서 쉬었다가 오라고 했다. 생각할 시간을 주고 싶었다. 그 직원이 나쁜 의도로 그런 게 아니라는 것을 알기 때문이다. 직원은 천천히 생각해보니 사장님 말이 틀린 말이 아님을 알기에 마음을 잡았다고 한다. 그날 이후 더 신뢰감을 갖고 모든 일에는 제대로 된 명분을 가지고 일해야 한다는 생각으로 퇴사할 때까지 훌륭하게 마무리했다. 그 직원은 아직도 자주 만나며, 서로의 안부를 묻고 응원한다. 사장이 생각하는 **경영 철학과 정한 규칙이 있다면, 처음부터 끝까지 흔들림 없이 밀고 나아가야 한다.**

성공하는
카페 사장 마인드

01

우아함을 버리고
행주 잡을 용기

　분위기 있는 음악이 흘러나오는 카페로 들어가 커피를 주문하고, 카페 안에 비치된 책 중 눈이 가는 책을 골라 앉았다. 주문한 커피가 나왔다. 책장을 넘기며 향긋한 커피 향을 맡는다. 우아하게 한 모금 마셔본다. 딱 좋은 맛이다. 디저트로 주문한 부드러운 티라미수 케이크도 한 입 먹어본다. 부드러운 크림이 입안 가득 기분이 좋아진다. 적당한 쿠션감의 의자에 기대어 책을 내려두고 카페 안을 구경한다. 아기자기한 소품들이 앙증맞다. 둘러보던 시선이 창밖을 바라본다. 지나다니는 사람들의 옷차림을 보며 계절을 느껴본다. **다시 커피 한 모금, 설레는 마음이다.**

　오늘은 어떤 음악을 틀어야 손님들이 많이 찾아오실까. 내가 좋아하는 음악은 너무 올드하지 않을까. 손님들을 위해 준비한 책꽂이에 비치된 책들을 하나하나 먼지도 닦아내고 선반을 정리한다. 신간을 들여와 분위기를 전환해야 할까. 매출이 많지 않으니 조금 더 버텨볼까. 커피는 제대로 추출이 되는지 여러 번 내려 맛을 본다. 너무 많이 테스팅을 한 것인지 속이 쓰려온다. 케이크 재고는 얼마나 남았는지 주문도 넣고, 유통기한도 살펴본다. 의자 쿠션에 어떤 손님이 이물질을 묻혔는지 닦아도 닦아도 닦이지 않는다. 이런, 새로 바꿔야 하나. 카페 안을 부지런히 청소하고, 소품들도 하나하나 먼지를 털어낸다. 예쁘게 인테리어한 카페 창도 부지런히 닦아본다. 마치 없는 것처럼 보이도록. 밖에 지나다니는 사람들이 다른 카페 커피를 들고 지나간다. 마음이 좋지 않다. 저 홀더는 어디 카페였더라. 우리 카페만 손님이 없는 것인가. **마음이 심란해진다.**

우리가 그리던 카페 사장은 여유 있어 보이는 인생의 로망이지만, 그 현실은 생각처럼 우아하지 않다. **우리는 손님이 아닌 사장이기 때문이다.** 대접받는 위치에서 이제는 대접해야 하는 위치로 바뀌었다. 내가 중심이 아닌 매출을 올려줄 손님을 위한 공간이 되어야 하고, 손님들이 좋아하는 메뉴와 손님들이 좋아하는 음악과 손님들을 기분 좋게 해줄 서비스를 해야 한다. 누가? 사장인 내가.

 카페 사장의 현타 목록 극복하기

1. 내 공간이지만 나를 위한 공간이 아니다

내가 원하는 콘셉트에 맞춰 인테리어를 하고 조화로운 소품과 특이한 오브제로 꾸며놓은 카페지만, 나를 위한 공간이 아닌 손님을 위한 공간이다. 손님들이 추구하는 분위기와 다시 찾아와줄 공간으로 만들어야 한다.

처음 콘셉트를 잡을 때 되도록 본인이 추구하고 잘할 수 있는 것으로 정하도록 한다. **손님을 위한 공간이지만 사장인 나도 좋아하는 공간이면 일의 능률이 오른다.**

2. 사장은 언제 쉬어야 할까?

정해진 시간 동안 언제 올지 모를 손님을 위해 우리는 준비하고 대기해야 한다. 회사보다 근무시간이 무한정 길어질 수 있다. 쉬는 날은 언제든 쉴 수 있는 사장이지만, 계산기를 두드리면서 근무 일을 늘리게 된다. 긴 여행은 깊은 고민 끝에 포기하는 경우가 많다.

 카페는 곧 사장이다. 사장의 컨디션이 좋아야 즐거운 카페로 보이게 되고, 손님들에게 좋은 분위기를 전달한다. 지친 몸과 마음으로는 제대로 된 결정을 내릴 수 없다. 사장은 경영자다. **근무자이면서 경영자이므로 쉬는 날을 챙겨 경영자로서 고민할 시간을 주자.** 욕심을 내려두고 정해진 날은 쉬도록 하자. 리프레시 한 뒤 두 배의 에너지로 근무하면 손님들을 끌기에 충분하다.

3. 사장에게 카페는 창살 없는 감옥인가?

정해진 근무시간 동안 직원이 없다면 한시도 자리를 비울 수 없다. 영업하는 곳은 다 그렇지만, 특히 카페라는 장소는 여유를 즐기는 공간이기 때문에 식당과는 다르다. 주문받고 손님이 음료를 얼마 동안 앉아서 마실지 미지수다. 5분이 될 수도, 5시간 이상이 될 수도 있다. 카페 특성상 지켜봐야 한다. 손님이 없는 시간으로 인해 매너리즘에 빠질 수 있다.

우아하게 행주 들고 카페 창업하기

카페에서 자기 계발을 위해 할 일을 정해두자. 카페는 기본적인 루틴이 매일 반복되는 곳이다. **해야 할 일을 끝내고, 손님이 없는 시간은 목표를 세우고 자기 계발에 투자하자.** 사장이 무엇을 하든 뭐라고 할 사람은 없다. 그런 점을 이용하자. 카페를 위한 작업도 좋고, 기분을 좋게 해줄 취미 생활도 좋다. 사장의 기분이 좋아지면 곧 간접적 매출로 직결된다.

현실적으로 개인 카페 사장은 많은 일을 한다. 메뉴 구성부터 직원 관리 외 손님들 관리와 카페 내외부 시설, 홍보 & 영업 파트까지 멀티플레이어가 따로 없다. 그 많은 일을 문제없이 해내려면 **제일 중요한 것은 체력이다.** 머릿속에 기발한 아이디어가 있어도, 어떤 방식으로 영업해야 매출이 오를지 다 알아도 체력이 따라주지 않으면 행동으로 나오기가 쉽지 않다. 개인 카페라서 비용을 아낀다고 혼자서 무리하는 것보다는 바쁜 시간에 파트 직원을 두어 분위기도 전환하고, 생동감도 높이는 방법이 꼭 필요하다.

 우아하게 행주 잡을 용기

분위기 있게 커피를 내리고, 오는 손님들에게 반갑게 안부를 묻고, 그렇게 단골과 친구처럼 지내는 훈훈한 모습을 그리며 카페를 창업했다. 하지만 현실은 '오늘 커피 맛이 왜 이래? 로스팅 날짜를 확인하고 그라인더 입자 조절은 했나? 크레마(에스프레소에서 커피 위에 생기는 거품)가 왜 이러지?' 하며 커피 한 잔을 제대로 내리기 위해 많은 세팅이 필요하다. 깨끗하고 청결해 보이는 카페를 위해 손

| 우아하게 행주 잡을 용기 |

에서 행주 놓을 짬이 없다. 물기 없는 행주를 위해 얼마나 있는 힘껏 비틀었는지 모른다. 커피 가루가 보이면 지저분해 보일까 싶어 손님 없는 짬짬이 커피 가루를 털어내고 또 털어낸다. 어제는 매출을 맞추었는데, 오늘은 또다시 시작이다. 오늘도 손님이 많이 찾아주셔야 하는데 하루하루가 다시 리셋이다. 손님이 없는 날은 이러다가 곧 망하는 게 아닌가, 컨디션이 안 좋은 날은 생각이 더 많아진다.

하지만 현실 카페 사장의 힘든 루틴을 감사히 생각하자. 커피가 좋아서, 사장이 되고 싶어서 창업한 일이 아닌가. 공짜 커피를 무한정 마실 수 있고, 듣고 싶은 음악을 실컷 들을 수 있다. 중간중간 사장을 위해 시간을 내어도 카페가 망하거나 잘못되지 않는다. 힘든 날은 조금 낮은 텐션으로 인사해도 좋고, 오늘 하루는 매출 생각 없이 그저 오는 손님 한 분 한 분에게 집중만 해도 좋은 그런 날이 있어도 괜찮다. 무슨 일이든 힘들지 않은 일은 없다. 즐기는 사람을 따라갈 자 없다.

사장은 평소는 우아하되 손님들에게는 누구보다 친절하고 가까운 사람이 되어야 한다. 손님에게 행복한 시간을 선물하는 카페 사장인 우리는 누구보다 '우아하게 행주 잡을 용기'가 필요하다.

우아하게 행주 들고 카페 창업하기

02
손님들을 내 카페로
오게 만드는 법

    카페는 오픈하고 나서 카페의 진정한 주인인 손님이 와주어야 비로소 완성체가 된다. 사장은 카페를 운영하는 내내 꼭 잊지 말아야 할 것이 있다. 카페의 존재 여부는 손님에 의해 결정된다는 것이다. 손님들이 내 카페를 찾게 만들고, 다시 또 찾게 만드는 방법을 터득하고 진화시켜 나가야 한다. 다른 카페가 한다고 무조건 따라 하는 것이 아닌 내 카페만의 진정성에 맞춰 진행하고, 한 해 한 해 지날수록 내 카페의 정체성을 확립하면 그 뒤로는 분위기만 타면 된다.

 내가 손님이라면 어떤 카페를 선택하겠는가? – Simple is the Best!

1. 가성비 좋은 카페
무조건 싼 게 좋은 것은 아니다. 책정된 가격에 비교해 음료의 질이 뛰어나거나, 뛰어나지는 않지만 나쁘지 않아 그 정도의 가격이면 선택할 만하다는 의미다. 테이크아웃이 전문이라면 더욱 그렇다. 뛰어난 인테리어나 친절한 서비스는 두 번째 선택지가 되는 것이다. 가성비가 좋은 카페의 저렴한 가격에 맛 좋은 커피나 음료라면 손님들이 왜 안가겠는가?

2. 분위기 있고 근사한 카페

비싼 가격을 내더라도 커피 한 잔 마시는 데 특별한 시간과 의미를 부여하는 손님이라면, 분위기 있는 공간을 즐길 수 있게 만들어진 카페를 선택할 것이다. 휴양지나 관광지 카페들이 더욱 그러하다. 음료 한 잔 가격이 굉장히 비싸더라도 함께하는 사람과 소중한 추억을 위해서라면 음료값은 중요하지 않다. 분위기를 선택하는 손님들은 그러한 마음이다.

3. 편안한 서비스가 좋은 카페

카페 사장과 직원이 친구 같고, 언제 가도 반가이 맞아주는 제3의 공간 같은 카페는 편안한 복장으로 부담 없이 가도 기분 좋은 카페다. 어떤 누구와 함께해도 편안하게 만날 수 있는 분위기를 제공해 자신을 편하게 드러낼 수 있는 동네 카페라면 더욱 그러하다. 음료 한 잔으로 잠시라도 스트레스에서 벗어나 지인들과의 수다로 하루를 마무리할 수 있는 장소가 되는 것이다.

4. 커피 맛이 전문적인 카페

커피라는 메뉴에 집중하는 전문적인 카페는 손님들의 미각과 호기심을 자극한다. 커피 전문가가 직접 로스팅한 원두로 커피를 내려주고, 그 카페만의 특색 있는 시그니처 음료를 맛보기 위해 어디든 찾아가서 줄을 선다. 인터넷으로 정보 공유가 활발한 요즘 트렌드에 빛을 보는 카페다. 유행하는 한 잔의 커피 맛을 보기 위해 발 도장을 찍고, 사진으로 남기며 미션 클리어 하는 것이다.

내가 손님이라면 어떤 카페를 갈 것인지 고민해보면 답이 보인다. 손님의 마음이 나와 같지 않겠는가? 내 카페의 콘셉트가 어떤 것에 해당하는지 살펴보고, 추구하는 콘셉트 장점을 극대화시키면 되는 것이다. **모든 것을 다 갖춘 카페는 없다. 욕심을 내려두고, 내 카페의 타깃 손님을 선택하고 그 부분을 집중해서 고민하면 된다.** 나와 콘셉트가 비슷한 카페가 잘되는 이유를 파악해보고, 내 카페에 도움이 될 만한 것들을 벤치마킹해보자.

 프랜차이즈에서는 찾기 힘든 단골손님 잡는 기본 노하우

단골이란 내 카페를 지정해두고, 자주 드나드는 손님을 말한다. 단골손님이 될 수 있는 첫 단추는 한번 경험한 내 카페의 인상이 좋아야 가능한 것이다. 단골을 만들기 위해서는 초기에 유입되는 손님들을 우선 잘 관리해야 가능하다. 처음 방문한 카페에서 좋은 인상을 받게 되면, 두 번째 세 번째로 이어지는 것이다. 손님마다 추구하는 방향이 다르므로, 사장인 우리는 가능한 모든 부분을 열어두고 노력해야 한다.

1. 카페의 첫인상 – 인사

모든 카페는 인사를 한다. 직원 교육의 기본이다. 하지만 손님이 인사를 받을 때의 느낌은 다 다르다. 왜일까? **똑같은 멘트로 인**

<u>사를 하지만, 느낌은 분명 다르다.</u> 무엇 때문일까? 바로 인사하는 사람의 마음이 전해졌는지, 아닌지 때문이다. 내 카페 문을 열고 들어오는 손님이 진짜 반가워 인사하는 사장의 "안녕하세요!"와 지치고 힘든 하루에 교육받은 매뉴얼대로 멘트를 하는 직원의 "안녕하세요!"는 분명 다른 것이다.

우리는 하루에 수십 번 인사하지만, 손님은 우리 카페에 들어서는 순간 한 번만 받는 인사다. 내 카페의 이미지를 처음 느끼는 중요한 순간이다. 간혹 인사를 대수롭지 않게 생각하는 곳이 많다. 인사는 손님과의 첫 번째 접속이다. 인사 멘트는 꼭 정하지 않아도 된다. "안녕하세요! 어서 오세요! 아! 네~~~! 오셨어요?" 등 상대의 등장을 반가워하며 존재감을 불어넣어 주면 되는 것이다. 인사하는 직원이 자신 있는 멘트를 하면 된다.

반대로 카페를 나설 때도 마찬가지다. 카페에 있는 동안 좋은 시간이 되었는지, 다음에 또 찾아주길 바라는 마음을 담아 인사하면 된다. "조심히 들어가세요! 안녕히 가세요! 좋은 하루 되세요!" 모두 좋지만, 주의할 점은 꼭 사장이 먼저 해야 한다. 사장이 하면 직원이 따라 하고, 사장이 자유로운 멘트들을 사용하면 직원들도 자기 스타일대로 한다. 중요한 것은 인사를 하느냐, 안 하느냐가 아니라 마음을 담아서 하느냐, 안 하느냐의 문제다.

2. 카페의 단골 사고 – 음료를 쏟았을 때
카페에 근무하면 손님들이 음료를 쏟는 일은 다반사다. 행주와 한 몸이 되는 또 하나의 이유이기도 하다. 한 입도 마시지 않았는데 다 쏟아버린 경우, 서비스를 발휘해야 하는 순간이다. 새로 만들어

나가야 한다. 사장의 입장에서 그 음료의 이익은 '제로'이지만, 손님의 마음은 100을 얻었다. 다시 찾아올 가능성 99%. 이때 주의할 점은 '손님이 음료를 쏟으면 새로 주라고 어디서 들었어?'의 마음이 아닌, '돈을 내고 한 모금도 못 마셨으니 얼마나 안타까울까?' 하는 손님의 마음으로 건네주어야 한다.

프랜차이즈 카페에서는 있을 수 없는 서비스이지만, 개인 카페의 경우는 얼마든지 기회일 수 있다. 중간쯤 마시는 도중 쏟은 경우는 테이블을 정리해주면서 분위기를 보고 진행한다. 새로 주면 당연히 손님의 입장으로 고마운 일이지만, 사장도 다 퍼줄 수는 없다. 손님의 분위기를 보고 다시 내어드리거나 깨끗이 정리해주는 것으로 마무리해도 좋다. **항상 마무리는 손님이 기분 좋은 마무리면 된다.**

3. 카페의 모든 것 – 서비스

카페라는 공간은 손님 입장에서 남의 공간이지만, 내 공간처럼 편하게 사용하고 싶은 곳이다. 무엇을 하든 편안한 마음이 들어 커피를 마셔도, 케이크를 먹어도, 책을 봐도 눈치 보지 않고 오롯이 자신에게 집중하고, 만남이 있는 상대에게 집중하고 싶은 곳이다. 손님이 직원이나 사장의 존재가 신경 쓰인다면, 이 카페는 서비스를 제대로 못 하는 것이다. 손님이 카페를 이용하는 동안 선택한 음료를 제공하고, 이용하는 데 불편함이 없도록 도와주는 역할이다. 서비스 또한 오버해서 과잉 친절로 눈길을 끄는 것은 좋지 않다. 3,500원 아메리카노를 주문했는데 5,000원인 케이크를 서비스로 제공하는 필요 이상의 서비스는 오히려 불편한 마음을 조성한다. 손님을 살핀다고 계속해서 주시하는 부분도 오해를 살 수 있는 센스 없는 행동이다.

제대로 된 서비스를 제공하기 위해서 사장은 부재 시 직원에게 모든 권한을 위임해야 한다. 상황은 천차만별이다. 그때마다 적용되는 가장 기본적인 사장의 경영 철학과 기준을 직원이 이해할 수 있도록 교육하고, 기본적인 모토(motto) 아래 상황을 즉각 처리할 수 있도록 권한을 위임해야 한다. 특이사항 발생 시 '선 처리 후 보고' 시스템이 필요한 상황이다. 한번 마음이 상한 손님은 다시 돌려놓기 힘들다는 것을 잘 알고, 즉각적으로 판단해 서비스해야 한다.

4. 카페의 중심 – 메뉴의 맛과 다양성

단골손님들은 본인이 좋아하는 단골 메뉴가 있다. 음료 맛도 좋아야 하지만, 꾸준히 카페를 찾는 입장에서 카페의 변화와 신선함은 지루하지 않고 좋은 영향을 준다. 가끔은 추구하는 음료 외에 다양한 선택을 할 수 있는 신메뉴의 등장과 카페 내부의 분위기 변화는 자주 찾아도 좋은 이유가 된다. 콘셉트에 맞고 트렌드에 발맞춘 꾸준한 변화는 단골손님의 발걸음을 잡기에 좋은 변화다. 주의할 점은 내 카페 정체성과 맞지 않는 요소들은 걸러내고 받아들여야 한다.

 사장과 같은 편, 단골손님

신규손님을 유입하는 것이 중요한 일이지만, 어느 정도 연차가 되면 내 카페를 사랑해주는 단골손님들이 기본 매출을 맞춰주는 충성고객이 되어주는 것이다. 손님들은 언제든 카페를 안 올 수 있

는 분들이지만, 그 안에 내 카페의 충성고객은 반드시 있다. 단골손님을 위해서 사장도 마음을 진정성 있게 줄 준비를 해야 한다. 카페는 열 번 잘하다가 한 번의 실수로 손님을 놓칠 수 있는 그런 곳이다. 좋은 인테리어와 맛 좋은 메뉴 외에 손님의 발길을 끝까지 잡을 수 있는 것은 사장과 직원인 사람이 하는 일이다.

사람의 마음을 얻는 것이 귀한 영업 노하우 중 기본이다. 카페도 일종의 영업이다. 사람의 마음이 통하면 오늘 실수한 음료도 손님은 기분 좋게 넘어갈 수 있다. 음료 제조도 사람이 하는 일이다. 컴퓨터도 에러가 나는데, 사람이 하는 일이라고 어떻게 100%일 수 있을까. 잘한다는 사장도 가끔은 우유 스팀도 실수하고, 레시피도 깜빡할 수 있다. 그런 상황에서 단골손님은 너그럽게 받아들여 주고 함께 이해해주는 또 다른 동지일 수 있다. 나의 실수를 격려해주고 응원해주는 사람이다. **내 마음을 주지 않고 어떻게 그런 마음을 얻겠는가.**

03

커피 맛이 좋다고
손님이 무조건 오지는 않는다

커피에 진심인 사장들이 많다. 커피와 관련된 커리큘럼도 전문적으로 배우고, 로스팅 외 커피라는 음료와 관계된 모든 부분에서 해박한 지식과 월등한 능력을 보여주는 대외적으로 진짜 전문가다. 간혹 '카페가 커피 맛만 좋으면 그만이지! 나는 자신 있어!'라는 생각으로 창업하는 경우가 있다. 커피라는 분야에 전문이니 자신감이 넘치는 것은 어쩌면 당연할 수 있다. 그런 분들이 창업 후 생각보다 손님을 끌지 못해 오래 영업하지 못하는 경우가 있다. 커피에 대한 자부심이 너무 강해 사장으로서 손님에게 맞추는 일을 잘하지 못하게 되는 경우다.

음식점은 한 가지 메뉴만 전문적이면 성공할 확률이 높다. 손님들은 그저 맛있는 음식을 먹기 위한 목적으로 방문하기 때문이다. 오래된 낡은 음식점도 음식 한 가지만 보고 줄을 선다. 하지만 카페는 커피 맛만 좋다고 재방문하지 않는다. 커피 맛은 좋으나 사장이 무뚝뚝하고 서비스가 없는 경우, 직원이 불친절하거나 눈치를 주는 경우, 커피 말고는 다른 선택의 여지가 없는 경우, 카페 안이 지저분하고 정신없는 경우 등 복합적인 요소들이 한데 어우러져 외면당하기 쉬운 업종 중 하나다. 그렇다면 **카페 사장이 커피 외에 신경 써야 하는 부분은 무엇이 있을까?**

1. 커피 외에 다른 메뉴도 세팅하자

맛 좋은 커피 음료가 준비되어 있더라도 커피 외에 음료도 준비가 되어 있어야 한다. 카페라는 장소에 커피만 좋아하는 사람이 방문하라는 법은 없다. 함께 가는 지인이 커피를 못 마시거나 건강상 선택하지 못할 수도 있다. 분위기와 공간을 함께 즐기러 가는 손님들까지 내 카페 손님으로 잡고 싶다면, 커피 외에 내 카페가 추구하는 커피 외 음료도 콘셉트를 잡아 준비하자. 커피가 전문이라면 커피 쪽 음료를 많이 세팅하고, 그 외 음료는 기본적인 것으로 세팅해서 손님의 선택 폭을 확보하고 다른 카페에 손님을 뺏기지 말자. 음료 외 사이드 메뉴로 자신 있는 메뉴는 꼭 개발해야 한다. **메뉴가 다양하지 않더라도 자신 있는 한 가지는 꼭 세팅하자.**

2. 내 상권 손님에 맞춰 카페를 세팅하자

이런저런 상권 조사로 만반의 준비를 해서 오픈했지만, 실상 오픈하고 실질적으로 상권을 겪어보면 생각과는 다른 부분들이 반드시 나온다. 여자 손님들이 많을 줄 알았는데 의외로 남자 손님들이 더 올 수도 있고, 전문적인 커피보다 커피 외 음료가 반응 있을 줄 알았는데 커피 쪽에 더 많은 관심을 보이는 손님들이 들어설 수도 있다. 창업 후에 손님들의 반응을 지켜보고 살피며 그에 맞춰 움직여야 한다. **내 상권의 손님의 취향을 파악하는 것은 매우 중요한 일이다.** 가격, 메뉴, 서비스 외 모든 부분을 오픈하고 살피며 조정해 나아가야 한다. 지금, 이 순간에도 내 카페 상권의 니즈는 계속 변화하고 있다. 카페 정체성은 살리되 디테일한 부분은 조정해야 한다. 이것은 곧 매출로 이어지는 부분이기 때문이다.

3. 내 카페 손님의 취향을 기억하고 맞춰라

손님은 다양하다. 처음 방문한 사람, 단골로 매일 드나드는 사람, 남자, 여자, 나이 드신 분, 아이들, 커피를 좋아하는 사람, 커피를 못 마시는 사람, 디저트를 좋아하는 사람, 건강 음료를 챙기는 사람 등 너무 많은 스타일의 손님들이 내 카페를 방문한다. 손님들 개개인에 맞춰 취향을 저격해야 한다. 이 부분은 영업하는 동안 계속 주시해야 하는 부분이다. 우선 **단골손님의 취향을 파악한다.** 진한 커피를 좋아하는지, 아이들 음료는 얼음 양을 줄여 주어야 엄마들이 좋아하는지, 라떼에 시럽을 꼭 넣어서 마시는지, 아메리카노 마니아인지 등 살펴봐야 할 부분이 정말 많다! 영업할 때 이런 부분을 신경 쓰고 지켜보면 눈에 보일 것이다. 나부터도 자주 가는 곳에서 내 취향을 알아서 먼저 이야기해주고 신경 써주는 느낌을 받는다면, 굳이 그곳을 안 갈 이유가 뭐가 있겠는가?

커피의 전문적인 능력치를 잘 이용해 콘셉트를 잡고, 손님의 마음을 잡는 영업적인 면모도 갖춘다면 금상첨화다. 커피에 전문적인 분들이 커피 외 음료에도 관심 갖고 커피와 함께 메뉴를 세팅한다면 시너지는 더 높아질 것이다. **카페라는 장소는 본인의 능력을 자랑하는 곳이 아닌, 손님들의 취향을 맞추고 매출을 일으키기 위해 무엇이든 노력하고 자신을 낮추는 사업이다.**

오픈하고 나서 아이들 손님이 많을 줄 몰랐다. 엄마들의 모임이 많을 거라는 것은 예상했지만, 아이들 음료도 생각보다 많이 사주는 분위기였다. 아이들을 위한 음료를 준비해야 하는 분위기이고, 가격 또한 적당해야 했다. 커피 메뉴를 선호하나 그 외 건강을 생각하는 생과일주스 메뉴도 생각보다 많이 선호했다. 오전에 커피를 마신 손님들이 오후에 한 번 더 모임을 위해 찾아오셨다.

오전은 커피 음료가 주류라면, 오후에는 주스와 에이드류가 강했다. 메뉴 세팅 시 커피 외에 깊이 있는 다양한 음료도 매출에 도움이 된다. 가짓수만 늘리는 것은 의미가 없다. 한 가지를 하더라도 내 돈을 주고 사 마시고 싶은 맛이 나와야 함은 기본이다. 한 달 두 달 지나고, 한 해 한 해 지나면서 **메뉴는 점차 보완되고 상권의 니즈에 맞춰 빼고 더하기를 반복했다**. 건강을 생각하는 수제청 음료도 자리를 잡고, 수제청 전문이라고 손님들이 칭해주신다.

자주 찾아오는 단골손님의 취향 기억은 기본 중의 기본이다. 아메리카노에 시럽 두 번, 아이스 라떼에 얼음 적게 우유 많이, 시나몬 라떼에 시나몬 파우더 듬뿍, 바닐라 라떼에 우유 엄청 뜨겁게, 딸기 라떼에 시럽과 얼음을 다 빼고 세팅 등 직원들과 손님을 맞이할 때마다 잊을세라 한 번씩 더 이야기를 나누며, **오늘도 카페 엔젤은 내 카페 손님들의 취향 저격 중이다.**

04

'열심히'가 아니라
'잘해야' 성공하는 것이다

현대 경영학을 창시한 학자로 평가받는 미국의 경영학자 피터 드러커(Peter Drucker)는 **"성과를 내는 것이 CEO의 리더십"**이라고 했다. 효율적인 운영을 위해서 사장은 기본적인 성과를 내어 회사를 유지시키고, 원활히 돌아갈 수 있도록 행동해야 한다. 사장이 되면 누구나 열심히 한다. 하지만 모든 사람이 열심히 한다고 다 성공하지는 않는다. 열심히 하는 것은 그저 과정일 뿐이다. 결과적으로 잘하는 사람만이 보상받는 것이다. 열심히 하다 보면 잘할 수 있는 것이 보이며, 그 부분에 집중해야 한다는 말이다. 추구하는 목표치를 어디에 두는지 한번 점검할 필요가 있다.

그렇다면 나는 진짜 열심히 했는데 왜 안 될까? 성공은 남들이 다하는 것을 열심히 하는 것이 아니다. **어떤 것을 해야 더 잘할 수 있는지 고민하고, 내가 잘할 수 있는 것을 선택해야 한다.** 선택 후 집중해 열심히 잘 해내는 것이다. 카페 수익이 되어줄 수 있는 것 중에서 잘할 수 있을 것 같은 것을 선택하고, 열심히 하면 내가 잘

하는 것이 되는 것이다. 선택에 있어 장기적으로 바라보고 점점 더 발전하는 카페를 만들겠다는 각오로 임해야 한다. 무턱대고 열심히 한다고 성공으로 보장하지는 않는다는 것을 사장은 반드시 알고 있어야 한다. 선택과 집중을 해서 반드시 잘 해내야 성공하는 것이다.

잘할 수 있는 것을 노력하자!

본인이 자신이 없고 하고 싶지도 않은데, 남들이 다하고 매출이 잘 나온다고 무작정 선택해서 노력해보는 분들이 있다. 긴 노력 끝에 좋은 결과물이 나올 수도 있으나 그 확률은 높지 않다. 선택할 때 내가 해보고 싶은 마음이 들고, 잘할 수 있을 것 같은 것들을 선별할 줄 알아야 한다. 무작정 이것저것 다해서 없는 힘을 빼지 말아야 한다. 정작 힘을 내야 할 때 지쳐서 못 하고 기회를 날리는 수가 생길 수 있다.

카페 엔젤은 커피 외에 매출을 잡아줄 수 있을 것 같은 메뉴로 수제청을 선택했다. 잘할 수 있을 것 같았고, 열심히 할 자신도 있었다. 처음에는 맛으로 자리 잡기까지 시행착오도 많았다. 청이 제대로 숙성이 되지 않아 원하는 맛이 나오지 않았고, 여러 가지 변수에 자료를 모아 다시 재정비하기도 했다. 청 전문가에게 수업을 듣기도 하면서 나름 다시 정리하며 열심히 했다. 지금은 손님들이 수제청 음료를 찾아 주문해주신다. **경쟁 카페들이 새로 진입할 때 카페 엔젤만의 무기가 되어 기본 매출을 잡아주는 역할을 하고 있다.** 장기적으로 카페 운영에 있어 수제청은 선택을 잘했고, 잘하고 있다고 주위에서 항상 이야기해주신다.

05

경영과 영업을
함께 하라

창업자인 사장은 카페를 운영할 때 작은 회사를 꾸려간다고 생각해야 한다. 하나부터 열까지 모든 부분에 신경을 써야 하는 규모만 작을 뿐, 회사 시스템과 같은 경영을 한다는 마음이어야 한다. 카페 창업은 또 다른 스타트업인 것이다. **스타트업 리더의 역할이 얼마나 중요한가?** 회사를 경영하는 기본 철학과 아이디어를 바탕으로 매출과 자금 이익으로 이어지도록 맨바닥에서 영업 전술을 짜야 하는 스타트업의 리더가 곧 카페 사장과 같은 마인드인 것이다.

'나는 어떤 것을 잘하는가?'
'나는 어떤 일에 마음을 담는가?'
'나는 어떤 가치관을 추구하는가?'
'내가 이 사업을 통해 이루고 싶은 것은 무엇인가?'

사장인 나 자신이 추구하는 것들이 카페 경영 철학이 되는 것이다. 경영이란 '기업이나 사업 따위를 관리하고 운영함'을 뜻한다. 사장이 생각하는 가치관이 카페를 경영하는 데 기본 이념이 되고, 중심이 되어준다는 이야기다. 이 바탕 위에 수익을 창출할 영업적인 마인드가 장착되어야 제대로 된 경영을 하고 있다고 말할 수 있다. 경영이라는 큰 틀 안에서 전략을 짜고, 영업적으로 펼칠 전술을 생각해내야 하는 것이 사장의 마인드다.

카페를 경영한다는 것은 직원 관리를 포함해서 카페 운영에 관련된 모든 일을 말한다. **경영과 영업은 동시에 한 방향으로 이루어지는 요소다.** 카페 유지에 기본적인 수익인 매출이 창출되지 않는 영업은 제대로 된 영업이 아니며, 이는 경영을 잘하고 있다고 이야기할 수 없다. 직원들의 잘하는 강점을 찾아내어 실력을 발휘할 수 있도록 독려하고 응원해주는 역할도 경영자의 임무다. 경영자인 사장보다 실무에 강한 직원의 특별한 부분이 있다면 위임하고, 힘을 실어주는 것 또한 경영자의 현명한 행동이다.

사장은 카페 매출을 올리기 위해 여러 가지 영업적인 전략들을 생각한다. 하지만 생각해낸 전략들이 전부 성공을 보장하지는 않는다. **여러 번의 시행착오를 겪고 성공의 반열에 오른 사장만이 흔들림 없이 오랫동안 카페를 운영할 힘을 갖는 것이다.** 영업적인 방식이 잘못되었을 경우, 사장은 변화를 주거나 다른 방향으로 전술을 틀 수 있는 경영 의식이 나와주어야 한다. 상황에 맞게 융통성을 발휘하고, 의도한 방향대로 결과가 나오지 않았다고 쉽게 좌절하지 말아야 한다.

1. 수익 이전에 손님에게 최선을 다하는 경영 철학

카페의 수익과 손님과의 선택에서 사장의 운영 철학은 선택할 수 있는 기본이 되어준다. 음료를 쏟았을 경우, 음료가 손님 마음에 들지 않았을 경우, 새로 서비스를 나가야 하는 경우, 단골들에게 주기적인 서비스 등 상황에 따라 음료 수익이 제로일 수 있다. 하지만 수익보다는 손님의 입장과 마음을 우선하는 사장의 경영 마인드를 직원과 공유해 상황을 즉각적으로 판단하고, 손님의 입장으로 처리할 수 있도록 교육한다.

2. 머릿속의 생각들을 용기 있게 행동하는 경영 철학

카페의 사장은 나다. 행동하는 데 있어서 두려워하지 말고, 상황을 파악해서 나의 결정에 힘을 실어 행동하자. 남보다 먼저 움직이는 것이 선두를 잡는 것이다. 잘 안되면 다시 하면 되는 것이다. 실패가 두려워 주저한다면 영원히 행동하지 못하고 항상 꼬리에 머물 수밖에 없다. 현명하게 시도하고 멈춰야 할 때 용기 있게 멈출 줄도 알아야 한다.

3. 카페를 즐기는 경영 철학

즐기는 사람을 따라갈 자는 없다. 사장이 먼저 손님이 되어 어떤 부분이 필요한지 둘러보고, 손님들에게 선택받기 위해서 노력해야 할 요소들을 파악한다. 직원들과 함께 메뉴를 개발하고 가격을 책정하며, 선두에 있는 카페를 벤치마킹해 내 카페에 이상적으로 적용하며, 성공적인 발전에 성취감을 즐길 줄 아는 사장이 되어야 한다.

4. 메뉴의 품질을 유지하는 경영 철학

수익률을 따지기 이전에 카페도 음식업의 일종이다. 먹거리 사업은 계산기를 두드리는 게 아니라고 했다. 수익률보다 메뉴의 품질을 기본 이상으로 준비하고 점검하자. 손님에게 가성비 좋은 메뉴는 다시 찾게 만드는 요인이다. 내 가족에게 주는 마음으로 품질을 유지하자.

 왕관을 쓰려는 자 그 무게를 견뎌라!

경영에는 따로 길이 없다. **사장이 추구하는 가치관을 바탕으로 운영되기 때문에 '정답이다. 아니다'라고 이야기할 수 없다. 다만 어떻게 운영해야 오래도록 사랑을 받고 유지될 수 있는지, 사장이 고민하고 풀어나가야 하는 숙제다.** 마음이 담아지지 않으면 행동으로 우러나올 수 없고, 함께하는 다른 직원에게 울림을 전할 수 없다. 사장이 느끼고 바로 서고 행동해야 그 파장을 진심으로 전할 수 있다. 작은 카페 사장은 경영과 함께 현장에서 뛰어야 하는 플레잉(playing) 역할도 해야 하므로 손님과 접하는 영업적인 부분도 신경 쓰고 행동해야 한다.

똑똑한
카페 경영

01

세무 관리는 세무사에게,
사장은 경영에 집중하자!

　　창업한다는 것은 직장인으로 급여를 받던 입장에서 내가 직원들에게 급여를 주는 상황으로 크게 바뀌는 부분도 있지만, 내 카페의 매출에 대해 직접 세금을 정리해야 하는 사업자가 된다는 것이 큰 변화일 것이다. 제대로 운영하지 않으면 어디서 어떻게 돈이 새어 나가는지 사장도 모르게 구멍이 난다. 직장을 다닐 때는 회사 측에서 알아서 정리해준다. 사장이 되면 그런 부분들도 모두 내가 책임지고 꾸리는 것이다.

　　배워도 배워도 세금 관계는 어찌 그리 잊어버리는지, 시기가 돌아오면 또 처음 듣는 이야기 같다. 카페 영업하는 것도 할 일이 많은데, 세금 문제까지 정확히 문제없이 해결하려면 꽤 신경을 써야 한다. 세금 정리도 전문가가 있다. **우리는 카페 경영에 힘을 쏟고, 잘할 수 있는 사람에게 전문적인 일을 위임하는 것이 장기적으로는 유리하다.** 물론 비용적인 부분이 들기는 하지만 시간, 정확도, 위험 부담 대비 세무사에게 위임하는 것을 추천한다. 하지만 위임은 하되 기본적인 정보 지식을 알고 있어야 한다. 사업자가 알아두어야 할 세금은 어떤 것이 있을까?

간이 과세자 vs 일반 과세자, 어느 것을 선택해야 유리할까?

처음 창업하면 매출이 얼마나 될지 가늠할 수 없다. 정부에서는 처음 시작하는 창업자들에게 선택권을 준다. 간이 과세자로 등록할 것인지, 일반 과세자로 등록할 것인지, 사업자 등록을 할 때 선택해서 넣어야 한다. 대부분 일반적으로 세금이 적은 간이 과세자로 선택한다. 간이 과세자는 1년 후 연 매출이 8,000만 원 이상일 경우, 다음 해 7월부터 자동으로 일반 과세자로 자동 전환이 되므로 참고하자. 주의할 점은 초기 투자 비용(인테리어/장비 구입)이 많이 발생한 경우는 투자한 금액만큼 비용처리를 받을 수 있는 일반 과세자를 선택하는 게 유리하다. 업체로부터 세금계산서를 꼭 받아 챙겨두어야 한다.

구분	간이 과세자	일반 과세자
매출 적용기준	연 매출 8,000만 원 미만	연 매출 8,000만 원 이상
부가가치 적용세율	1.5~4%	10%
부가가치세 면제 여부	직전 연도 매출 4,800만 원 미만인 경우 면제	납부 대상(면제 없음)
부가가치세 신고	연 1회	연 2회(1월/7월)
장단점	초기 투자 비용 처리 불가 세금계산서 발행 불가	초기 투자 비용 처리 가능 세금계산서 발행 가능

* 간이 과세자의 경우, 부가세(부가가치세) 납부 의무가 면제되어도 반드시 신고는 해야 한다.
* 사업자에게 홈택스(www.hometax.go.kr) 가입은 필수이며, 세무사에게 기장을 안 할 경우 홈택스 메뉴에서 스스로 정리하면 된다.

1. 부가가치세(부가세)

사업한 매출에 부과되는 세금으로, 매출이 1,000만 원이라면 10%인 100만 원은 내 돈이 아닌 세금으로 내야 할 돈이다. 간이 과세자의 경우 면제 대상으로(연 매출 4,800만 원 미만) 신고만 하면 된다. 일반 과세자의 경우는 1년에 두 번(1월과 7월) 부가세 신고·납부를 해야 하며, 기간을 지키지 못하면 가산세가 붙는다. 창업 후 1년이 지나면 부가세는 예정 고지라고 해서 3월이나 9월쯤 예상되는 부가세에서 50% 정도를 미리 신고해야 하므로, 일반 과세자는 부가세를 총 네 번에 나누어 신고·납부한다고 생각하면 된다. 절세를 위해 비용으로 쓴 것들은 꼼꼼하게 세금계산서를 받아 챙겨두었다가 세무사에게 전달해주도록 한다. 이때 받은 세금계산서는 추후 소득공제용으로도 사용할 수 있으므로 꼭 챙겨두자.

2. 종합소득세(종소세)

사업자는 소득세를 매년 5월에 신고 납부한다. 이때 사업자의 사업장 외에 이자수익부터 온라인 쇼핑몰 등 모든 소득에 대해 신고하게 된다. 직장인이 '현금 소득공제'로 한 부분을 사업자가 되면, 사업자 '지출 증빙'으로 요구하면 된다. 종소세 신고 시 사용한 비용들은 꼼꼼히 챙겨야 절세할 수 있다. 간이 영수증의 경우 현금 3만 원까지는 현금으로 사용하고, 그 이상은 사업자 카드로 이용해야 세금 혜택을 제대로 받을 수 있다. 한마디로 매출로 이어진 수익에서 내가 쓴 비용을 빼고 순수익에 대한 세금을 부과하는 것이므로, 운영하며 사용한 비용은 잘 챙겨두어야 한다. 참고로 사업자의 사업을 위한 대출이자도 비용 처리가 가능하다.

3. 근로 소득세(원천세)

직원을 고용하게 되면 내는 세금이다. 직원에게 월급을 줄 때 미리 차감하고, 사업자가 대신 납부하는 것이다. 일용직, 상용직, 임시직, 시간제 근로자 등 고용 형태에 따라 다르며, 납부일은 매월 10일이다(추가로 원천세 납부 시 10%는 지방소득세로 신고·납부한다).

4. 4대 보험

국민연금, 건강보험, 산재보험, 고용보험이며, 지정된 보험 요율에 따라 책정이 된다. 대부분 국민연금과 건강보험, 고용보험은 사업자와 직원이 반반 부담하는 형태이며, 산재보험은 사업자가 100% 부담한다. 고용보험의 경우 직원은 가입 기간이 최소 180일 이상 근무해야 혜택을 받을 수 있다.

세금에 뒤통수 맞지 말자

카페 사장은 할 일이 굵직한 일부터 세세히 잡다한 일까지 잘하고자 하는 만큼 신경 써야 할 일은 끝이 없다. 돈을 벌고자 창업했는데 여기저기 비용 처리하고 내 수중에 남는 돈은 얼마 안 되는 듯 느껴진다. 이때 가장 뒤통수 치는 것이 세금이다. 제때 내지 않으면 정말 큰코다칠 수 있다. 지인이 지정 세무사에게 계속 기장을 맡겼다가 한 달에 한 번 나가는 돈이 아까워 스스로 정리하려다 결국 가산세 폭탄을 맞았다. 본인은 한다고 꼼꼼히 했는데 바쁜 와중에 신고 기간을 놓치고 기억 못 하고 있다가 건너뛰고 신고하게 되었던 모양이다. 누락분이 있다고 연락이 와서 어이없이 큰 금액의 가산세까지 붙은 세금을 정리하고 말았다. 분명 지역 세무서에 확인한 것들인데도, 결국 책임은 사업자의 몫이다. '무신고 가산세'는 정말 폭탄 중 폭탄이다. 차라리 잘못 신고한 경우 수정 신고가 낫다고 할 정도다. **나중에 후폭풍을 당하지 않으려면 세금은 제때 정확히 정리하고 넘어가자.**

02

작은 카페도 손익분기점을 알고 운영해야 한다

사업체들은 모두 손익분기점을 파악하고 경영한다. 손익분기점은 가장 최소한으로 유지될 수 있는 수익이기 때문이다. 한 달을 기본으로 계산하되 매월 고정적으로 지출이 되는 임대료나 인건비 금액과 매출에 따라 변동이 되는 물품비나 재료비 등 **총비용이 매출액과 같아지는 지점을 말한다.** 카페의 메뉴는 다양하다. 메뉴별로 수익률도 천차만별이다. 수익은 카페 존재 여부의 가장 기본적인 부분이다. 그러기에 지출과 수익 부분은 반드시 알고 카페를 경영해야 한다. 계산기를 두드리며 머리가 아프다면 가장 기본적인 방법으로 자기만의 손익분기점을 알고 운영해보자.

한 달 동안 카페 운영상 관련된 지출을 모두 작성해보자. 고정적으로 매월 꾸준히 나가는 임대료, 인터넷 비용, 인건비 등과 이번 달 생과일주스 메뉴를 위해 지출한 과일 지출 비용처럼 물품 준비 비용, 우유 대금, 배너 홍보비 등 매달 변동되는 운영에 사용된 지출을 합산한다. 총지출액이 최소 확보해야 하는 매출이다. 적어도 운영상 사용한 금액이 매출로 나와야 한다는 말이다. **운영하다 보면 평균적으로 어느 정도의 매출이 확보되어야 하는지 사장 은 가늠이 된다.**

| 세부 지출 내역 샘플 |

지출 내역	고정비	변동비
임대료	2,000,000	
사장 인건비	2,000,000	
인터넷/전화	25,000	
방역 관리비	30,000	
화재보험료	20,000 (소멸성)	
세무 기장료	80,000	
4대 보험료		500,000 (직원 수 변동)
직원 인건비		2,000,000 (직원 수 변동)
관리비 (수도, 전기, 냉난방)		400,000 (시즌별 변동)
원두값		900,000 (매출 대비 변동)
우유 대금 외 물품비		1,200,000 (매출 대비 변동)
온라인 비품 주문비 (과일 외)		500,000 (매출대비 변동)
잡비 (휴지, 물티슈, 종량제봉투)		100,000
회식비 (간식비)		200,000
시설 투자비 (배너, 컵 교체 등)		200,000 (투자 종류별 변동)
합계		10,155,000
손익분기점		10,155,000

　　사장 인건비를 고정적으로 금액을 책정해서 포함시켜도 좋고, 오픈하고 얼마 동안은 포함하지 않아도 좋다. 어차피 사장은 나다. 제대로 운영이 되려면 수익이 많이 날수록 좋은 부분이다. **남에게**

보여주기식이 아닌, 사장 본인이 제대로 알고 경영하기 위해서 작은 단위까지는 아니더라도 대략 어느 정도 매출이 나와야 운영되는지 목표를 잡아야 한다. 줄일 수 있는 부분은 줄이되 인건비를 줄여야 한다고 잘하는 직원을 내보내거나, 음료의 품질을 떨어트리는 재룟값(원두) 등을 줄이는 행동은 장기적으로 좋지 못하다. 참고로 지출을 줄이는 방법을 생각하기보다는 수익을 낼 수 있는 부분에 더 집중하는 것이 현명하다.

 **작은 카페의 손익분기점이란?**

매출이 저조한 달은 사장이 마인드 컨트롤을 하면서 수익을 내기 위해 준비하는 시간을 갖고 이겨내고, 매출이 많은 달은 저축해 힘든 달을 지혜롭게 이겨낼 방패로 사용할 수 있어야 한다. 카페 특성상 매출이 잘 나오는 달이 있고, 안 나오는 달이 있다. 카페 사장의 마음은 하루하루 매출과 한 달 매출에 멘탈이 흔들린다. 경력이 많은 사장도 매출에 관해서는 멘탈을 잡기가 쉽지 않다. 길게 보고 흔들림 없이 가야 제대로 운영할 수 있다. **하루 매출에 최선을 다하면서 한 달 매출을 맞추는 것에 포인트를 두어야 한다.**

마인드 컨트롤을 하기에 희망이 보이면 힘을 낼 수 있으나 절망적이면 잡히지 않는다. 비관적인 마인드는 사장 스스로 헤어 나올 수 없는 안 좋은 기운으로 끌고 가 직원들에게까지 전달된다. 하루 매출이 안 좋으면 한 달 매출을 맞추도록 노력하고, 한 달 매출이 저조한 경우 성수기를 기대하며 희망의 메시지를 줄 필요가 있다. 무작정 기다리는 게 아니다. 전략을 짜고 지금 필요한 것들을 밝은 모습으로 더 철저히 준비하고 손님을 맞이해야 한다.

카페 운영 시 사장은 적어도 **1년 플랜을 짜고, 6개월 단위로 상반기 하반기 매출계획**을 세운다. 봄, 여름, 가을, 겨울 시즌별로 플랜을 짜고 한 달씩 노력해야 할 목표를 잡고, 멀리 길게 보고 운영해 나가야 성공할 수 있다. 매출은 계속 상향곡선을 그리지 않는다. 꾸준히 성장하는 카페들도 계단식 성장을 한다. 하루하루 보면 더 세세하게 곡선들이 들쑥날쑥한다. 경쟁 카페가 입점해 손님이 몰리는 기간에는 우리 카페 매출이 조금이라도 빠질 수밖에 없다. 상권 변화나 시대적인 문제들로 매출이 하락할 수도 있다. 원인을 파악해서 마음을 잡고, 길게 보고 수익을 향해 달려야 한다.

 정부가 주는 창업 지원금을 알차게 활용하자!

창업자가 꾸준히 들러봐야 할 곳이 소상공인시장진흥공단 (www.semas.or.kr) 사이트다. 소상공인시장진흥공단의 창업자금은 연초에 책정된 금액을 소진 시까지 예비 창업자들에게 지원한다. 중간중간 특별한 명목으로도 지원금이 나오므로 분기별로 관심 있는 창업자나 사장들은 수시로 들러보면 좋다. 제일 좋은 점은 금리가 저렴하며, 중도상환 수수료가 없다. 언제든 매출이 오를 때는 갚아도 좋다. 나라에서 보증을 서주는 자금이므로 대부분 지원이 가능하다. 상환 기간이 길지 않으므로 카페 운영 시 정리할 수 있도록 계획할 수 있어서 좋다.

또 다른 각종 지원금을 받을 수 있는 곳으로 **지역별 신용보증**

우아하게 행주 들고 카페 창업하기

재단이 있다. 중소기업 육성자금으로, 운영 종류별로 본인에게 맞는 지원금을 선택해 상담받을 수 있다. 상환 조건도 다양하며 시중 금리보다 1.75~2.75% 더 저렴하게 책정된다. 소상공인을 위한 교육 프로그램들도 다양해 수시로 들러보고 좋은 혜택을 놓치지 말자.

 ## 손익분기점을 넘어서 수익을 창출하자!

매출을 생각함에 앞서 사장이 하고자 하는 일이 어떤 것인지 가장 기본적인 팩트를 체크한다. 경제력이 뒷받침되지 않으면 하고자 하는 일을 크게 펼쳐보기 힘들다. 필자는 카페 직원들에게 이야기한다. 우리가 함께 즐겁게 근무할 수 있는 것은 매출이 있어야 가능한 것이고, 수익이 있어야 사장인 내가 물질적으로 내 마음을 표현할 수도 있다고. 가장 기본적인 것을 인지하고 나면, 그다음 우리가 해야 할 일이 무엇인지 그려진다.

손님들에게 친절하게 대해서 다시 찾고 싶은 카페로 만들고, 레시피를 정확히 지켜 맛을 지켜내야 매출을 올릴 수 있는 것이라고 진심으로 이야기한다. 가끔 카페를 운영하는 데 무엇이 목적인지 사장인 나도, 직원도 헤맬 때가 있다. 분위기가 흐려지거나 마음이 흐려질 때 한 가지만 생각하자. 카페를 창업한 궁극적인 목적을. 어떤 행동을 해야 하는지 단순하지만 갈 길이 뚜렷해진다. 바로 손익분기점을 넘어서는 수익 창출이라고!

03

손님에게 메뉴 주문받을 때
올바른 자세

떨리는 마음으로 오픈하고 첫 손님이 들어오는 순간, 그 벅찬 느낌을 지나온 사장들은 기억할 것이다. 손님이 내 카페를 찾아주었다는 기분 좋은 설레임과 잘 해내야겠다는 떨림으로 말이다. 다른 카페에서 직원으로 경험이 있는 사장들도 내 카페의 포스에 내 매출로 쌓이는 결제까지 하는 순간, 창업을 준비해왔던 준비 기간의 힘든 기억은 저 멀리 사라진다. 그리고 이제부터는 창업 준비가 아닌, 실전에 대비하고 실전에 강한 경험을 터득하고 노하우를 쌓아야 한다.

 카페의 손님맞이 기본 매뉴얼

(# 손님이 문을 열고 들어선다)

1. 안녕하세요~ 주문 도와드릴까요?

　→ 손님에게 신경 쓰고 있다는 사인을 준 후 여유를 준다.

(# 메뉴판을 보고 주문할 메뉴를 고르는 손님이 쉽게 정하지 못한다)

2. 천천히 보시고 주문하세요!

　→ 메뉴를 어떤 것들을 살펴보는지 주시하면서 여유를 준다.

(# 손님이 원하는 메뉴가 커피 메뉴인지, 커피 외 음료인지 함께 온 상대가 있다면 나누는 대화로 참고한다)

3. 찾으시는 메뉴가 있으세요? 저희 카페는 ○○ 전문이라 ○○ 메뉴도 잘 나가요.

　→ 기다린다.

(# 추천 메뉴가 마음에 드는 손님은 추천 메뉴로, 아닌 손님은 다른 주문을 하신다)

4. 아이스 아메리카노 두 잔 중 한 잔만 시럽 추가 맞으시죠? 드시고 가시나요? 포장해드릴까요?

(# 손님이 포장을 요구한다. 카드를 결제하면서 손님이 요구한 주문사항을 다시 한번 이야기하고 준비한다)

5. 아이스 아메리카노 두 잔 중 한 잔만 시럽 추가해서 포장 준비해드릴게요.

　→ 선주문이 많아 시간이 걸릴 듯하면 "앞 주문들이 있어서 처리하고, 바로 준비해드릴게요"라고 한다.

(# 주문서 순서대로 음료를 만들고 준비가 되면 이야기한다)

6. 주문하신 음료 나왔습니다! 한 잔은 시럽 추가해드렸어요! 좋은 하루 되세요!

　　손님이 **포스기 앞에서 주문할 때는 카페 이미지를 보여줄 기회의 순간**이다. 미소를 띤 얼굴로 여유 있게 손님의 주문을 기다려주자. 시간이 조금 필요한 손님의 경우, 침묵의 시간으로 어색하게 보내지 말자. 어떤 메뉴가 좋을지 고르는 중인 손님의 분위기를 파악하고, 우리 카페의 시그니처 메뉴나 추천할 만한 메뉴의 포스터나 이미지를 보여주며 고를 수 있게 한다. 손님과 대화할 기회의 시간은 주문받을 때다. 이 기회를 놓치지 말고, 눈도 맞춰주고, 요구사항대로 음료 주문이 접수되었음을 한 번 더 이야기하며 친근하게 어필하자. 너무 격식 있는 멘트나 행동은 오히려 편한 개인 카페에는 어울리지 않는다. 적당히 편안한 분위기로 맞이하는 것에 포커스를 맞추면 된다.

바르고, 빠르게 커피를 준비하는 방법

손님들은 빠르게 음료가 나오기를 기다린다. 점심시간을 쪼개어 나온 손님들은 더욱 그렇다. **그들에게는 1분을 아껴주는 것이 '서비스가 좋은 것'이다.** 빠르게 음료를 만들 때 가장 주의할 점은 하루 한 잔으로 손님에게 평가받는 순간을 빠르게 준비한다고 대충 만드는 경우가 있다. 차라리 제대로 만들고 조금 늦는 것이 나을 수 있을 정도로 음료의 레시피는 중요하다. 빠르게 준비하되 꼭 정확하게 만들자. 급하더라도 평가받을 수 있는 중요한 한 잔을 놓치지 말자!

1. 부자재 재료들은 모두 미리 준비시켜 둔다

파우더 종류는 소분해서 미리 담아둔다. 파우더 종류대로 통에 소분하고 계량해 사용할 수 있도록 계량스푼은 통에 함께 넣어둔다. 파우더는 바쁜 시간이 지나 소진되면 바로 채워 넣는 습관을 들이도록 한다. 시럽들은 펌프가 제대로 막히지 않고 나오는지 오폰 시 미리 확인한다. 우유는 꺼내기 쉽게 유통기한 빠른 날 순서대로 앞쪽에 세팅되어 있도록 한다. **정리 시 선입 선출을 습관화한다.** 빨대, 냅킨 등 여유분을 꺼냈는지 확인한다.

2. 손님이 오신 순서를 기억한다

손님이 여러 팀 들어왔을 경우 먼저 들어온 순서를 기억하도록 한다. 먼저 들어온 손님에게 "주문 도와드릴까요?" 하고 물어보고, 시간이 필요한 경우는 "그럼 천천히 보시고 주문하실 때 말씀하세요"라고 하고, 다음 순서의 손님에게 "그럼 먼저 주문 도와 드릴까요!"라고 주문 의향을 물어보고 진행하면 된다. **반드시 다음 손님 주문을 받을 시는 먼저 온 손님에게 사인을 주고 진행해야 한다.** 자칫하면 손님이 무시당하는 기분을 느낄 수 있다.

3. 주문서는 순서대로 꽂아두고, 순서대로 음료가 나갈 수 있도록 지킨다

주문받은 순서대로 주문서를 나열해 순서를 지켜 음료가 나갈 수 있도록 한다. 주문서는 함께 일하는 사람과 공유해 빠르고, 정확하게 만들어야 하기에 우리 카페만의 쉬운 사인을 정해두고 소통하도록 한다. 예로 테이크아웃 음료인 경우와 홀에서 마시는 음료의 경우가 있을 때 테이크아웃 음료는 주문서 위에 'T'를 써넣는다. 이 경우는 테이크아웃 잔에 음료를 만들어야 한다는 사인이다.

특별한 요구사항이 있는 주문의 경우도 주문서 메뉴 옆에 메모해둔다. 주문받은 사람 외 만드는 사람이 보고 알 수 있도록 말이다. 물론 **주문서를 둘 때 받은 사람은 한 번 읊어 주고, 함께 있는 사람이 인지할 수 있도록 전달한다. 두 번 확인해야 한다는 것이**

다. 음료가 완성되어 나간 주문서는 다 만들어 끝낸 사람이 주문서를 빼서 중복으로 만드는 일이 없도록 주의한다. 주문이 많은 경우 중간에 한 번 실수하면 그 뒤로 밀리는 시간은 배가되므로, 정확하게 만들어 나갈 수 있도록 집중해야 한다.

4. 바(Bar) 안에서 동선을 최소화하기 위해 음료 제조 시 직급은 없다

바(Bar) 안에서 손님을 앞에 둔 순간에 사장과 직원, 위아래 직급은 없다. 손님의 주문이 시작되면 빠르고 정확하게 음료를 만들어 제공하는 것에만 목표를 두는 것이 중요하다. 사장이라서, 나이 많아서, 경력자라서 이런저런 상황으로 할 일을 서로 미루면 목표한 바를 절대 이룰 수 없다. 음료를 만들어 손님에게 제공할 때는 동선에 맞춰 사장이 직원보다 더 많이 만들 수도 있고, 설거지 또한 더 많이 할 수도 있다.

이 순간만큼은 빠르게 손님을 만족시키는 것만 생각하고, 모두 한마음으로 움직여야 한다. 사장의 이런 모습은 직원들에게 말하지 않아도 귀감이 되며, 그들 또한 무엇이 중요한 것인지 느낄 수 있는 부분이다. 주의사항은 여유로운 시간에 직원은 놀고, 사장이 일해야 한다는 것이 아니다. 여유 있는 시간에는 사장은 관리자 모드로 해야 할 일을 둘러보고, 전체적으로 지시해야 함을 기억하자.

5. 서로 소통하며 말로 진행 상황을 알게 하자

주문서를 받아 꽂을 때 세부 요구사항은 옆 근무자가 들을 수 있도록 한 번 이야기한다. 음료를 제조하는 과정도 근무자끼리 서로 소통하면서 빠르게 진행한다. "얼음 잔 3개 먼저 만듭니다. 청

우아하게 행주 들고 카페 창업하기

귤 차는 제가 만듭니다. 라떼에 얼음 많이, 우유 적게 하셔야 해요! 우유 스팀 해주세요. 아이스 아메리카노부터 나갑니다" 등 음료가 만들어지는 과정을 눈으로 보지 않아도 작업하면서 들어 알 수 있도록 한다. 정확도와 스피드를 높여 나가는 좋은 방법이다. 바빠서 빨리 움직여야 할 때 자칫하면 중복된 일을 서로 하는 경우가 생길 수 있는데, 과정을 이야기해주면 그럴 일이 없다. 텐션도 올릴 수 있으며, 서로 지치지 않도록 해주는 방법도 된다.

손님이 들어온 순간 긴장되는 상황이라고 리드하지 못하면 손님도, 나도 불편한 찰나의 순간이 지나간다. 그 짧은 순간이 손님의 마음을 잡는 중요한 시간이라는 것을 절대 잊으면 안 된다. 내 카페의 첫 이미지를 홍보할 수 있는 순간이며, 전문적인 모습을 보여줄 수 있는 순간이라는 것을 꼭 기억해야 한다. 처음에는 매뉴얼대로 손님을 맞이하나 시간이 지나면 익숙해지고 점점 더 능숙하게 잘할 수 있다. 사장이니까 꼭 잘해야 한다. 직원들에게 본보기로 보여주기 위해서라도 손님을 리드하고 어색함 없이 익숙하게 선보여야 한다. 중요한 것은 포스 앞에서 이것저것 팔려는 장사꾼의 모습이 절대 되어서는 안 된다. 조용히 홍보하고, 손님이 원하는 바를 대접하는 카페로 이미지를 구축해야 한다.

짧지만 강한 마케팅 시간, 포스 앞에서

요즘은 키오스크가 대세인 시대다. 물론 장단점은 분명히 존재한다. 심플한 주문사항과 상대방을 신경 쓰지 않아도 되는 단순한 편안함, 스피드 외 장점은 분명히 있다. 개인 카페를 운영하는 입장에서 우리 카페 손님이 너무 밀려서 감당하기 힘들다고 할 정도가 아니라면, 포스 앞에서 할 수 있는 한 맨투맨을 해보자. 개개인의 소소한 취향별 주문사항도 받아주고, 얼굴을 보며, 인사도 한 번씩 더 마주하고 말이다. 기다려야 하는 느림의 미학도 있고, 무관심 속에 주문하고 싶을 때도 있겠지만, 따뜻한 커피 한 잔과 적당한 소통 속에 정을 느낄 수 있는 개인 카페만의 장점도 살려보라고 권하고 싶다.

주문받는 시간은 짧은 시간이지만, 바쁘지 않을 때는 우리 카페의 대표 메뉴를 홍보할 수 있는 시간이기도 하다. 카페 엔젤은 수제 음료가 논커피(non coffee) 메뉴에서 대표 메뉴다. 포스기 근처에는 A4 사이즈 **메뉴 리스트가 잘 보이도록 부착**되어 있다. 여름에는 시원한 수제 에이드 종류로, 겨울에는 따뜻한 차 종류 리스트를 적어둔다. 고민하는 손님들에게 리스트를 보여드리면서 "저희 카페에서 잘 나가는 메뉴인데 한번 보세요!"하고 추천해드리면 10명 중 8명은 리스트에서 선택하신다. 너무 적극적인 추천은 반감을 일으킬 수 있으므로 정보를 전달하는 수준으로 말씀드린다. 그렇게 드신 음료가 맛이 좋으면 가실 때 수제청을 사 가신다. **포스 앞에서의 짧은 시간을 홍보 시간으로 해서 작은 마케팅으로까지 성공한 셈이다.**

04
손님이 내 카페를
왜 이용하는지 파악하기

　많은 카페 중에 유난히 손님이 많은 곳이 있다. 몇 년이 지나도 꾸준히 손님이 찾아 오랫동안 운영하는 카페들이 있다. 그 카페들은 무엇이 달라서 오래도록 사랑을 받는 것일까? 창업하고 사장이 되면 내가 손님이었던 기억이 가물가물하다. 이제는 손님의 입장보다는 사장의 입장을 먼저 생각하게 된다. 이번 달에 얼마나 수익이 나올지, 어떤 기계들이 말썽을 일으키는지, 신메뉴 반응은 좋은 것인지 등 사장으로서 생각해야 할 것들이 차고 넘친다.

　그런 순간에 항상 먼저 생각해야 할 것이 있다. 바로 **손님의 입장**이다. 내 카페의 손님이 진짜 주인이라는 것을 잊으면 안 된다. 내가 손님이라면 우리 카페를 왜 이용하는지 확실한 이유를 파악하고 있어야 한다. 이 부분은 우리 카페가 오래 살아남을 경쟁력인 비전이 있는지 확인할 수 있는 이유이기도 하다. 경쟁 카페의 오픈 행사 같은 외부적인 문제로 매출이 저조할 때도, 시대상 유행성 전염병이 돌아 다 같이 매출이 다운되는 그런 이유가 아니라면 **다시 매출이 오를 수 있는 경쟁력을 갖추고 있는지 확인해야 한다.** 경쟁력을 갖춘 내 카페의 비전에 관한 문제다. 내 카페의 어떤 점들이 손님들의 발길을 잡는지 확인하고, 강점을 더 강하게 키우고, 부족한 부분을 채우는 일은 롱런하기 위해 필요한 과정임을 잊지 말자.

 ## 손님이 다시 찾는 카페는 어떤 좋은 점들을 갖추었을까?

1. 기본 중의 기본, 음료의 맛

커피는 기호식품이다. 손님 100명의 입맛을 다 맞출 수는 없지만, 우리는 카페 사장이기에 대다수 사람들의 입맛을 맞추도록 노력해야 한다. 손님이 "엑설런트!"까지 외치지는 않더라도 "나이스!"라고 이야기할 정도로 괜찮은 맛을 유지해야 한다. 커피 외에 카페만의 또 다른 전문적인 음료를 보유하는 것도 좋다. 다른 카페와 차별성을 둔 부분은 내 카페만이 충족시켜줄 수 있는 부분이므로, 그런 손님은 내 카페로 올 수밖에 없다. **메뉴의 차별성을 바탕으로 둔 경쟁력은 최고라고 할 수 있다.**

2. 편안함을 느낄 수 있는 손님의 공간

음료값을 내고 자리에 앉는 순간, 그 공간은 손님 것이 된다. 빌려 앉는 느낌이 아닌 내가 편하게 마음을 내려놓고, 즐길 수 있는 공간이 될 수 있도록 해야 한다. 누구의 눈치도 보지 않고 **오롯이 손님 자신에게 집중할 수 있는 손님의 공간 말이다.** 그런 공간이 될 수 있도록 카페 사장과 직원은 협조해야 한다. 청소하고 정리해

쾌적함을 느낄 수 있도록 만들어두고, 분위기 좋은 음악으로 공간에 좋은 느낌을 더해주어야 한다. 추위를 느낄 때는 따뜻하게, 더위를 느낄 때는 시원하게 제공해 편안함을 느낄 수 있는 공간이 되도록 하는 것이 손님의 선택을 받을 수 있는 기본이다.

3. 서비스하되 서비스라고 느끼지 않게 해주는 친절한 카페 직원들

카페를 찾을 때마다 기분 좋은 텐션으로 주문을 받아주고, 미소 지어주는 직원들이 있으면 그 카페는 분위기가 좋다. 그런데 커피도 맛있고 인테리어도 마음에 들지만, 주문받을 때도 음료를 전달할 때도 무표정의 말 없는 직원들이 있는 카페는 더 가고 싶은 마음이 들지 않는다. 당연히 손님이라면 나를 생각해주고 불편한 부분은 알아서 관심 있게 챙겨주는 직원들이 있는 카페를 선호할 것이다. 나를 만나러 모처럼 온 손님도 밝은 기운이 있는 곳으로 소개하고 미팅을 잡을 것은 뻔한 일이다. 서비스하지만 당연한 것처럼 손님에게 호의를 베풀어 주는 카페는 편안하고 쉽게 찾을 수 있는 내 카페만의 경쟁 요건이 될 수 있다.

음료 맛과 좋은 공간, 좋은 사람들의 서비스는 좋은 카페가 가장 기본적으로 갖춰야 하는 요건들이다. 이 외에 손님이 원하는 손님만의 특별한 레시피를 제공하거나, 애견과 함께 이용할 수 있는 테라스를 오픈하는 등 내 카페만의 서비스 제공이 있다면 무기 아이템을 획득하는 것과 같다. 어떤 것들로 채우는지는 사장의 몫이다. 내 상권과 트렌드에 발맞춰 항상 업그레이드하도록 해야 한다.

프랜차이즈 시스템에서 벤치마킹해보자. 성공 창업을 위한 'QSC' 점검 시스템

식음료 프랜차이즈에 손님 입장으로 생각하고 점검해서 성공 창업의 기본기를 다지는 체크리스트가 있다. 'QSC'란 Quality(품질), Service(서비스), Cleanliness(청소, 청결)를 의미하며, 이를 바탕으로 운영하면서 항상 체크해 손님이 다시 찾고 싶은 곳으로 유지하는 것을 뜻한다. 식음료 프랜차이즈와 카페는 다르지 않으며, 그들의 좋은 시스템을 벤치마킹해 카페에도 적용하도록 해본다.

1. Q(Quality) – 품질

재료들의 유통기한을 지키고, 식자재의 재고량을 확인해 효율적인 영업을 추구한다. 음료를 서비스할 때 적당한 온도와 정량으로 만들며, 먹을 때마다 같은 맛을 유지하도록 한다. 음료의 단가를 낮춘다고 싼 퀄리티의 재료만 추구하는 것은 장기적으로 옳지 못하다. 좋은 재료를 저렴하게 구입할 수 있는 경로를 파악하도록 노력한다.

2. S(Service) – 서비스

직원들의 단정한 복장과 매력적인 미소, 손짓, 표정, 말투 등이 세부적으로 친절과 조화를 이루어야 한다. 친절은 서비스업의 기본이다. 손님들에게 인사는 꼭 잊지 말아야 할 서비스의 시작이다. 메뉴를 소개하는 멘트도 매뉴얼로 만들어두면 효율적이다. 손님의 불편함을 미리 알아챌 수 있도록 관심 있게 본다. 주문받을 때는 정확하게 처리한다.

3. C(Cleanliness) - 청소, 청결

개인 위생인 손(손톱)의 청결도 신경 쓰도록 한다. 또한, 카페 내부 유리, 의자, 테이블의 청소 상태와 카페 외부 유리, 카페 출구와 카페 주변 청소 상태도 확인한다. 화장실과 주방의 조리 도구와 식기류도 늘 확인한다. 파손된 기물들은 없는지 수시로 확인하고, 조명이나 카페 온도나 음악의 음량도 세세하게 확인해야 한다.

손님의 마음과 나의 마음이 다르지 않다. 맛있고 깨끗하고 분위기 있는 좋은 장소, 긍정 마인드의 기분 좋은 사람들을 모두 좋아한다. 어렵지 않다. 손님들을 모으려면 그들이 좋아할 만한 관심 있는 것들을 따라가면 된다. 일차적으로 나는 어떨 때 기분 좋은지, 어떤 곳이 가고 싶은지 좋은 마음이 드는 조건들을 나열하고, 나만의 손님을 모으는 방법을 찾아보는 것도 좋다.

"좋은 것들은 좋은 것들을 불러 모은다."

카페를 운영할 때 좋은 마음으로 좋은 직원들과 좋은 사람들을 맞이한다는 마음으로 즐겨라! 즐기다 보면 긍정적인 기운이 손님들과 직원에게 전달되고, 그런 좋은 순환이 되기 시작하면 단골이 생기는 것이다.

카페 엔젤 Story

늦은 저녁, 한가한 카페 테라스에 4인 가족이 가족 누군가의 생일을 축하하기 위해 카페에 왔다. 음료를 주문하고 나서 아빠와 아들들은 분주히 케이크를 사 오고, 다른 아들은 무엇인가 사러 다시

나갔다. 그사이 나는 테라스 블루투스 스피커로 틀어줄 생일 축하 노래를 찾았다. '분명 생일인 것 같은데. 아니면 무언가 축하할 일이 있는 것인가?' 혹시나 해서 다가가 물어봤다.

"생일이신가 봐요?"
"네."

엄마가 멋쩍게 웃으시며 대답하신다. 나는 빠르게 권진원의 〈HAPPY BIRTHDAY TO YOU〉 음악을 잔잔히 틀었다.

테라스 유리창 너머 케이크 초에 불을 켜는 모습이 보이는 순간, 기다렸다가 신나는 터보의 〈생일 축하곡〉을 틀었다. 가족들의 웃음소리가 창 너머로 들려온다. 터보 음악이 신나긴 하지. 나도 함께 즐겨본다. 나를 한번 쳐다보고, 아들이 고개 인사를 해주신다. 가족들은 많은 이야기를 도란도란 나누며, 기분 좋은 저녁 시간을 보내고 일어선다. 가실 때 아들분이 "음악 감사했습니다" 하며 인사도 잊지 않고 해주신다. 다 드신 음료 잔도 카운터에 반납해주고 자리도 말끔히 정리하고 가신다.

내가 저 가족 중 한 사람이었다면 '촛불 켜는 순간에 생일 노래가 크게 나와주면 좋을 텐데' 했을 것이다. 코로나19가 심할 때라 멀리는 못 가고 동네 카페에 왔지만 좋은 선택이길. 이 시간을 준비한 가족 누군가는 어깨가 으쓱할 수 있길 바라며, 작은 카페 사장의 진심이 담긴 생일 노래로 선물을 대신했다. 좋은 마음으로 오늘도 나는 손님들에게 기분 좋은 시간을 선물했고, 나도 기분 좋아진 시간이었다. **작은 카페 사장인 나는 돈을 벌기 위해 이런 행동을 했을까?** 그 가족분들은 카페를 또다시 찾아왔을까? 안 왔을까?

05

차별화할 수 있는 나만의 무기
– 네이밍, 로고, 음악

경쟁자가 많은 곳에서 선택받는다는 것은 어려운 일이다. 그 어려운 것을 해내면 살아남는 것이다. 현재 카페는 다양한 종류의 경쟁 카페들이 있다. 주눅이 들 정도로 넓고 근사한 공간과 전문적인 바리스타들이 있고, 내 카페 인테리어 가격과 맞먹는 비싼 머신들이 세팅된 너무나도 부러운 카페들 말이다. 하지만 손님들은 전부 그런 카페들만 가는 것일까?

또 다른 카페를 운영하는 우리에게는 그들과는 다른 우리만의 무언가를 만들면 된다. 카페는 그런 곳이다. 다양한 손님들이 각자가 원하는 콘셉트를 향해 발길을 돌리는 것이다. 넓고, 근사한 곳만 찾는 것은 아니다. 작지만 바리스타와 친구처럼 지내는 카페를 좋아하는 손님들도 많다. 그런 선택을 받기 위해 내 카페만의 차별화된 무기를 장착해야 한다. 정말 작은 디테일에도 손님들은 반응한다. **자! 주눅 들지 말고 어떤 디테일에 차별성을 쏟아부어야 하는지 찾아보자.**

1. 카페 네임

부르기 쉬운 이름으로 짓되 너무 긴 이름은 피하는 것이 좋다. 손님들 사이에서 "어디로 와. 어디서 만나자!" 했을 때 **쉽게 이야기하고 기억하기 쉬운 것이 좋다.** 네임에 스토리가 있다면 홍보하기 좋다. 카페의 이미지를 대신하고, 추후 브랜드로 성장할 때도 사용하기 좋은 이름으로 짓는다. 꿈은 원대하게 갖자!

2. 카페 로고

카페 이름이 정해졌다면 내 카페만의 로고를 만들어보자. 로고는 개인이 만들기 쉽지 않다. 되도록 디자이너에게 의뢰해서 양질의 로고를 만들기를 추천한다. 굳이 그렇게까지 해야 하는 것일까? **굳이 로고에 돈까지 들여 투자하는 것이 맞다!** 로고가 있는 곳은 전문적인 이미지를 심어주고, 카페의 정체성 확립에 큰 역할을 한다. 모든 홍보에 사용하기 편리하다. 무엇보다 내 카페의 브랜드 확장에 길을 터줄 수 있는 매개체가 될 수 있다. 로고는 제대로 만들면 운영하는 내내 많은 곳에 사용할 수 있으므로 돈이 들더라도 제대로 만들고 시작하자.

| 카페 엔젤 로고 |

3. 카페 음악

카페에 빠질 수 없는 것이 음악이다. 즐기는 분위기에 전부라고 할 수 있을 정도로 음악은 카페에서 중요한 역할을 한다. 음악을 콘셉트로 내세워 내 카페의 정체성을 확립하는 카페들도 있다. 클래식, 재즈, 일본 음악, 피아노 음악 등 한 가지 종류의 음악만을 고집해 들려주고, 그 음악 분위기를 떠올리면 그 카페가 떠오를 수 있도록 하는 것이다. 물론 전체적인 분위기가 조화로워야 한다.

카페 음악은 바리스타의 작업 능률을 올리는 데도 영향을 미친다. 종일 카페에서 근무하는 근무자의 텐션을 올려주고, 즐기면서 일할 수 있는 분위기를 만드는 큰 역할을 한다. 날씨에 따라 어울리는 음악을 선곡하고, 오전과 오후로 나누어 플레이리스트를 만들어둔다. 손님이 많을 때는 빠른 템포의 음악으로 손님들의 시끄러운 말소리를 감추고, 바쁜 시간대 근무자의 텐션도 빠르게 움직이게 한다. 손님이 한가한 시간대는 들으면서 즐길 수 있는 템포의 적당한 빠르기의 음악이나 잔잔한 음악이 좋다. 작은 카페는 손님을 생각함과 동시에 근무자의 기분을 맞춰주는 음악으로 선곡하는 것이 좋다. 직원의 밝은 에너지는 곧 손님에게 전달되기 때문이다.

4. 선결제 서비스

단골손님들은 매번 들를 때마다 결제하는 시스템이 아닌, 일정 금액을 넣어두고 차감해서 사용해 결제의 번거로움을 없앤다. 큰 금액을 적립할 때는 일정한 추가 서비스 금액을 더 넣어주는 것도 좋다. 포스에 이름과 연락처를 등록하고, 적립한 금액을 넣어두면 올 때마다 차감해 사용할 수 있다. 사용한 메뉴 이력과 남아 있는 금액 확인이 가능해 편리하게 이용할 수 있다.

5. 내 카페 상품권

상품권은 카페를 자주 이용하는 지인들에게 서로 선물하기 좋은 아이템이다. 금액은 가볍게 1만 원, 3만 원, 5만 원 선까지 준비하고, 선물용 봉투에 넣어드리면 된다. 받은 상품권은 선결제 서비스처럼 적립해두고 사용한다. 부담 없는 3만 원권과 5만 원권을 많이 사용한다. 그 외 단체로 3,500원권 20장을 선물하기 등 원하는 경우도 만들어 사용할 수 있도록 한다.

6. 카카오톡, 전화 주문

주기적으로 주문을 넣는 단체일 경우, 카톡으로 받아서 정리하면 좋다. 내용 전달이 정확하고 확인하기 쉽다. 픽업할 때 결제하거나 주기적으로 단체 주문은 한 달 결제 방식으로 정리하는 방법도 있다. 기다리기 바쁜 분들의 경우, 전화로 미리 주문하고 픽업 시간에 맞춰 찾아가신다. 카페 연락처나 메뉴 정보가 오픈되어 있는 사이트 등은 주기적으로 관리해 내용을 업데이트해야 한다.

다른 곳과 차별성을 둔 경쟁력을 높이는 아이템은 카페 사장이 제일 잘 알 수 있다. 지금 있는 상권에 손님들의 분위기를 파악하고, 그들에게 좋은 것들을 찾아내야 한다. 처음부터 모든 것을 세팅할 수는 없다. 운영하는 동안 계속 살피면서 업그레이드를 하면 되는 것이다. 변화하는 트렌드도 살피고, 상권의 변화도 살피면서 그때의 상황에 맞춰 시도하면 된다. 그 속에서 전부 성공이 아닐지라도 카페 사장에게 시행착오란 또 다른 배움이라는 것을 잊지 말고 계속 시도해보자.

카페 엔젤은 카페 안에서 주얼리를 함께 판매하고 있다. 온라인 주얼리 샵을 오픈해서 운영해보다가 카페에서 함께 판매하면 좋을 것 같아 카페 내에 인테리어 겸 판매를 시작했다. **여성 고객들이 많은 점도 용기를 낸 이유다.** 카페에서 주문하고 기다리는 대기 시간 동안 귀걸이, 반지 등을 구경하고 착용해보면서 지루하지 않게 음료가 나올 때까지 기다려준다. 테이블마다 간단하게 구경하고 구매할 수 있도록 작은 장식대도 준비해두었다. 테이블에서는 커피를 마시며 이야기를 나누다 서로 봐주고 구매한다. 손님들이 음료를 주문하고 주얼리에 관심 있는 동안 여유 있게 음료를 만들 수 있어서 일석이조다. 카페 매출 외에 부가적으로 가져가는 매출이므로, 직원들의 간식비와 재투자비로 사용하고 있다.

또한, 주문하는 카운터 앞과 홀 중앙 선반에 무료로 드실 수 있는 오트밀 바이트가 항상 준비되어 있다. 관심 있는 분들은 가져가 드시기도 하고, 한 주먹씩 챙겨드리면서 편한 분위기와 따뜻한 마음으로 소소하게 감사의 마음을 전하고 있다. 부담 없는 가격이라서 얼마든지 가져가도 기분 좋게 내어 드릴 수 있는 여유가 있어 손님들의 반응이 날로 좋아지고 있다. **서비스 종목을 선택할 때 내가 먹고 싶지 않을 싸기만 한 종류는 손님들도 좋아하지 않는다. 공짜지만 내가 먹고 싶은 마음이 들고, 서비스하는 데도 부담 없는 종류를 선택해야 한다.**

카페 엔젤은 오픈하고 몇 년 동안 프랜차이즈처럼 주문받은 음료를 진동벨로 알려 고객이 직접 픽업했다. 지금은 메뉴 가격을 시장 변화에 맞춰 올리면서 가격에 맞춘 서비스와 **다른 카페와 차별화된 서비스를 위해 손님 테이블까지 서빙하는 시스템으로 친절도를 높였다.** 요즘 셀프 픽업이 기본인 분위기에 동네 개인 카페의 테이블 서빙은 차별화가 되었다. 손님들은 "요즘 이런 곳도 있네" 하시며 대접받는 기분으로 좋아하신다.

'설마 이런 것으로 손님의 마음을 얻을 수 있을까?' 하는 별것 아닌 작은 팁 하나로도 개인 카페에서는 별것 이상인 경쟁력이 될 수 있다. 고민하지 말고 행동하자! 사장인 나는 얼마든지 시도해볼 수 있는 권리가 있다. 고민하는 사이 기회는 날아간다.

06
완벽한 창업은 없다.
운영하면서 계속 개선하라!

오랜 시간 창업을 준비한 창업자도, 준비 기간이 얼마 되지 않는 창업자도 정도의 차이만 있을 뿐 창업한 그 순간 그대로 끝까지 가는 일은 없다. **사업이란 여러 가지 상황의 변수에 맞서는 일이다. 창업자인 사장이 빠르게 움직여 업그레이드해야 성공적으로 끌어갈 수 있다.** 고인 물처럼 그 자리에 그대로 있으면 밀려나는 것은 순식간이다. 창업하는 순간 "다 되었다!"라고 끝난 것이 아닌, 이제부터 진짜 시작임을 생각하고 사장은 긴장의 끈을 놓지 말아야 한다.

 내가 처한 상황에 답이 있다

카페를 오픈하는 장소도, 콘셉트도, 상권의 타깃인 손님들의 성향도 너무도 천차만별이다. 같은 지역구라고 하더라도 역세권의 손님과 한 블록 뒤 손님의 성향도 다른 것이다. 창업자는 오픈하고 나서 내 카페의 분위기를 빠르게 파악해야 한다. 내 카페에 추가로

필요한 부분들을 빠르게 확인하고, 그에 맞춰 계속 업그레이드해야 한다. 주변 경쟁 카페의 상황을 살펴보고, 그 카페의 경쟁력이 무엇인지 파악하고 대응할 수 있는 것들을 준비해야 한다. 이 작업은 카페를 운영하는 동안 꾸준히 해야 하는 일이다. **경쟁 카페의 신메뉴, 서비스, 분위기는 꾸준히 좋아질 것이며 타깃 손님이 같으므로, 그보다 차별성을 둔 아이템을 먼저 선점하고 끊임없이 개선하는 것에 목표를 두어야 한다.**

1. 메뉴 업그레이드

메뉴는 카페에 있어서 손님과 내 카페의 본질적인 매개체다. 음료 선택을 통해 사장은 수익을 얻고, 손님은 즐거움과 만족감을 얻는 것이다. 지루할 틈을 주지 말고 선택에 있어서 다양함을 제공해야 한다. **시즌 메뉴 등으로 다양성을 확보해주고, 유행하는 메뉴 중 내 카페와 어울리는 음료는 빠르게 유행에 올라 타도록 한다.** 모든 트렌드를 따라갈 필요는 없으나 유연성 있게 유행하는 메뉴들은 한 번씩은 집중해본다. 물론 안정적인 메뉴들을 라인업해둔 상태에서 진행한다.

2. 분위기 업그레이드

카페를 오픈하고 시간이 지나면 조명도 흐려지고 소품들도 싫증 난다. 간혹 처음 오픈한 그대로 오래도록 운영하는 사장도 있다. 카페는 분위기다. 전체적인 콘셉트는 그대로 안고 가되 부분적으로 손봐서 개선이 필요한 부분은 손을 대야 한다. 낡고 망가져서 손을 대는 것이 아닌, 손님들에게 많이 노출되었으니 새로운 변화를 위해 업그레이드하라는 이야기다. 카페 그림도, 책 리스트도, 작은 소품들도 **적어도 6개월에 한 번씩은 변화를 주어야 한다.** 여력이 된다면 자주 바꿔줄수록 좋다. 작년에 사용하던 컵들도 트렌드가 바뀌면 그에 맞춰 바꿔주면 좋다. 이것이 바로 투자다. 작은 스푼도, 음료 잔도, 테이블보도, 심지어 테이블에 놓는 작은 소품들도 말이다.

3. 서비스 업그레이드

필요하지 않았던 서비스도 상황이 변해가면 그에 맞춰 움직여 주어야 한다. '나에게 왜 이런 시련이 닥치나?' 하는 상황에서도 맞설 수 있는 것들이 있다. 위기를 기회로 만들라는 이야기는 빈말이 아니다. 분명 좋아질 수 있는 답이 있다. 사장은 그것을 찾아내야 한다. 다른 카페가 전부 셀프 픽업이니 내 카페도 당연히 그렇게 해야 한다고 생각하면 안 된다. 현재 상황을 살펴보고, 내 카페에 맞는 개선된 시스템을 찾아야 한다.

모두 큰 사이즈의 음료를 들이댄다고 내 카페도 그렇게 하는 것이 정답은 아니다. **상황에 집중하자! 모든 답은 내가 처한 상황 속에 있다.** 지금 상황에 어떤 것이 필요한지 사장은 생각하고 실천해야 한다. 테라스가 매력적인 카페는 추운 시즌이 오면 아쉬울 것이다. 너무 추운 계절이 오기 전까지 따뜻한 물 팩을 준비해두자. 야외가 좋아 밖을 선호하는 손님들을 위해 테라스 장소를 선택할 수 있는 여력을 주는 것이다.

실패를 경험할 준비를 하자. 확률은 반반, 50:50이다. 안 될 수도 있다. 하지만 아무것도 하지 않으면 '0'이다. 시도하고 50을 챙길 것인가? 그냥 앉아서 50을 날릴 것인가? 사장은 발을 구르지 않으면 앞으로 나아가지 않는 오리 배와 같다. 가다가 쉬어도 좋다. 그냥 있지만 말자. 하나씩 업그레이드할 수 있는 것들을 살펴보고, 운영하는 내내 필요한 것들을 선택하고 개선하도록 노력하자.

 ## 카페 운영 경험이 있는 전문가의 조언을 구하자

운영하다 보면 이렇게 하는 게 맞는 것인지 확신이 서지 않을 때가 있다. 가끔은 누군가 차라리 "이게 맞다!" 하고 이야기해주길 바란다. 경험자만큼 좋은 조언자는 없다. 그저 많이 알고만 있는 사람이 아닌, **실제로 운영하고 경험해본 경험자의 조언을 받는 것이 좋다.** 이론상으로 알고 있는 사람은 현장에서 경험해본 사람의 노하우를 따라가기 힘들다. 책으로 지식을 쌓고, 경험이 바탕이 된 전문가를 곁에 두고, 사장 본인의 마인드도 개선하자.

사장은 외롭다. 동지 같은 직원이지만 함께할 수 없는 영역 밖의 문제도 있다. 모든 책임과 결정은 오롯이 사장의 몫이고, 책임 또한 그러하다. **사업이 안 되어도 사장은 직원들에게 희망을 주어야 한다.** 그런 힘든 상황에서 마음을 터 두고 조언받을 수 있는 멘토 같은 카페 경험자는 든든한 뒷배가 된다. 가끔 힘들 때 위로 받고, 선택의 순간에서 길잡이가 되어주고, 사장의 마음도 업그레이드가 필요한 것이다.

 ## 운영 업그레이드는 현재진행형

코로나19로 다들 모여 있기 눈치 보이고, 실내보다는 실외를 선호하던 시기가 있었다. 카페 운영도 힘들었던 순간이었다. 추워지는 시즌이기도 하고, 밖을 선호하던 손님들을 위해 생각했다. 지금 이 상황에서 어떻게 하면 테라스에 손님들을 잘 받을 수 있을까? 난로를 놓자고 생각하니 너무 야외라 큰 의미는 없을 것 같았다. 잠깐 커피를 마시며 여유를 찾는 손님들을 위해 생각해낸 것이 '물 팩 서비스'다.

카페에 뜨거운 물이 나오는 디스펜서는 기본으로 갖고 있다. 추가적인 비용이 들지 않았다. 물 팩만 사면 사용한 물 팩은 소독 후 물만 채워서 드리면 되는 것이다. 기본 30분 이상 뜨거운 물이 들어가 손을 따뜻하게 하기에는 충분했고, 몸에 대고 있으면 따뜻한 기운에 기분도 좋아진다. 아이디어를 낼 때는 '일단 한번 해보자! 나도 추울 때 이거 하고 있으면 좋던데' 하는 마음이었다. 어차피 큰 투자금이 들어가는 게 아니니 시도는 당연히 해봤다.

생각보다 손님들의 반응이 너무 좋았다. 코로나 이후 지금도 쌀쌀한 날씨가 되면 물 팩 서비스를 생각하고 찾으시는 분들이 계신다. 처음 접하시는 분들은 신기해하며 "너무 좋다! 아이디어가 너무 좋아요!" 하며 좋아해주신다. "이런 거 어디서 사는 거냐?"라고 문의하실 때마다 '가져다 팔까?' 하는 생각도 잠시 들게끔 만족도가 좋다. 손님들이 친구를 데리고 와서 물 팩 서비스를 자랑하시며, "여기는 이런 것도 준다!"라고 소개할 때 사장의 마음은 한껏 날아간다.

그냥 상황에 맞춰 '무엇이 좋을까?' 생각하다 보니 연결된 고리였다. 별것 아니지만 다른 카페와는 다른 차별성을 둔 경쟁력이 되었고, 추운 날도 테라스를 이용할 방법을 찾다 보니 개선된 부분이다. **상황에 집중하고 사장인 내가 무엇을 하면 좋을까를 늘 생각하자.** 다른 곳이 아닌 내 카페의 상황 안에 답이 있다.

07

성공하는 사장은
자기 계발을 지속한다

　카페를 창업하는 사장의 목표와 꿈은 저마다 다를 것이다. '1년만 하고 그만해야지'라고 생각하는 창업자는 아마 없을 것이다. 저마다 원대한 꿈을 꾸고 시작한다. 내 카페가 유명해지는 꿈, 프랜차이즈처럼 브랜드화하는 꿈, 건물을 사서 내 건물에 차리는 꿈, 1, 2, 3층 루프탑까지 통째로 카페를 차려보는 꿈 등 열정을 담아 창업을 할 것이다. 이룰 수 있다. 목표하고 그 방향을 찾아 노력하면 기간이 걸릴 뿐 가능성은 아무도 모른다. **그런 꿈을 꾸기 위해서 사장은 자기 계발을 필수적으로 해야 한다.** 아무것도 하지 않고 이루어지기만 바라는 것은 허상이다. 사장은 보이는 실체로 노력을 하고, 그 꿈이 이루어지도록 노력해야 한다. 그 위상에 맞는 사장이 되기 위해 차근히 배워 레벨을 올려야 한다.

1. 커피 공부는 하면 할수록 할 것이 많다

카페라면 기본인 원두의 이해부터 커피콩의 원산지별 특징도 알아두고, 맛과 향도 직접 접해보며, 로스팅 과정을 배우는 것도 도움이 된다. 커피 원산지별 나라를 직접 방문해 현장을 접해보는 것도 새로운 경험과 도전이다. 바리스타 과정은 기본이며, 커피의 다양한 향과 맛을 표현하고 감별해내는 센서리 커핑과 테이스팅 과정을 통해 능력을 레벨 업 하는 것이다.

브루잉(핸드드립) 과정을 통해 다양한 추출 방법에 따라 맛과 향이 달라지는 것도 알아두면 경쟁력이 된다. 커피 잔 위에 그림을 그려내는 라떼아트도 차별적인 기술력 장착이며, 현장에서 손님들에게 사랑받으며 기술을 뽐낼 수 있는 제일 좋은 무기다. 꾸준한 커피 공부로 나를 최대한 무장하고 능력치를 올려보자.

2. 메뉴 개발을 위해 다양한 메뉴들을 접해보자

식음료 분야에 관심을 두고, 우리나라뿐 아니라 해외 유명한 메뉴들도 벤치마킹해 내 카페에 조화롭게 시도해본다. 다른 카페들의 시그니처 메뉴를 접해보고 분석해 성공적인 이유를 알아두고 메뉴 개발에 참고한다. 정리된 레시피 북은 추후 나의 자산이 된다.

3. 경험만큼 좋은 자기 계발은 없다. 행동하자

노력한 바를 실천하고 그 결과물로 얻는 것이 성공이든, 실패든 그 안에서 얻는 것을 놓치지 말자. 분명 메시지가 있다. 그 시행착오를 기억하고 늘 초심으로 노력하자. 경험이 쌓이는 만큼 나에게는 노하우가 쌓이며, 경쟁력이 높아지는 것이다. 카페가 좋아 시작했다면 그 좋아하는 일을 자기 계발을 통해 전문적인 일로 만들어야 한다. 자연히 매출로 연결되어 나에게 수익을 안겨줄 것이다.

4. 건강한 사장은 자기 관리를 통해서 얻어진다. 이 또한 자기 계발이다

건강한 신체와 정신으로 새로운 경험과 시도를 두려워하지 않고, 건강하게 헤쳐 나가는 것이 가장 기본적인 자기 계발이다. 건강함이 바탕이 되지 않는다면 그 어떤 것도 위에 설 수 없다. 병약함도 자기 책임임을 잊으면 안 된다. 꾸준한 운동으로 충분히 관리해 낼 수 있다. 힘들 때는 쉬어간다. 정신 건강을 위해 본인의 취미 생활도 틈틈이 놓치지 말자.

5. 새로운 만남을 시도하자. 사업은 사람과 사람을 통해서 이루어진다

이미 친하게 지내고 있는 사람들과의 만남도 중요하지만, 새로운 사람들과 만남에서 새로이 배울 것들과 또 다른 기회가 준비되어 있다. 지금보다 더 많은 인프라를 구축하기 위해 새로운 사람들을 통해서 내가 부족한 부분을 채워 계발시키고 노력하자. 혼자인 우물 안 개구리는 넓은 세상을 보지 못한다. 새로운 사람들과의 인적 네트워크는 새롭고 다양한 배울 거리를 제공한다.

6. 책을 통한 간접 경험은 무궁무진하다

체계적으로 검증된 내용을 가장 쉽게 접할 수 있는 것이 책이다. 사장이 필요로 하고 부족한 부분을 채워야 하는 관심사별로 많이 접해본다. 책을 통해 얻은 지식은 사장의 현장 경험과 함께 시너지가 된다. 번뜩이는 아이디어는 다양한 지식과 경험 속 관심으로 나올 수 있다. 이미 검증된 정확한 책을 통해 지식을 다양하게 접하도록 꾸준히 노력한다.

그 외 카페와 밀접하게 연계 가능한 디저트류를 위한 제과 제빵, 칵테일 수업, 와인 소믈리에, 수제청 수업 등은 카페와 접목하기 좋은 수업들이다. 카페는 복합적인 공간이다. 이 공간을 자기만의 공간으로 알아서 채우려면 다양한 지식이 도움이 된다. 심지어 음악도 알아두면 좋다. 트렌드 음악들과 가요부터 락, 클래식까지 두루 접해본 사장은 카페 음악 선별에도 디테일하게 분위기에 맞춰 실력을 발휘할 수 있다. 카페 인테리어와 소품 선별을 위해 인테리어 관련 잡지들과 트렌드 인테리어나 컬러 등을 챙겨보는 것도 도움 된다. 카페에서 많이 사용하는 식기와 소품들도 관심 있게 봐두자. 내 카페 분위기에 다양하고 독창적으로 세팅할 수 있는 능력이 생긴다.

사장의 자기 계발은 끝이 없고 그만큼 열정이 필요하다. 하지만 처음에 불타는 열정도 시간이 지나면 사그라들 수 있다. 사장도 사람이다. 어떻게 꾸준히 열정적이겠는가. **가끔은 번 아웃이 올 수도 있다. 하지만 그것이 마지막이 되지는 말자. 쉬었다 다시 출발하더라도 최고가 되기 위해 부지런히 노력하자. 성공적인 꿈의 실현을 위해 차근히 본인을 채찍질하자.**

우아하게 행주 들고 카페 창업하기

　　카페 운영 중 티 블렌딩 메뉴에 관심을 두고 한창 바쁜 시즌에 배우기 위해 직원들에게 양해를 구하고 스케줄을 조정해 수업을 다녔다. 그것을 바탕으로 메뉴 개발도 시도했다. 수제청 수업도, 라떼아트 수업도 운영하는 동안 직원들의 관심 속에서 노력하는 사장의 모습으로 함께했다. 꾸준한 경영 관련 책을 통해 리더의 자질과 부족한 부분들을 채우고, 커피 관련 책을 직원들과 함께 보며 레벨 업을 위해 노력했다. 노력하고 자기 계발하는 사장의 모습은 직원들에게 진심으로 다가섰고, 그런 나의 말은 적어도 우리 카페 안에서 힘 있는 말이 되고 있다.

　　레벨 업은 끝이 보이지 않는다. 어딜 가든 나보다 뛰어난 사람은 꼭 있다. 필자가 생각하는 사장의 자기 계발은 적어도 함께하는 직원들의 존경을 받을 만한 그 무언가가 있어야 한다고 생각한다. 리더로서 믿음을 주고, 올바른 철학으로 이해시키고 받아들일 수 있는 그 무언가가 있어야 한다. **부족한 사장이지만 더 나아가기 위해 노력하는 자세를 보여주는 것만큼 믿음을 주는 것도 없다.**

08
시장 변화를
계속 읽고 실천하라

커피나 카페 메뉴는 기호식품이다. **트렌드에 흘러 다니며 분위기를 타는 아이템이다.** 사장은 흐름의 방향을 늘 주시하고, 내 카페에 필요한 것들을 잡아야 한다. 변화를 따라잡아야 살아남는 시장이다. 새로운 정보들을 항상 마주하고 꾸준한 관심을 쏟아부어야 한다. 시장은 지속해서 변화하고 있으며, 언제 어떤 방향으로 흘러갈지 아무도 모른다. 관심 있게 지켜보는 가운데 선두를 잡아야 한다.

 커피 & 카페 트렌드의 변화 읽기

우리나라에서는 6·25 전쟁 당시 미군 부대의 보급품으로 인스턴트 커피를 사람들이 접하기 시작했다. 1976년 동서식품은 세계 최초의 커피믹스를 개발했다. 1989년 '맥심 모카 골드' 출시 이후 커피믹스 시장에서 30여 년이 지난 지금까지도 1등을 놓치지 않고 있다. 커피, 크림, 설탕을 최적의 비율로 한 번에 빠르게 만들어 마실 수 있는 제품으로, 스페셜티 커피가 사랑받는 지금도 공존하며 꾸준한 사랑을 받고 있다. 빠른 스피드를 중요하게 생각하는 우리나라 사람들에게 맞춤이다.

누가 타더라도 같은 맛이 나는 맛의 유지가 또 하나의 장점이다. 커피 애호가들도 커피믹스는 추억의 커피로, 달달한 그 맛은 커피 외의 커피로 자리 잡았다. 시장 변화에 맞는 꾸준한 홍보와 마케팅으로 시간이 흘러 트렌드가 바뀌어도 꿋꿋하게 다양한 맛의 차별화로 자리를 이탈하지 않는다. 다양한 맛의 인스턴트 커피로 손님의 기호 변화에 맞춰 종류별로 출시하는 커피믹스는 시장과 함께 성장하고 있다.

국내 커피 시장은 스타벅스의 성장과 함께 봇물 터지듯 크게 성장했다. 커피믹스에서 에스프레소라는 커피가 자리 잡으며, 메뉴가 다양하게 변화하기 시작했다. 커피 머신의 다양화와 고급화로 커피의 맛에 신경을 쓰기 시작했고, 지금도 여전히 꿈틀거리며 다양화 중이다. 좋고 나쁨은 없다. 그저 여러 가지 레시피로 손님들에게 어필하고 그들을 잡았다. 중저가 프랜차이즈 커피의 붐으로 대중적인 커피로 한 발 더 다가섰다. 버블티, 흑당, 달고나, 콜드브루, 아인슈페너 등 신메뉴들이 쏟아져 나오고 사랑받았다.

시대적 흐름으로 저가 커피 브랜드의 확장과 대형 사이즈 업으로 손님들의 눈길을 끌었다. 개인의 삶을 즐기는 워라밸 시대로 여유롭게 즐길 수 있는 교외 근교의 대형 카페들이 나타나기 시작했고, 디저트의 붐으로 베이커리가 커피와 함께 하는 것은 이제 당연한 분위기가 되었다. 코로나19로 커피도 치킨처럼 배달 문화가 정착되었으며, 많은 정보를 통한 개인적인 홈 카페는 많은 사람이 기본적으로 장착하기 시작했다. 이제 커피는 밥과 같은 영역이 되었다.

인스타그램 등 SNS가 활발해짐에 따라 카페 사진은 필수가 되었다. 예쁜 인테리어, 세련된 세팅을 장착한 메뉴들 인증 샷은 이제 기본적으로 가져가는 아이템이 되었다. 베이커리 메뉴의 확장으로 쿠키는 기본이고, 마카롱을 넘어 개인 카페에서도 직접 디저트를 만들어 출시하기 시작했다. 건강을 생각한 웰빙 음료들이 나오기 시작했고, 디카페인 커피는 점점 손님들이 찾는 횟수가 늘고 있다. 인건비의 상승으로 24시간 운영할 수 있는 무인 카페도 등장했다.

커피는 앞으로도 더 많은 성장을 할 것이다. 삶의 질이 높아지고 개인적인 취향을 중요하게 생각하며 트렌드에 발맞춰 다양하게 변화하며 커피라는 메뉴의 끝은 보이지 않는다. 긴 호흡으로 변화될 것인지, 짧게 변화할 것인지 정도의 차이만 있을 뿐 끊임없이 변화할 것이다. 카페 **사장인 우리는 그 변화 속에서 내가 어떤 아이템을 어떻게 준비해야 트렌드 분위기에 올라타서 손님들의 마음을 잡을 수 있을지 고민해야 한다.** 왜냐하면 손님인 사람이 트렌드를 선도하고 만들기 때문이다. 그 모든 변화의 중심에는 사람이 있다! 내 카페에 와줄 손님이다.

하지만 **중요한 것은 트렌드만 쫓아가다가 내 카페의 정체성을 잃으면 안 된다.** 트렌드 중에서도 내 카페에 어울리는지 확인하고, 좋은 아이템으로 변화시켜 조화롭게 장착할 수 있는지 잘 선

우아하게 행주 들고 카페 창업하기

별하고 시도해야 한다. 모든 트렌드를 다 넣으려고 하지 말자. 자
칫 이도 저도 아닌 그저 그런 카페로 전락할 수 있다. 시도는 조심
스럽게 하되 과감하게 시도하고, 아닌 것은 빠르게 정리하는 행동
이 필요하다. 내 카페의 정체성이 무엇인지 확립하고 변화하는 트
렌드 속에서 뒤처지지 않게 하나씩 새로운 아이템으로 무장시켜야
한다. 사장은 늘 고민해야 한다. 한발 앞서가며.

🦅 카페 변화의 발맞춤

카페 엔젤의 특성과 분위기도 처음 오픈했던 그대로는 아니
다. 기본 철학은 지키되 외부 요인의 변화에 따라 트렌드에 맞게
변화를 주어야 했다. 오픈 당시 프랜차이즈의 일회용 잔이 익숙해
서 매장 안 손님들도 전부 테이크아웃 컵으로 응대했다. 하지만 환
경적인 문제로 일회용 컵 자제 분위기가 나오고, 활발한 SNS의 인
증 샷을 위해 예쁘고 실용적인 컵으로 교체를 시작했다. 해마다 **그
해 분위기와 트렌드에 맞춰 유리잔과 머그잔은 조금씩 변화를
주고 있다.**

음료 위에 올라가는 가니쉬(Garnish)도 다양하게 허브부터 수
제 과일 칩까지 데코에 신경 쓰고 있다. 사진에 예쁘게 나오기 위
해 맛은 기본이고, 비주얼까지 신경 써야 한다. 미세하게 단가가 올
라 **마진율은 적어지고, 손이 더 가게 되어 신경 쓸 일이 많아졌
으나 트렌드를 비켜 가면서 다른 카페보다 나아가지는 못한다.**
손님들의 반응은 기대 이상으로 만족도가 높다. 저가 커피가 붐이
지만 가격만큼은 흔들리지 않겠다는 카페 엔젤의 정체성을 확립

하고, 차라리 음료의 질을 높여 가격 대비 만족도를 높이고 있다.

　카페 사장의 트렌드란 커피, 카페와 관련된 분위기도 중요하지만, 우리가 살아가고 있는 시대적인 움직임이나 사람들의 생각과 가치관의 변화 등 전반적인 부분에 대해서도 함께 관심을 두고 지켜봐야 한다. **사장의 아이디어란 어느 곳에서 터질지 알 수 없다.** 모르는 사람보다는 알고 있는 사람에게 더 많은 기회가 주어진다는 것을 잊지 말고 포털 사이트, 뉴스, 유튜브, 잡지, 세미나 등 정보를 접하는 것을 외면하지 말아야 한다.

우아하게 행주 들고 카페 창업하기

카페 운영을
잘하는 법

01

카페에 필요한 기본 기계들은
어떤 것들이 있을까?

카페 창업 시 준비한 예산은 인테리어와 카페 기계들 비용이 전부라고 할 만큼 카페 관련 기계들의 비용이 적지 않다. 가격이 비싼 것들이 좋기는 하지만, **우선시해야 할 것은 내가 가진 예산과 카페의 콘셉트에 맞춰 기계들의 퀄리티와 종류를 선택해야 한다.** 메인이 되는 에스프레소 머신부터 결정하고, 그 외 카페 콘셉트에서 추구하는 방향에 맞춰 중요도 순으로 차례대로 선택한다.

 카페 필요한 기본 장비들은 어떻게 선택할까?

1. 에스프레소 머신

핸드드립 전문점이 아니라면 기본 카페 창업 시 에스프레소 머신은 가장 중심이 되는 장비다. 가격대는 300~3,000만 원까지 다양하다. 비싼 것들이 당연히 좋아 보이지만, 현명하게 선택하기 위해서는 사업 계획서에 머신으로 빼둔 예산이 어느 정도 되는지 우선 참고해야 한다. 내 카페가 러시 타임 매출이 상당하거나 대형 카페가 아니라면 용량은 크게 좌우되지 않는다. 보급형 머신들도 좋은 것들이 많다. 예산과 내 카페 분위기와 맞는 적당한 것으로 시작하기를 추천한다. 매출이 많아지고 손님이 붐빈다면 자금의 여력으로 언제든 바꿀 수 있다.

구매 시 중요한 것은 **머신 구입처에서 정확한 AS가 가능한지 꼭 확인할 필요가 있다.** 머신 부품들을 쉽게 구할 수 있는 제품인지 확인할 필요도 있다. 오래전에 나온 모델보다는 보급형 신제품으로 수입원이 정확한 곳을 선택하는 것이 중요하다. 학원에서 익숙하게 사용한 머신이 있다면 그 모델로 사는 것도 좋다. 연습한 만큼 실전에서 사용하기 좋고 우유 스팀 같은 경우 익숙할수록 좋다. 학원에 세팅된 머신은 어느 정도 전문가들이 선별해둔 것이고, AS도 가능한 것들이므로 연결해 조건을 알아보고 선택한다.

머신의 종류에 따라 220V(단상) 또는 380V(3상)를 사용해야 하므로, 머신을 선택했다면 인테리어 시 머신의 종류를 알려주고, 선택하지 않았다면 3상으로 전기를 연결해두는 것이 좋다. 3상을 단상으로 사용할 수 있으나 단상으로 세팅 시 3상으로 만들려면 추가 작업이 필요하다. 머신의 경우 손님들이 보이는 위치를 전면이나 후면 어느 쪽으로 할 것인지도 생각해둔다. 가격이 있는 만큼 선택 시 신중하게 미리 알아보고 선택하고, 가급적 중고 제품은 추천하지 않는다. 부품들의 관리 상태도 전문가들이 아니면 잘 알 수 없을뿐더러 기계들은 구매하고 나서 AS가 중요하므로, 되도록 신제품을 구매해 관리를 잘하며 사용해야 오래 고장 없이 잘 쓸 수 있다.

2. 그라인더

그라인더는 자동인지, 수동인지와 원두가 갈리는 칼날의 종류에 따라 선택할 수 있다. 칼날의 종류는 코니컬형과 플랫버형로 나뉜다. 코니컬형은 맞물려 분쇄되는 톱니바퀴를 생각하면 된다. 마찰열이 적어 향미를 강조하기 좋다. 분쇄도가 일정하지 않아 경험이 많은 바리스타가 사용하길 권장하는 그라인더다. 플랫버형은 맷돌과 같은 원리로 마찰열이 높아 연속으로 사용 시 쿨링이 필요하다. 분쇄도가 일정해 안정적인 추출이 가능하므로 초보이거나 여러 명이 사용할 시 적합하다.

코니컬형   플랫버형

아메리카노와 라떼용 원두를 다르게 사용할 경우, 그라인더는 2대가 필요하다. **자동그라인더의 경우 처음 세팅해둔 원두량이 일정하게 담겨 여러 명이 사용하거나 초보에게는 좋다.** 수동의 경우 원두량을 가늠해 담아야 하므로 원두량에 신경 쓰도록 한다.

3. 온수기 디스펜서

온수의 경우 머신에 있는 온수를 사용할 수도 있지만, 머신의 안정된 추출을 위해 되도록 머신의 온수는 사용하지 않기를 권장한다. 머신의 온수를 많이 빼면 찬물이 유입되어 히팅되는 시간이

우아하게 행주 들고 카페 창업하기

필요하며, 추출 온도가 일정하지 않아 에스프레소 맛에 영향을 줄 수 있다. 겨울철 따뜻한 차 종류부터 핫 아메리카노 등 온수를 사용할 일이 많으므로 따로 구매하길 추천한다. 물 양을 조절해서 자동으로 받아지는 전자동과 수동제품이 있다. 코크도 1~3구까지 다양하므로 내 카페에 맞는 제품을 사용하면 된다.

4. 제빙기

여름철에 많이 사용하는 얼음을 만드는 제빙기는 대표적으로 수냉식과 공냉식이 있다. 수냉식은 물을 사용해 냉각시키는 방법으로, 좁은 공간에 설치 가능하나 수도세가 부담되는 부분이 있다. 공냉식은 주변 공기를 통해 냉각시키는 방법으로 환기가 될 주변 공간 확보가 필요하다. 제빙기에서 열이 발생하므로 참고하자. 소형 매장에서는 제빙기 50kg 한 대로 사용하나 매출이 많은 매장은 얼음이 부족하다. **100kg 큰 제빙기보다 50kg 2대를 사용하기를 권장한다.** 여름철에는 얼음이 많이 필요하나 겨울에는 한 대로도 충분하므로 사용하지 않는 제빙기는 꺼두면 좋다.

5. 냉장/냉동고

냉장 전용, 냉동 전용, 냉장 냉동 겸용이 있다. 공간에 따라 내 카페에 맞는 제품을 구입하면 된다. 공간이 여유가 있으면 스탠드형으로, 공간의 효율적인 사용을 위해서는 테이블형 냉장 냉동고도 많이 사용한다. 테이블형 같은 경우는 위를 작업대로 사용하거나 기구들을 올려두고 사용하기 좋다. 다만 주기적으로 성에 제거 작업을 해주어야 한다. 우유가 있는 냉장고에서 바로 꺼내 작업할 수 있으므로 동선에 효율적이다.

6. 블렌더(믹서기)

카페 블렌더는 얼음을 빠르게 갈 수 있는 용량과 적은 소음을 기준으로 보면 된다. 여름철 스무디 종류가 많이 나가므로 카페 안에서 소음으로 인해 손님들에게 불편함을 줄 수 있다. **작은 소형 카페일수록 고급라인 블렌더 사용으로 소음을 줄여야 한다.** 커버가 있는 제품으로 가격대가 있더라도 좋은 제품을 선택하기를 권장한다. 카페용 믹서기는 가정용과는 다른 것이므로 참고한다.

7. 포스

포스 전문업체를 통해 계약하고 진행하면, 프로그램 사용과 함께 기본 세팅을 알아서 다 해준다. 업체별로 계약 조건들이 다르므로 꼼꼼하게 따져보고 선택한다. 한 달 사용 비용과 약정 기간, 영수증 용지 무상 제공 여부 등 세부적인 것들도 알아둔다. 요즘은 **포스 무료 프로그램을 제공하고, 태블릿으로 pc를 대신하고 카드 단말기만 구매하면 되는 시스템도 있다.** 내 카페의 컨디션을 확인하고 적합한 것을 선택하도록 하자.

8. 쇼케이스

사이드 메뉴가 있는 카페는 꼭 필요한 것이 쇼케이스다. 손님들이 디저트류와 커피 외 병 음료 등을 보고 사는 진열장이라고 생각하면 된다. 작은 사이즈와 큰 사이즈까지 디자인이 다양하므로, 내 카페 컨디션에 맞는 제품을 선택하면 된다.

9. 정수 필터

카페에서 사용되는 정수기는 모든 음료의 기본이 된다. 정수 필터를 통한 물은 커피 머신, 제빙기, 온수 디스펜서로 사용되며 물

맛이 좋아야 커피도, 차 음료도 맛이 좋은 것이다. 카페용 정수 필터는 스케일 억제 기능이 있는 KC 인증을 받은 제품을 사용하도록 한다. 스케일이 끼게 되면 커피 머신 내부 고장 원인이 되며, 물맛에도 영향을 준다. 선택 시 꼭 참고한다. **정수 필터는 사용량에 따라 대략 6개월에 한 번씩 주기적으로 교체해주어야 하는 소모품이므로, 교체 날짜를 필터에 메모하고 바꿔준다.**

그 외 사이드 메뉴에 따라 오븐기, 착즙기, 토스터기, 전자레인지 등 필요한 것들이 있다. **작은 기기들은 메뉴에 맞춰 천천히 구매해도 늦지 않다.** 카페 음악을 담당할 블루투스 스피커 외 와이파이를 연결할 수 있는 공폰(안 쓰는 구형 스마트폰)도 준비해두자.

 카페 엔젤의 기기 선택

필자는 창업 교육을 받은 곳에서 사용하던 익숙한 머신을 선택하고, **AS가 확실한 부분을 확인했다.** 머신과 같은 수입 업체에서 제공하는 그라인더 외 제빙기 등은 함께 구매하면서 단가를 낮추었다. 교육한 곳에서 보증하는 업체라서 믿고 진행할 수 있어서 수월했다. 오픈부터 지금껏 문제가 생기면 AS를 정확히 받을 수 있어 영업에 지장이 없었다. 되도록 수입해서 제공하는 업체는 오래 영업하고 전문적인 곳이 좋다.

기계에 대해 잘 모르는 경우는 믿고 맡기는 수밖에 없다. 카페 기기들의 경우 AS 비용이 전체적으로 적지 않기 때문에 믿음으로 맡겨야 한다. 추후 필요한 착즙기나 토스터기 등 작은 기계들은 사이드 메뉴 추가 시 별도로 영업하면서 구매했다. 영업 전 큰 기계들을 먼저 세팅해두고, 작은 기계들은 상황을 보면서 추가해도 늦지 않다. 제품들의 장단점은 인터넷으로 비교 분석해보고, 내 카페에 적합한 것들을 구매한다.

02
카페 머신
잘 관리하는 법

카페 사장들은 카페 안의 기계들에 관해서 어느 정도 지식을 갖고 있어야 한다. 전문적인 부분은 분명 전문가에게 의뢰해야 하지만, **가장 기본적인 청소와 관리는 매일 사장이 점검해야 하는 부분이다.** 기계들의 상태는 카페 영업과 직접적인 영향이 있는 만큼 중요하게 생각해야 한다. 기초적인 부품들은 배워서 교체할 줄 알아야 하고, 돌발 상황에 따라 어떻게 대응해야 하는지도 숙지해 두어야 영업 피해를 최소화할 수 있다.

 카페 사장이 알아야 할 머신 관리법

1. 에스프레소 머신

일반적인 카페의 중심은 에스프레소 머신이다. 가장 중요하게 관리하고 신경 써야 하는 부분이다. 카페 초보 사장들이 가장 궁금해하는 것은 **카페 마감 후 머신의 전원 상태다. 결론은 무조건 계**

속 켜두는 것이다. 머신을 꺼두고 마감하면 다음 날 오픈 시 머신 전원을 켜고 최소 15~30분은 머신의 보일러 물이 데워지는 데 필요한 시간이 걸린다. 시간이 지남에 따라 스케일이라는 석회 가루가 보일러에 생기는데, 껐다 켰다 반복하면 켜두었을 때보다 더 생기는 현상이 발생한다.

(1) 매일 마감 시 청소해야 하는 머신 청소법

① 포터 필터는 바스켓을 떼어내어 안쪽과 바스켓 필터를 세제를 이용해 깨끗하게 닦아낸다.

② 그룹에 장착된 샤워 홀더와 샤워 필터는 주먹 드라이버를 사용해 분해하고, 세제로 깨끗이 닦아낸다.

③ 포터 필터를 청소용 필터로 바꿔주고, 전용 세척제 한 알을 넣고 그룹에 결합하고 수동 추출 버튼을 눌러 10초간 기다렸다 꺼준다. 1분 정도 뒤 다시 이 동작을 일곱 번에서 열 번 정도 연속 반복해준다. 이 동작은 머신 안쪽 관까지 커피 찌꺼기를 청소해주는 방법이다. 머신마다 위 동작을 자동으로 해주는 단축 버튼 방법이 있으므로 구매 시 숙지해두고 사용하면 된다.

④ 세정제 청소가 끝나면 포터를 빼고 수동 추출 버튼을 눌러 일정량의 물을 흘려보낸다. 청소한 상태에서 세정제를 사용했으므로 물만 충분히 흘려서 보내고 장착해둔다. 머신 하단 받침의 커피 찌꺼기가 남아 있는 부분은 물티슈나 티슈로 닦아서 버리고 깨끗하게 마무리한다. 커피 가루나 찌꺼기는 되도록 하수구로 버리지 않도록 한다. 배관에 쌓일 수 있으므로 영업하는 동안 계속 신경 쓰고 습관화하자.

⑤ 양쪽 스팀 봉 청소는 마감 후 피처에 물을 반 이상 채워 봉

우아하게 행주 들고 카페 창업하기

을 담은 채로 스팀을 친다. 안에 불순물을 제거하고 녹이는 과정이다. 피처를 빼고 안에 있는 스팀을 빼고 행주로 깨끗이 닦고, 그래도 우유 찌꺼기가 남아 있다면 한 번 더 반복하고 깨끗이 정리한다. 오래 사용하다 보면 스팀 압이 약해지는 경우가 있다. 이는 기계 결함이 아니라 이물질이 쌓여 그럴 수도 있으므로 **봉 하단에 나 있는 구멍을 바늘이나 아트펜으로 뚫어 청소한다.**

(2) 머신 가스켓 교체하기

가스켓은 그룹 안에 둘러 있는 고무링을 말한다. **포터와 잘 장착이 되어 추출 시 일정한 압력을 유지해주기 위한 소모품이다.** 일정 시간이 지나면 딱딱해져서 탄력이 떨어져 밀착도가 떨어진다. 포터 필터 밖으로 커피 추출이 넘쳐 새는 일이 생기면 바로 교체해주어야 한다. 가스켓과 샤워 필터는 소모품이므로 미리 주문해 소지하고, 주기적으로(3~6개월) 새 제품으로 교체해 커피 맛을 유지하도록 관리한다.

머신 가스켓   샤워 필터

머신의 경우 몇 년을 사용하면 머신 안에 스케일이 침전되므로, 커피 맛을 위해 오버홀 청소인 스케일큐어를 받아주어야 한다. 스케일큐어는 스케일로 인해 생긴 부식으로 인한 성능 저하와 고장을 미리 예방하는 것이다. 비용이 만만치 않으므로 전문적으로 잘하는 업체에 의뢰하도록 한다. 현장에 와서 하는 경우 3~4시간은 걸리는 작업이므로 미리 스케줄을 정하고 진행하도록 한다.

2. 제빙기

제빙기는 여름철에 사용량이 많으므로 **겨울보다는 여름에 청소를 더 자주 해주어야 한다.** 카페 내부 환기가 잘 안되는 매장은 제빙기 안쪽에 물때가 잘 생기므로 더 자주 확인하고 청소해야 한다. 얼음은 전부 꺼내고 청소해야 하므로 날을 잡고 마감 후 진행하도록 한다. 제빙기 먼지망 필터는 매일 마감 시 털어주어야 한다. 내부 필터의 경우는 분해하고, 필터에 약품이나 물을 흘려보내서 먼지를 제거해준다. 청소가 끝난 후 반드시 얼음이 만들어지는지 확인하고 마무리해야 한다. 간혹 조립하는 과정이 미흡할 경우, 얼음이 생성되지 않아 다음 날 곤란할 수 있으므로 분해 시 조립 방법을 정확하게 숙지하고 진행한다.

3. 그라인더

그라인더의 원두를 담아두는 호퍼 통은 매일 마감 시 남은 원두를 꺼내고, 세제로 커피의 기름기를 닦아 말려 다음 날 사용할 수 있도록 한다. 그라인더 종류별로 청소 방법을 숙지하고 관리하도록 한다. **그라인더 칼날도 소모품이므로 일정 기간이 되면(원두 500~700kg 사용 후) 칼날을 교체해야 제대로 된 커피 맛을 유지할 수 있다.** 직접 교체하기 힘들면 전문가에게 교체를 의뢰해도 좋다.

4. 쇼케이스

쇼케이스 필터는 주기적으로 먼지를 제거해주어야 컴프레서 (compressor)를 오래 고장 없이 사용할 수 있다. 컴프레서 가격이 전부라고 할 정도로 교체 비용이 상당하므로 필터 먼지를 자주 제거해 관리해준다. 제빙기 내부 필터와 같은 필터가 하단에 있다. 칫솔로 먼지를 필터 결대로 닦아주며 먼지를 제거해준다. 그렇게만 해주어도 이상 없이 오래 사용할 수 있다.

5. 냉장 냉동고

스탠드 냉장고가 아니라 **테이블형 냉장 냉동고는 성에 제거를 주기적으로 해주어야 한다.** 내부에 얼음 같은 성에가 끼는 상태를 말하며, 온도를 낮춰 녹여서 제거하거나 덩어리가 생기면 급히 떼어내어도 괜찮다. 이때 내부에 상처가 생기지 않도록 조심한다. 냉장 냉동고는 마감 시 작업하는 동안 외부에 묻은 커피나 음료 등을 매일 닦아 청결을 유지한다.

에스프레소 머신 청소는 마감 시 매일 꼭 해야 하는 청소다. 커피 음료의 퀄리티와 머신 상태를 위해 잊지 말고 해야 한다. 에스프레소 머신은 종류별로 디테일하게 다른 부분들이 있으므로, 주의사항이나 기본 청소 관리법은 설치해주시는 전문가에게 꼭 설명을 듣고 숙지하도록 한다. 오픈 시 잘 기억한다고 하더라도 시간이 지나면 잊는다. **기계별로 주의사항이나 청소 방법들은 설치할 때 메모해두거나 동영상을 찍어 보관해두면 나중에 수월하게 해결할 수 있다.**

카페 사장의 머신 관리는 메뉴의 품질을 높이고 청결을 유지해 카페 컨디션을 좋게 한다. 카페에 필요한 기계들은 가격대가 대체로 비싼 편이다. AS 시 부품 가격도 만만치 않다. 관리를 얼마나 잘하느냐에 따라 고장률을 확실히 낮출 수 있다. 세부적인 관리 사항을 숙지하고, 항상 사용하는 근무자가 바르게 사용하고 관리하도록 해야 한다. **머신들을 제대로 관리하면 유지 비용을 절감시키는 데 큰 몫을 한다. 매일의 작은 습관이 큰돈 들어갈 일을 막아준다.**

03

로스팅 해도 되고,
안 해도 된다

　카페 창업에 앞서 한 번쯤은 고민하는 부분이 로스팅일 것이다. 생두를 직접 볶아 신선하고 맛 좋은 커피를 손님들에게 대접하는 것은 분명 차별화된 경쟁력이 분명하다. 중요 포인트는 손님들이 좋아할 만한 로스팅 프로파일링을 구축하고, 제대로 된 로스팅을 하느냐가 문제다. 많은 창업자가 도전한다고 로스팅이 만만한 일은 아니다. 커피 머신에 해박한 전문 기술자가 있듯이 로스팅도 하나의 전문적인 일임을 생각하고 도전할 필요가 있다.

 로스팅을 위해 필요한 자질은 무엇일까?

1. 상태가 좋은 생두를 구별해 구매할 줄 알아야 한다
　좋은 재료로 요리해야 맛이 있듯이 커피도 상태가 좋은 생두로 로스팅을 해야 한다. 생두는 유통기한이 따로 없기에 좋은 생두를 구별하고 구매할 수 있어야 한다. **로스팅하기 전 불량 콩인 결점**

두는 일일이 손으로 골라내는 핸드픽 작업을 거쳐야 하므로, 꼼꼼한 작업이 추가로 필요하다.

2. 전문 로스터기와 연습할 공간 확보가 필요하다

용량별로 공간 규모는 다르나 로스터기를 두고 로스팅 할 공간이 따로 필요하다. 설비 부분에 대한 투자도 카페와는 별도로 추가적인 부분이므로 따로 관리해야 한다. 커피 머신처럼 로스터기도 기계 청소에 신경을 써야 좋은 원두를 만들어낼 수 있다.

3. 커핑 실력인 다양한 커피 맛을 감별할 줄 알아야 한다

커피 맛은 천차만별이다. 다양한 커피의 색상과 맛, 향 등의 서로 다른 정보를 얻어낼 줄 알아야 한다. 커핑 실력이 되어야 블렌딩이라는 과정을 통해 손님들이 좋아하는 내 카페만의 로스팅 레시피를 잡을 수 있다. 일명 감각이 있어야 로스팅도 잘할 수 있다. 로스팅 프로파일링도 그런 감각이 있어야 잡아낼 수 있다.

4. 항상 같은 블렌딩 비율로 균일한 맛을 내야 하며 무엇보다 성실해야 한다

내 카페의 원두를 직접 로스팅한다는 것은 가장 기초적인 재료를 준비하는 것인 만큼 무슨 일이 생겨도 제때 정해진 스케줄대로 부지런히 재료를 지원해야 한다. 항상 같은 맛을 유지할 수 있도록 로스팅에 신경을 써야 하는 것은 당연한 이야기다.

1. 생두에 열을 가하면 수분이 증발하고, 열이 침투해 녹색의 생두 색이 옅은 노란빛으로 바뀌며 고소한 향이 나기 시작한다.
2. 생두의 부피가 커지고 '타닥' 갈라지는 소리가 들리며 1차 크랙이 나타난다. 옅은 노란빛이 갈색빛을 띠기 시작하며 달콤한 향기가 난다.
3. 2차 크랙이 진행되며 원두 표면에 기름진 오일이 보이며 진한 갈색빛을 띤다. 2차 크랙 이후부터는 쓴맛이 강해진다.
4. 작업이 끝나면 커피콩의 온도를 신속하게 냉각시켜주어야 남은 열로 로스팅이 진행되지 않는다.

로스팅에도 정해진 정답은 없다. 커피는 그래서 기호식품이다. 누군가는 진하고 쓴 커피 맛을 좋아할 수도 있고, 누군가는 신맛이 도는 가벼운 맛을, 또 다른 누군가는 구수하며 바디감이 느껴지는 맛을 선호할 수 있다. 내 카페의 손님에게 맞는 맛이 정답이다. 사람들이 맛있다며 찾아주는 그 맛을 잡기 위해 다양한 커피 맛을 보고 공부해야 한다. **얼마나 감각적으로 커피콩을 볶고, 최적의 맛의 비율로 블렌딩 하느냐가 포인트다.**

　로스팅 작업은 노력과 시간 투자가 필요하다. 카페 창업자인 사장은 할 일이 많다. 운영 중에도 처리해야 할 일이 끊임없다. 로스팅에 관심이 있고 욕심이 있다면, 창업 전에 미리 배우고 연습해두기를 권한다. **많은 시행착오를 겪으며 '확정'된 내 카페의 시그니처 블렌딩 원두를 만든다면 나만의 인프라가 되는 것이다. 하지만 어설픈 욕심으로 카페 운영과 로스팅 작업을 겸하며, 그**

로 인한 피로감으로 이도 저도 아닌 운영을 하는 실수를 범하지
는 말아야 한다.

 **카페 엔젤의 원두 선택**

필자는 카페 운영에만 집중하기 위해 원두는 로스팅을 잘해주
는 업체에서 납품받기로 계획했다. 로스팅 과정이 쉽게 배우고 익
힐 수 있는 부분이 아니라 생각하고, 전문적으로 기술 투자를 하며,
오랜 경험과 노하우가 있는 곳에서 시음하고 정했다. 매출이 좋아
짐에 따라 운영하는 중간에도 원두값 절감을 위해 로스팅을 배워
운영하는 것이 어떠냐며 욕심을 부리라고 주위에서 말들이 많았다.

하지만 시간 투자도 만만치 않고, 카페를 운영하면서 눈이 오
나 비가 오나 항상 성실하게 로스팅할 자신도 없었다. 가장 중요한
미세한 맛을 선별할 자신이 없었다. '절대 미각'이 아니라면 도전
하지 말자고 우스갯소리를 하며 운영에만 집중했다. 원두를 납품
받는 곳은 9년이 넘도록 단 한 번도 실수 없이 로스팅해서 납품해
주신다. 내 카페 손님들이 좋아하는 커피 맛을 유지하고, 영업에 지
장 없도록 지원해주는 것은 너무도 중요한 일이다.

카페 운영을 잘하는 사장의 영역, 기계들을 관리하고 수리할
줄 아는 엔지니어의 영역, 프로다운 로스팅 기술을 갖춘 로스터의
영역 등 모든 부분은 전문적이고, 많은 경험이 필요한 부분이다. 할
수 있다면 모든 부분을 갖추고 운영하는 카페 사장이 갑일 것이다.
자신을 제대로 파악하고 나의 능력치를 발휘할 수 있는 선까지 도
전하는 것은 좋다. 다만 다른 하나의 도전으로 기본적인 사장의 영
역이 무너지지 않도록 관리하며 욕심내어 보자.

04
카페 운영 매뉴얼을 만들면 큰 도약을 할 수 있다

　　카페를 창업하고 자리 잡기까지 몇 달의 시간이 필요하다. 처음부터 완성된 카페 매뉴얼을 만드는 것은 불가능하다. 오픈하고 상황에 따른 변수들이 생각했던 것과는 또 다른 상황이 펼쳐지기 때문이다. **제대로 된 운영 매뉴얼은 오픈하고 카페를 운영하면서 경험과 지식을 토대로 사장이 직접 내 카페에 맞는 매뉴얼을 만들어야 한다.** 카페 운영 시 꼭 해야 할 것들, 중요한 사안들을 분야별로, 체계적으로 문서화시키는 작업이라고 생각하면 된다. 처음에는 다른 곳의 시스템을 벤치마킹해 사용하면서 내 카페에 맞게 변화시키는 방법도 좋다.

　　아침에 오픈하고 **해야 할 체크리스트**를 만들고, 마감할 때 어떤 것들을 해야 하는지 작성한다. 지금 메뉴에 있는 **레시피도 매뉴얼화** 해두고 직원이 생겼을 때 교육해야 하는 자료들도 작성한다. 다른 누가 봐도 읽어보고 상황을 파악할 수 있도록 문서화시켜 두는 것이다. 카페 운영에 있어서 바른 방법을 제시하고, 그것을 기

1. 포스 작동, 기계들 전원 켜기(그라인더, 블렌더)

2. 행주 삶기(세제 한 펌프/전자레인지 5분)

3. 아메리카노, 라떼용 원두 테스트 추출 후 그라인더 입자 조절

4. 노트 오늘의 할 일 메모 확인

5. 테이블, 의자 청소 상태 확인

6. 시럽 펌핑 확인/파우더 여분 확인

7. 비품 세팅 확인(물티슈, 종이컵, 냅킨, 일회용 설탕, 빨대)

8. 매장 밖 주변 청결 상태 확인(거미줄, 먼지)

9. 테이크아웃용 컵, 뚜껑들 세팅 확인하고, 만들고, 세팅하기

10. 냉동고 비품들 확인, 냉장고 청소 분량 재고 확인

준으로 발전시켜 나아갈 수 있도록 참고 자료가 될 매뉴얼을 작성해둔다. 매뉴얼의 정석은 없다. 운영함에 있어 바르게 도움이 된다면 그것이 내 카페의 매뉴얼인 것이다. 우선은 남에게 보여주기식보다 **직원들과 함께 공유하고 새로 들어오는 직원들에게도 숙지시킬 수 있는 정도로 만들기 시작하면 좋다.**

사장이 만드는 매뉴얼은 카페 운영과 관련된 것들은 모두 포함된다. 카페의 규모가 커지고, 함께 근무하는 직원의 수가 많아질수록 매뉴얼의 쓰임새는 더욱 효율적이다. 큰 꿈을 안고 나만의 브랜드 프랜차이즈 카페 창업을 하고 싶다면, 반드시 쌓인 노하우를 수시로 업그레이드하고 준비해두자. 내 브랜드 카페 창업 설명에 도움이 되는 자료이며, 교육 자료의 바탕이 되기 때문이다. **직원 교육 매뉴얼의 경우 디테일할 수록 도움이 되는 자료다.** 메뉴 레시피 매뉴얼은 반드시 작성해두고, 기억해야 하는 자산이다. 메뉴

1. 머신 청소(포터 분해 청소/샤워 필터 분해 청소)

2. 시럽 펌프 분해 청소 후 채우기

3. 테이블, 의자 닦기

4. 바닥 쓸고 걸레질하기

5. 우유 날짜 확인 정리(선입 선출)

6. 과일 재고 확인 후 주문사항 적기(오렌지, 자몽, 레몬)

7. 비품들 확인 후 주문사항 적기(냅킨, 박스캐리어, 컵, 뚜껑, 티슈 등)

8. 냉장고, 토스터기, 전자레인지, 그라인더, 디스펜서 외관 닦기

9. 냉동고 케이크 정리하면서 재고 확인(박스를 줄이도록 정리)

10. 파우더류 채우고, 재고 확인 후 주문사항에 적기

11. 노트에 오늘의 할 일 확인 후 내일 날짜에 해야 할 일 적어주기

12. 사장에게 마감 정리 카톡 넣어주기

13. 마감 시 냉난방기 OFF, 블루투스 충전, 전원 상태 확인 후 클로징

레시피 매뉴얼은 시즌마다 업그레이드하고, 중간에 바뀐 레시피도 수정 보완해서 정리해둔다. 손님들에게 서비스하는 방법 등을 적은 매뉴얼도 도움이 된다. 현장 경험에서 나온 상황별로 손님들께 대응한 것들도 메모해두고, 직원 교육 시 활용하면 좋다.

매뉴얼은 시간이 지남에 따라 계속 업그레이드하는 것이며, 변화하는 상황에 맞춰 매뉴얼도 변화해야 한다. **쌓인 노하우들이 나중에는 큰 꿈을 키우고, 큰 조직을 이끌어가는 기본 방침이 되어줄 것이다. 내 카페만의 자산인 큰 인프라가 될 것이다.**

카페 엔젤에는 마스터 노트가 있다. 카운터 포스 앞에 작은 스프링 노트가 항상 있다. 날짜를 적어두고 그날 해야 할 일들을 적어두는 것이다. 창업 오픈 시부터 노트가 있었던 것은 아니었다. 직원들이 교대하면서 파트로 5명까지 함께하다 보니 서로 정보 전달과 효율적인 업무를 위해 만들어두게 된 것이 아직 잘 사용되고 있다. 만나지 못하는 직원들끼리는 노트에 메시지를 적어두고 할 일들을 전달해둔다. '나중에 이야기해야지' 하다가 잊어버리는 경우 없이 바로 메모해두므로, 출근 후 제일 먼저 노트 확인이 시작이다.

가장 기본적인 우유 외 주문해야 할 리스트들을 적어둔다. 사장이 직접 인터넷으로 주문하는 과일이나 파우더 등을 메모해두면, 사장은 그날 메모를 보고 주문을 넣는다. 오늘 특별히 해야 할 청소(머신 아래 린넨 교체, 책장 선반 닦기 등)나 꼭 해야 할 일을 적어둔다. 미들 타임 파트가 바빠서 못한 일을 마감 때 해주었으면 하는 일들도 적는다. 메모를 본 근무자는 손님이 없을 때 할 수 있는 일을 하고, 클리어했으면 메모를 두 줄로 지운다. 손님들 특이 전달 사항이나 분실물 찾기 등 그날 있었던 일을 공유해야 할 것들을 모두 적어둔다.

사장님의 "오늘은 특별하게 친절히! 화이팅" 멘트, 생일인 직원에게 축하 메시지도 함께 편하게 적어두며, 너무 사무적이지 않으나 꼭 해야 하는 일임을 서로 알고 근무한다. 팀워크도 좋아지고, 서로 할 수 있는 선에서 일들을 맡아서 하다 보니 소통도 되고 일의 정확도도 높아진다. 특별한 양식은 없다. 운영하는 데 도움이 되고 있다면 좋은 것이다. 지나간 일들을 재확인할 때도 도움이 되므로, **내 카페의 운영 노트는 한 권씩 만들어두길 추천한다.** 직원이 많지 않아도, 사장 혼자 근무하더라도 잊기 쉽고, 해야 할 일들을 매일 적고 클리어하는 습관은 바람직하다. 일단 시작해보자. 공유할 직원이 많아지기를 기대하며, 파이팅!

05

언제나 일관성 있는
음료 맛이 중요하다

카페 메뉴들은 모두 사람의 손으로 하는 것이다. 계량이라는 것을 토대로 만들지만, 만드는 사람마다 미세하게 다른 부분들이 반드시 있다. 내 카페의 시그니처 메뉴를 찾아 기대하고 방문하는 손님에게 그 순간에 근무하는 근무자에 따라 메뉴 맛이 들쑥날쑥 한다면 롱런하기 힘든 카페다. 이런 부분들은 관리가 제대로 되지 못하는 카페의 대표적인 모습이다. **어떤 근무자가 커피를 내리고 음료를 만들며 디저트를 세팅해도 같은 맛이 나와야 한다.**

근무자는 하루에 몇백 잔 중의 한 잔이지만, 손님은 그날 딱 그 한 잔의 맛으로 그 카페를 평가한다. 신규손님이라면 그 한 잔으로 재방문할 것인지, 아닌지의 기준이 되고, 약속된 레시피와 다르게 만든 음료는 두 번 다시 맛보고 싶지 않은 굿바이 메뉴가 된다. 내 가 손님이라면 맛없던 메뉴를 또다시 주문하겠는가? 내 카페 이미 지는 그 한 잔으로 인해 전문성이 드러날 것이며, 지인을 데리고 와 서 메뉴를 추천하는 일도 없을 것이다.

에스프레소 샷을 내리는 일부터 탬핑(tamping)할 때의 압력도
각각 다르며, 추출할 때 장착하는 순간 물줄기를 흘리는 양, 우유
스팀할 때의 정도도 미세하게 차이가 난다. 미세한 것들이 커피 맛
에 영향을 준다. 같은 토스트를 만들어 잼을 바르더라도 누구는 어
느 부위에 많이, 누구는 듬뿍, 누구는 너무 아끼고의 차이가 있다.
그런 것들이 손님에게 마지막으로 대접할 때 느끼는 맛의 차이가
되는 것이다. 이러한 차이를 좁힐 수 있는 부분은 **가능한 것들을
전자동으로 바꾸는 방법과 근무자가 1명이 근무하는 것처럼 많
은 교육을 하는 방법이 있다.**

커피의 일정한 맛을 위해서는 원두를 선택할 때 신중하게 첫
단추를 끼워야 한다. 상권의 분위기와 내 카페의 타깃 손님들의 취
향에 어울리는 맛을 선택하되 한번 선택한 원두는 되도록 바꾸지
않고 진행해야 한다. 부득이하게 업체에 문제가 있는 부분이 아니
라면, 신중하게 선택한 커피 맛을 한동안 유지하며 손님의 반응을
살펴야 한다. 기호식품인 내 카페의 원두가 최고라고 생각하며, 와
주는 손님들을 위해 일정한 맛을 유지하고, 홍보해야 한다. 그런 사
람들이 내 카페의 단골이 되어주므로, 커피 맛이 자주 바뀌는 것은
정착되는 시간만 늦출 뿐이다.

커피의 일정한 맛을 위해서 요즘은 **전자동 기계**를 많이 사용
한다. 그라인더도 자동 그라인더로 일정하게 세팅해둔 원두량만
갈아 사용할 수 있도록 한다. 그것이 아니라면 수동으로 경험도가

높은 근무자가 가늠해 원두량을 담아내는 것이다. 수동은 근무자가 가늠해 갈아 정확도를 위해 저울을 사용하나 스피드가 떨어진다. 자동 탬핑기를 사용해 사람이 아닌 기계가 일정한 압력을 주어 탬핑하는 기계를 사용하는 것도 일정하게 좋은 맛을 유지하는 방법이다. 사람마다 제각각 힘의 강도가 다르므로 탬핑에서도 미세하게 맛이 다를 수 있다.

자동 기계들을 사용하지 않는다면 **숙련된 직원**을 두는 것이 방법이다. 계속 연습하고 가르쳐주고 같은 맛을 내기 위해 카페 근무자 모두 일정한 패턴과 방법으로 서로 소통해야 한다. 카페 사장이 신경을 쓰고 직원을 교육해야 하며, 근무하는 동안 꾸준히 신경 써야 하는 부분이다. 손님들이 간혹 어떤 직원이 줄 때 맛있다 하고 소스를 준다면, 그 직원의 음료 제조 방법이 어떻게 미세하게 다른지 확인할 필요도 있다. 손님들의 말에 크게 휘둘리지 말고 중심을 잡되 참고로 업그레이드할 수 있는 부분이 있다면 움직일 필요는 있다.

과일 음료가 메뉴로 있는 곳은 좋은 과일을 사용할 수 있도록 과일의 상태를 잘 확인하고, 시즌이 아닐 때 맛이 안 좋은 메뉴는 시즌 음료로 돌리는 것도 방법이다. **일정한 맛을 유지하기 위해 생과일주스나 에이드가 아닌 이상 냉동 과일로 메뉴 레시피를 잡는 것도 하나의 방법이다. 오히려 열대 냉동 과일은 한결같은 상태로 냉동되므로 일정한 맛을 낼 수 있다.**

신메뉴나 서비스 메뉴가 나갈 때는 꼭 맛 좋게 좋은 것을 대접해야 한다. 신메뉴는 신중하게 모든 것이 준비되었을 때 출시해

우아하게 행주 들고 카페 창업하기

야 하며, 출시하고 나서 일정한 맛을 유지하도록 더 신경 쓰고 시행착오로 바꿔야 하는 부분은 되도록 신중하게 접근해야 한다. 손님들에게 감사하다고 서비스로 주는 메뉴는 공짜라고 그냥 아무것이나 나가지 말고, 내 카페의 자신 있는 메뉴를 사서 먹는 것과 같은 맛으로 서비스해야 홍보 효과도 함께 누릴 수 있다. 서비스라고 대충 만들어 나가거나 재료가 남는다고 간혹 서비스로 주는 경우가 있는데, 다시 찾았을 때 맛없는 메뉴를 과연 주문할지를 생각해봐야 한다.

 **예쁘게 보이는 플레이팅까지 레시피다**

새로운 트렌드를 만들 수 있는 카페 사장은 못 되더라도 트렌드의 흐름에 맞춰 순응할 필요는 있다. 요즘 트렌드는 눈으로 먹는 트렌드인 만큼 인증 샷에 손님을 돋보이게 하는 근사한 사진이 나올 수 있도록 준비하면 좋다. 물론 음료의 맛이 좋아야 함은 기본이다. 어떠한 잔에 음료를 담는지에 따라 기대치가 달라진다. **대접받는 기분이 드는 예쁜 플레이팅과 예쁜 식기들은 처음 맞이하는 음료의 이미지다. 내 카페의 이미지가 녹아드는 부분이다.**

예쁘게 신경 쓴 비주얼은 만족도를 높여준다. 카페라는 공간이 먹기만 하기 위해 오는 곳이 아니라는 것을 잊지 말아야 한다. 스푼, 포크, 접시 등도 다른 곳과는 차별화된 것들로 업그레이드하길 추천한다. 비교적 비용이 적게 드는 투자 대비 손님들의 만족도가 높아지는 부분이다. 음료가 나갈 때 가니쉬로 사용하는 허브, 과일칩 하나로도 음료의 퀄리티는 한층 높아지는 것이다. **품격 있**

는 음료를 대접받을 때의 기분을 생각해 다시 찾고 싶은 카페로, 소개하고 싶은 카페로 만들어야 다른 카페와 차별적으로 성공할 수 있다.

 ## 카페 엔젤의 일정한 맛을 위한 투자, 직원 교육

카페 엔젤에 새로운 직원이 들어오면 무조건 기본적인 습관부터 교육한다. 메뉴를 처음부터 끝까지 일일이 다 만들어본다. 시뮬레이션으로 가르치고 테스트해서 어느 정도 익숙해지고 능숙해져야 손님에게 나갈 수 있는 음료를 만들 자격이 주어진다. **기본 레시피북을 주고 알아서 하라고 하는 카페들이 간혹 있다고 하는데 위험한 일이다.** 카페 엔젤은 3교대로 사장 포함 총 6명이 근무했지만, 손님들은 "언제 가도 맛이 다르지 않다"라는 이야기를 해주신다.

부득이하게 그만두어야 하는 사정이 생긴 직원은 한 달 이상 전부터 서로 스케줄을 맞추고, 구인 공고해 2~3주 동안 인수인계할 수 있게 함께 근무를 지원했다. **인건비가 2배로 나가는 상황이지만, 그 정도의 투자 가치는 충분하다. 한결같은 맛을 위해 직원 교육에 시간과 재료들을 아낌없이 투자한다.** 일정한 맛을 위한 기본 교육으로 바 안에서 음료는 손에서 손으로 전달하지 말고 바닥에 내려주고 가져가기, 동선의 최소화로 둘이 근무할 시 본인 앞에 있는 것들부터 준비하기, 준비하면서 들을 수 있도록 주문사항을 한 번 더 이야기하기, 옆 근무자와 하는 일이 겹치지 않도록 본인이 하는 일 이야기하기 등 매뉴얼로 서로가 편하고 실수 없이 빠르게 음료 제조가 가능하도록 한다.

상권의 특성상 직장인들과 주부가 주 고객이라서 항상 빠르게 해야 한다는 필자의 요구사항에 카페 직원들은 우스갯소리로 다른 카페와 비교하면, 우리 카페는 거의 자판기 수준이라며 진심 담은 농담을 하기도 한다. 일정한 맛을 위해서는 직원들에게 다 같이 꾸준히 레시피를 상기시키고 교육, 점검해야 한다는 것을 사장은 잊지 말아야 한다. **한 잔, 한 잔이 마지막인 것처럼 정성을 쏟아보자. 진짜 마지막이 되지 않기 위해!**

PART
09

개인 카페와
메뉴 구성

01
커피 종류와 특징 &
카페 원두 업체 선정법

카페를 운영하는 사장이라면 커피에 대해서 최소한의 상식은 갖고 있어야 한다. 정보화 시대라서 간혹 카페 사장보다 더 많은 커피 정보를 알고 있는 손님들이 등장한다. 전문적인 깊은 정보까지는 아니더라도 최소한 내 카페가 사용하는 원두와 기본적인 커피 정보는 알고 있는 것이 전문적인 카페 사장의 이미지 구축에도 도움이 된다. 손님들의 질문에 간단히 답해줄 내 카페 원두의 특성과 로스팅 정보 등은 알아두도록 하자.

 상업적인 커피나무 종류는 어떻게 다를까?

커피나무의 종류는 상업적으로 두 가지의 종류가 있다. 코페아 아라비카와 코페아 카네포라(로부스타)다. 우리가 흔히 부르는 '아라비카' 커피와 '로부스타' 커피. **아라비카는 카페에서 사용하는 원두 종류**이며, 카페인 함량이 낮으며, 신맛과 과일의 단맛

코페아 **아라비카**	품종	코페아 카네포라 **(로부스타)**
원두커피 (카페용)	주 사용용도	인스턴트 커피 (믹스커피용)
60~70%	점유율	30~40%
카페인 함량이 낮다.	카페인	카페인 함량이 높다.
다양한 맛과 향이 있다.	맛	쓴맛과 향이 약하다.

등 다양한 맛이 어우러지는 향이 좋은 원두다. 로부스타는 우리가 오래전부터 접한 믹스커피에 사용되는 원두로 카페인 함량이 높다. 향이 약하며 쌉싸름한 맛으로 인스턴트용으로 사용된다.

스페셜티 커피란 스페셜티 커피 협회(SCAA)에서 정한 기준인 생두 350g당 결점두가 5개 이하이고, 여러 조건의 테스팅 과정에서 100점 만점에 80점 이상 받은 커피를 말한다. 주로 **소규모 농장에서 재배한 커피의 이력이 있는 것으로, 어디에서 누가 언제 재배한 것인지 알 수 있다.** 농장 농부의 개성이 담겼다고도 할 수 있다. 일반적으로 유통되는 원두를 '커머셜(commercial)' 커피라고 하며, 어디에서 재배되었는지 대략적인 지역만 알 수 있다. 대량유통이 필요한 경우로 스페셜 커피만큼 관리가 힘든 것이다. 당연히 가격이 차이가 날 수밖에 없다.

간혹 손님들이 'C.O.E 커피'를 찾는다면 '컵 오브 엑설런스(Cup of Excellence)'로 세계적인 커피 대항이 아닌, **한 국가 안에서 최고 품평을 받은 원두를 말하는 것이다.** 예로 '브라질 COE'는 브라질 국가 안에서 대결한 원두다. 커피에 대한 정보는 Alliance for Coffee Excellence 홈페이지에서 확인할 수 있다. COE

는 평가와 경매가 함께 진행되므로, 커피 농부들에게 명예와 이익을 주고 함께 성장함을 의미한다.

블렌딩 원두란 싱글 원두를 두 가지 이상 섞어 맛을 낸 원두를 말한다. 싱글 원두는 한 가지 품종을 말하며, '스트레이트'라고 칭하기도 한다. 그런 싱글 원두를 조화로운 맛을 위해 여러 가지 원두 종을 섞어 만들어낸 원두를 '블렌딩 원두'라고 한다. 2개 이상 섞어 맛을 내는 것으로, 로스팅 업체가 블렌딩 비율과 로스팅 방식 부분을 오픈하지 않는 이유는 본사만의 지적재산이기 때문이다. 많은 테스팅과 연구로 업체만의 고유 블렌딩 원두의 커피 맛이 탄생하기 때문이다.

 기본 원산지별 원두의 특징

1. **케냐 AA** : '케냐 더블 에이'라고 하며, 과일의 신맛이 강하고 강한 맛을 즐기기에 좋다. AA는 원두의 크기로, 등급을 주는 것에서 가장 높은 것이다.
2. **과테말라 안티구아** : 과테말라 안티구아 지역에서 생산되는 고급스러운 스모크향이 특징이며, 신맛이 밸런스 있게 좋은 부드러운 맛이다.
3. **브라질 산토스** : 브라질은 낮은 지대의 대규모 농장에서 커피를 생산하며, 커피 생산량 세계 1위 국가다. 부드럽고 고소한 맛이 특징으로 블렌딩으로 많이 사용된다.
4. **자메이카 블루마운틴** : 단맛, 신맛, 쓴맛과 스모크한 향까지 조화를 이루는, 좋은 품질로 세계적으로 평이 나 있다.

우아하게 행주 들고 카페 창업하기

5. **인도네시아 만델링** : 바디감이 강하고 풍부하며 감칠맛이 뛰어 나다. 독특한 향으로 강한 맛과 향을 즐기기 좋다.

6. **콜롬비아 수프리모** : 신맛, 단맛이 조화로우며 무난하게 즐기기 좋으며 블렌딩에 많이 사용된다.

7. **에티오피아 예가체프** : 최고의 커피라고 할 만큼 달콤한 신맛 이 깊은 맛을 낸다. 향이 깊어 초보들에게도 인기가 좋다. G1, G2, G3는 등급을 나타내는 것으로 숫자가 적은 것일수 록 좋다.

 내 카페 원두 업체는 어떤 기준으로 선별해야 할까?

첫째, 원두 업체의 가장 중요한 것은 **성실도**가 바탕이 되어야 한다. 아무리 맛 좋은 커피라고 할지라도 언제는 되고, 언제는 안 되는 것은 영업상 있을 수 없는 일이다. 무슨 일이 있어도 정해진 스케줄대로 원두를 공급해주어야 하므로, 경력이 있으면서 **시스템 적으로 안정화된 곳이 좋다.** 개인 업체라고 하더라도 얼마나 책임 감 있게 유지해왔는지 경력이 있다면 믿고 맡겨도 좋다.

둘째, 저가 커피라는 콘셉트가 아니라면 **적당한 가격과 품질 을 고민해봐야 한다.** 좋은 것일수록 원두 가격이 비싼 것은 당연 하다. 어떤 원두를 사용할 것인지 사장의 마인드로 손익을 따져봐 야 한다. **좋은 원두를 찾되 내 카페 상권의 커피 가격에 맞는 적 정선으로 합의를 봐야 한다.** 좋은 맛의 원두를 찾되 무리 되지 않 는 가격선에서 공급받을 수 있는 업체를 찾아 테스팅을 해보고 결정한다. 처음에는 인기를 끌겠다고 좋은 원두를 선택하고, 시간이 흐른 후 비싸다는 이유로 업체를 바꾸는 일은 없어야 한다.

셋째, 개인 카페는 **처음부터 원두 소모량을 가늠할 수 없다.** 많은 양의 로스팅된 원두를 한 번에 받아야 하는 곳은 지양해야 한다. 되도록 **소포장되어 원하는 양만큼 조금씩 주문받을 수 있는 업체를 골라야 한다.** 사용량이 많아지면 많이 주문하면 되지만, 처음부터 많이 받은 원두는 시간이 지날수록 신선도가 떨어지므로, 되도록 로스팅된 원두는 적어도 2주 안에 소진할 수 있는 양으로 주문을 넣는다.

넷째, **로스팅 업체는 그 원두의 프로파일링을 제일 잘 알고 있다.** 어떻게 추출하는 것이 제일 맛이 좋은지 안다는 이야기다. 개인 카페의 경우 원두 납품 업체를 함께 상생하는 파트너로 생각하고, 커피 머신의 관리 외 추출법 등 전문적인 지식을 공유할 수 있고 도와줄 수 있는 곳으로 선택하면 일석이조다. 전문적인 것은 전문가에게 자문을 받는 게 제일이다.

커피는 보관 방법, 원두량, 원두의 분쇄 정도, 내리는 방법에 따라 같은 원두라도 맛과 향이 다를 수 있다. **원두의 특징을 파악하고, 내 카페에 어울리는 종류를 선택하며, 올바른 추출 방법을 찾아 손님이 좋아할 만한 맛을 찾는 것에 목적을 두고 연구한다.** 어떤 것이 좋은 것이고, 나쁜 것은 없다. 손님이 많이 찾는 종류와 메뉴가 좋은 것이다. 우리는 그러기 위해 창업한 것이다. 항상 목적에 맞춘 시각으로 바라보면 정답이 있다.

카페 엔젤은 9년 동안 처음 창업할 때 고집한 원두를 아직 사용하고 있다. 좋은 커피 맛을 위해 카페 엔젤만의 하우스 블렌딩으로 라떼용과 아메리카노용을 따로 고집했다. 그라인더도 당연히 2개를 따로 사용한다. 더 다양하고 고급스러운 원두를 사용하는 카페들도 있으나 **아파트 상권이라서 대중적인 맛과 적당한 커피 가격을 기준 삼았다.** 커피 맛의 중요성을 알기에 원두 가격이 조금 있더라도 사장의 철학으로 무리 되지 않게 마진을 줄여 선택했다.

아메리카노용은 여섯 가지 원두가 블렌딩된 것으로 마일드한 맛을 느낄 수 있고, 라떼용은 우유와 섞이는 메뉴이므로 세 가지 블렌딩으로 좀 더 다크한 맛을 느끼는 원두를 선택했다. 어떤 손님은 2샷이 너무 진하다고 하시고, 어떤 손님은 커피 맛이 너무 좋다고 하신다. **창업 후 사장은 손님들의 말에 귀 기울이되 흔들리지 말고 중심을 꼭 잡아야 한다.** 커피를 선택했으면 자신감으로 한동안 지켜보고 관찰해야 한다.

기본적으로 질 좋은 원두를 사용하되 개인 카페답게 손님들의 기호를 맞춰줄 수 있도록 주문 시 한 번 더 확인하는 습관은 도움이 된다. 손님들의 분위기를 파악하고, 어르신들의 경우는 "연하게 드시고 싶으시면 말씀해주세요"라고 전달한다. 연하게 대접한 커피가 그분들의 입맛에 맞는다면, 내 카페는 맛있는 커피집이 되는 것이다. **커피는 기호식품이라는 것을 잊지 말고 사장은 절대 자존심을 세우면 안 된다.**

카페 운영은 한 가지 상황으로 끝나는 것이 아니다. 좋은 원두를 맛 좋은 커피로 내려 입맛에 맞게 대접하고, 좋은 시간이 되도록 편안함을 느끼게 서비스하며, 손님이 카페 문을 열고 나갈 때까지 좋은 인상으로 마무리해야 커피 맛이 좋은 카페가 되는 것이다.

02

좋은 맛을 내는
커피 추출 방법

 카페 창업을 마음먹으면서 커피 공부를 시작하면, 에스프레소 머신을 다루며 커피 추출법을 가장 먼저 배운다. 원두를 분쇄하고 포터 필터에 담아 탬핑해 머신에 장착하고 추출 버튼을 누르면 커피가 나온다. 이 과정은 에스프레소를 추출하는 가장 기본적인 과정이며, 누구나 같은 과정을 통해 커피를 추출한다. **같은 과정이지만 추출하는 사람 및 환경적 요인에 따라 커피 맛이 다르다.** 커피 추출 시 세밀하게 세팅되는 조건들에 따라 커피 맛이 달라진다. 그렇다면 어떤 요인들을 주의해야 맛있는 커피를 추출할 수 있는지 알아보자.

 에스프레소 기본 추출 프로세스

 ① 린넨으로 포터 필터 안에 물기를 깨끗이 닦아 건조한다.
 ② 건조된 포터 필터에 원두를 분쇄(그라인딩)하고, 분쇄한 원

두 가루를 포터 필터에 담는다(도징 한다).

③ 원두 가루를 편평하게 수평을 맞춘다(레벨링 한다).

④ 탬퍼를 이용해 일정한 압력으로 수평을 맞춰 탬핑한다(원두를 다져준다).

⑤ 원두가 담긴 포터 필터를 머신에 장착하기 전에 물줄기를 짧게 흘려 준다(플러싱).

⑥ 커피 머신 그룹 헤드에 포터 필터를 장착하고 추출 버튼을 누른다(추출).

⑦ 추출 후 포터 필터를 빼고 안에 담긴 원두 찌꺼기를 넉박스에 털어내고 브러시로 커피 가루를 마무리한다.

⑧ 포터 필터를 머신 그룹 헤드에 대고 물을 흘리며 장착했다, 뺐다 하는 것을 반복하며 청소한다.

⑨ 청소가 끝난 후 포터 필터는 꼭 커피 머신의 그룹 헤드에 장착해둔다.

에스프레소란 일반적으로 92~96℃의 정수된 열수를 이용해 평균 9 Bar의 압력으로 14~18g 정도의 분쇄된 원두 가루에서 추출되는 약 30~40ml 정도의 진한 커피 액을 말한다. **커피 맛을 결정짓는 요인은 생두의 품질과 로스팅한 상태, 추출 방법에 따라 영향을 미친다.** 로스팅한 원두는 로스팅 직후는 이산화탄소(가스)가 추출에 방해가 되므로, 적당한 이산화탄소가 배출되고 1~2일 지난 후 커피 맛이 더 좋다. 에스프레소 추출 시간은 대부분 25초 내외로 얻을 수 있도록 권장하고 있다. 짧게 뽑는 리스트레또(20초 미만), 길게 뽑는 룽고(30초 내외) 등 여러 추출 방법 중 내 카페에 맞는 추출법을 고민하고 세팅해두어야 한다.

1. 좋은 커피 맛을 위한 추출 시 주의사항

① 포터 필터에 원두를 담기 전 꼭 린넨으로 포터 필터에 <u>물기가 없도록 깨끗이 닦아낸다.</u>

② 장착 전에 짧게 물을 흘려보내 머신 <u>추출 수 온도를 맞춰준다.</u>

③ <u>탬핑은 수평을 맞춰</u> 추출 시 일정한 압력을 받을 수 있도록 한다.

④ 포터 필터는 사용하지 않을 때 항상 머신의 <u>그룹 헤드에 장착해 따뜻한 상태를 유지</u>하도록 한다.

⑤ 연속 추출 시 커피 찌꺼기 제거를 위해 물 흘려보내기는 짧게 끊어준다. <u>과도하게 흘려보내 추출 수 온도를 떨어트리지 않도록 한다.</u>

<u>크레마란 원두의 신선도를 가늠할 수 있는 에스프레소 위의 거품을 말한다.</u> 로스팅하고 얼마 안 된 원두일수록 크레마 층이 두껍다. 로스팅하고 하루 정도 지나 이산화탄소가 빠지고 나면 카라멜 색의 쫀득한 크레마가 나온다. 신선도가 떨어질수록 크레마가 생성이 되지 않고, 검은 에스프레소에 쓴맛이 추출된다. 크레마는 다양한 향미를 발산하며 산소 침투를 막아 산화로 인한 향미의 변질을 늦춰주는 역할을 한다.

2. 추출 기구에 따른 원두 분쇄도

원두의 굵기는 추출하는 기구에 따라 굵기를 조절해주어야 한다. 에스프레소용으로 분쇄한 원두를 핸드드립으로 내리면 입자가 너무 고와 내려가는 데 시간이 상당히 오래 걸리며 커피 맛도 좋지 못하다. 추출 기구에 맞춰 원두 분쇄 굵기를 알아두고, 손님들이 원두를 원할 때 추출 기구에 맞춰 제공한다. **원두의 입자 굵기는 에스프레소 < 모카 포트 < 더치커피 < 핸드드립 < 프렌치 프레스 순이다.**

원두의 분쇄도는 근무자가 가장 많이 조절하는 부분으로, **원두의 굵기가 굵을수록 추출 시간이 빨라진다.** 같은 원두량으로 추출 시간을 길게 하고자 한다면, 원두 입자 조절을 가늘게 하면 된다. 도징 양도 항상 일정한 원두를 포터 필터에 담을 수 있도록 한다. 도징 양에 따라 커피 맛이 달라질 수 있다. 원두량은 2샷 기준 보통 14~20g까지 다양하며, 커피 추출 변수에 따라 내 카페에 맞게 조절하면 된다. 경제적으로 원두량을 적게 하면 단가가 낮아지나 원두량이 적을수록 농도가 연하고, 추출 시 커피 맛에 안 좋은 영향을 주므로 합리적인 적당한 원두량을 잡을 필요가 있다.

에스프레소는 산미 < 단맛 < 쓴맛 < 잡맛 순으로 추출이 된다. 추출 시간은 조건들이 구성되어 나타나는 복합적인 결과로, 커피 맛이 좋은 추출 시간을 맞추기 위해 원두의 분쇄도인 입자 조절을 통해 좋은 맛을 내는 분쇄 정도를 책정해야 한다. 커피 추출 시 도징 양(원두량), 분쇄도, 추출량, 머신 온도와 탬핑의 세기 등 디테일한 작은 변수들까지도 커피의 맛에 영향을 미친다. 기본적인 조건들을 숙지하고, 내 카페 원두에 맞는 최적의 추출 방법을 찾아내어 맛 좋은 에스프레소를 얻어내야 한다. 머신과 그라인더의 컨디션에 따라서도 미세하게 변수가 작용하므로, 반드시 내 카페 머신과 기기들을 관리하고, 테스팅 과정을 통해 좋은 맛을 낼 수 있는 세팅 값을 찾아야 한다.

핸드드립은 드리퍼에 필터를 끼워 분쇄한 원두를 담고 일정한 온도의 물을 드립 포트를 이용해 손으로 부어 추출하는 방식이다. 필터와 드리퍼의 종류에 따라 커피의 맛이 달라진다. 한 잔 분량으로 원두량은 15g 정도를 120~150ml의 물 양으로 85~95℃의 물 온도로 추출한다. 손 기술에 따라 맛의 차이가 큰 추출 도구다. 드리퍼 내부에 오목하고 볼록한 부분을 '리드'라고 하며, 물이 흐를 수 있는 공기 구멍 역할을 한다.

1. 필터의 종류에 따른 추출법

① **넬 드립(융드립)** : 천 필터를 이용해 추출하며, 가장 맛있는 커피 추출법으로 꼽는다.

② **페이퍼 드립** : 종이 필터를 이용해 추출하며, 다루기 쉽고 일정한 맛을 내어 가장 많이 이용하는 방식이다.

③ **스테인리스 드립** : 종이 향의 눅눅함과 세척 및 보관이 어려운 면 필터의 단점을 스테인리스 필터로 커피 맛이 깔끔하고 풍부하며 청결함을 유지한다. 반영구적 사용이 가능하다.

2. 드리퍼의 종류에 따른 추출법

① **하리오** : 리브가 높고(곡선으로 위에서 아래까지) 추출구의 크기가 큰 것이 특징으로 추출 속도가 빠르다. 최근 보편적으로 가장 많이 사용한다.

② **고노** : 리브가 짧아 추출 구간이 짧아 추출 시간이 길어지며 추출구의 크기는 크다. 다른 드리퍼에 비해 추출이 어렵다.

③ **칼리타** : 추출구가 3개이지만 크기가 크지 않아 속도가 느리다.

완만한 경사 모양과 리브가 많아 과소 추출이나 과다 추출을 줄여주어 안정적인 추출이 가능해 초보자가 사용하기 좋다.

④ **칼리타 웨이브** : 리브가 없고 바닥이 평평하고 추출 구멍이 3개로 삼각형 형태로 나 있다. 리브가 없어 20개 주름진 칼리타 웨이브 전용 필터를 이용해야 한다. 속도나 양에 상관없이 일정한 맛을 추출할 수 있다.

⑤ **멜리타** : 추출 구멍이 작고 하나라 추출 속도가 굉장히 느리다. 드리퍼의 시초이지만 많이 사용하지 않는다.

⑥ **클레버** : 커피 가루를 물에 잠기게 해서 우려낸 커피를 드리퍼로 걸러내는 형태로 진하고 깔끔한 맛을 낼 수 있다. 아래쪽에 패킹이 있어 컵 위에 드리퍼를 올려야 커피가 떨어지는 방식으로 특별한 기술이 필요하지 않아 초보자가 사용하기 편하다.

이 외에도 커피 추출 방법들은 너무나도 다양하다. 정해진 정답 추출은 없다. 기본적인 조건들이 미세하게 서로 연관되어 있다. 훌륭한 맛의 커피를 얻을 수 있도록 내 카페에 어울리는 커피 추출법을 찾는 데 연구하고, 일정한 커피 맛을 유지하도록 원두 분쇄도와 머신의 물 온도, 추출 과정과 추출 시간 등 필요한 것들을 모두 신경 써야 한다. 날이 흐리거나 날이 너무 쨍하거나 비가 와서 습도가 높아지거나 하는 등 날씨에 따라서도 추출 변수는 얼마든지 작용한다. 그러한 세세한 조건들 안에서 커피 맛이 흔들리지 않도록 매일 아침 커피를 내리고, 테스팅을 통해 배우고 전진해야 한다.

따뜻한 라떼가 주문이 많아지는 계절이 오면, 우유 스팀을 하느라 근무자들은 바쁘다. 그러면서 다들 알고 있는 부분을 놓치고 가는 경우가 있다. 우유 스팀 전 스팀 봉에서 물을 빼고, 피처에 담긴 우유를 스팀으로 폼을 내고 데우기 시작한다. 이때 단순히 스팀 봉의 스팀을 형식상 쭉 빼고 바로 담가 스팀을 친다. 창업 후 어느 날인가 맛있던 라떼가 우유에 물 탄 것처럼 맛이 흐려졌다. 분명 바뀐 게 없는데 말이다. 어떨 때는 괜찮다가 다시 또 그러기를 반복했다. 나중에 알고 보니 우유 스팀 할 때 스팀 봉에 수분은 최대한 다 빼주고, 스팀을 쳐야 하는 것을 알았다. 그저 슬쩍 해주기만 하면 되는 것이라고 알았는데, 수분이 많이 찼을 때는 길게 스팀을 빼서 수분이 나오지 않는 것을 확인하고 작업해야 스팀 시 우유의 고소한 맛이 유지된다.

정말 기본인데 왜 그 행동을 하는지 생각지도 않고 그저 하는 거라 하니 한 것이다. **커피 음료는 작은 행동 하나에도 맛에 영향을 미치는 요소들이 많다.** 처음부터 다 알고 시작할 수는 없지만, 왜 그래야 하는지 이유를 알고 배워야 함을 다시 한번 느낀 부분이다. 커피 추출 방법 등도 시대가 흐름에 따라 방법이 다양해지고 달라진다. 예전에는 에스프레소의 추출 양을 기준으로 삼았던 방법이 요즘에는 무게인 에스프레소의 그람(g)에 기준을 둔다. 한번 배우고 그대로 가는 것이 아닌, 시대의 흐름에 맞춰 다시 또 배우고 가야 한다. 다만 모든 것에 정답이 없는 기호식품인 커피 음료는 커피 추출의 기본을 기준으로 삼되, 내 카페 손님이 좋아하고 만족하는 맛을 찾을 수 있도록 하면 된다.

03
개인 카페 메뉴와
가격 책정 방법

카페의 구성 요소 중 메뉴는 손님과 카페를 이어주는 직접적인 역할을 하는 요인이다. 카페라는 공간을 이용하는 손님도 그 카페의 메뉴가 마음에 들지 않는다면 결정적으로 고민해볼 수밖에 없다. 테이크아웃을 전문으로 하는 카페 메뉴의 중요성은 이야기하지 않아도 알 것이다. 그만큼 카페에 있어서 메뉴는 결코 무시할 구성 요소가 아니다. 카페의 메뉴는 기본적으로 어떻게 구성되며, 가격은 어떤 식으로 책정해야 합리적인지 알아보자.

 카페 메뉴의 기본 세팅

1. 커피 & 라떼
커피에 물이나 우유, 시럽 등으로 준비하는 음료로 에스프레소, 아메리카노, 카페라떼, 카푸치노, 바닐라 라떼, 카페 모카, 카라멜 마끼아또 등이 있다.

2. 커피 외 음료, 에이드, 주스

커피가 들어가지 않는 음료로 우유나 탄산수, 과일로 준비할 수 있는 음료이며, 초코 라떼, 딸기 라떼, 아이스티, 오렌지 에이드, 자몽 에이드, 레몬 에이드, 오렌지 주스, 자몽 주스, 딸기 바나나 주스 등이 있다.

3. 스무디, 프라페

얼음을 갈아 준비하는 음료로 딸기 스무디, 요거트 스무디, 초코 스무디, 쿠앤크 프라페, 조리퐁 프라페, 모카 프라페 등이 있다.

4. 차 종류 & 허브티

뜨거운 물을 이용해 과일청과 허브 잎 차로 준비하는 음료이며 유자차, 레몬차, 생강차, 캐모마일, 루이보스, 얼그레이, 민트 등이 있다.

5. 사이드 메뉴

베이커리류, 음료와 함께 먹을 수 있는 디저트류이며 마카롱, 와플, 샌드위치, 토스트, 조각 케이크, 스콘, 쿠키 등이 있다.

* 핸드드립으로 커피 메뉴를 준비하는 경우, 어떤 원두를 사용할 것인지 싱글 오리진 원두의 종류를 세팅해야 한다. 케냐 AA, 예가체프 G1, 과테말라 안티구아 등 메인 원두를 디테일하게 정해두고 시작한다.

초보 창업자가 처음 오픈할 때는 많은 종류의 메뉴 세팅을 추천하지 않는다. 기본적인 메뉴를 세팅해 실수 없이 최고의 맛

을 준비하는 것에 집중하도록 하는 것이 좋다. 메뉴의 간소화는 전문적으로 보일 수도 있으며, 금방 능숙해져 맛의 흔들림 없이 빠르게 중심을 잡을 수 있다. 창업 후 상권의 분위기를 보고 메뉴를 추가하거나 반응이 없는 메뉴들을 정리하면서 업그레이드해야 한다. 카페 메뉴는 적어도 3~6개월 동안은 홍보하고 반응을 보며 대응한다.

꾸준히 잘 나가는 메뉴는 기본적으로 챙겨가되 인기가 덜한 메뉴 중 레시피를 조정해 반응을 불러올 자신이 있는 메뉴는 한 번씩 레시피 방법을 바꾸는 것도 좋다. 같은 메뉴라도 파우더나 시럽의 제조사를 바꾸거나 제조하는 방법을 조금 달리하면 맛도 충분히 달라질 수 있다. 메뉴가 인기가 없는 것이 아니라 맛에 문제가 있는 것이라면, 레시피를 바꾸고 다시 반응을 봐야 한다. 6개월에 한 번씩은 신메뉴를 개발해 분위기를 전환해주고, 기존 메뉴 중 반응이 없는 것은 과감히 정리하는 것도 좋다. 한두 달 동안 단가가 싸고 질 좋은 제철 주스류를 시즌 메뉴로 판매하는 것도 매출 향상에 도움 되는 방법이다.

메뉴 가격 책정 기준은 어떤 것들을 참고하면 될까?

첫째, 내 카페와 같은 상권의 경쟁 카페들의 가격대를 조사한다. 내 카페의 콘셉트와 비슷한 곳은 더 주시하고, 콘셉트가 다른 곳은 가격 세팅이 어떻게 이루어졌는지 참고할 필요가 있다. 주변 카페들의 가격 형성을 관찰하고, 그 상권의 분위기와 손님들의 가격 선호도를 참고하면 내 카페의 가격 책정에 도움이 된다. 신규 카페보다 오랫동안 유지하고 있는 카페라면 더 참고에 도움이 된다. 활발한 카페의 음료 가격으로, 내 카페 손님들이 지불할 수 있는 경제력 또한 파악할 수 있기 때문이다.

둘째, **메뉴 가격 책정은 내 카페의 서비스 정도를 참고한다.** 어느 정도까지 손님들에게 서비스할 것인지 생각한다. 다른 카페보다 서비스하는 부분이 많다면 더 비싼 가격을 받아도 손님들의 저항이 없을 것이다. 손님들이 생각하기에 내가 받은 서비스나 메뉴의 질보다 가격이 비싸다고 느낀다면, 가격 책정을 다시 생각해봐야 한다. 음료 가격이 비싸도 꾸준히 찾는 카페는 그만큼 음료의 질이나 다른 부분에서 충족이 되어 비싸도 그만하다고 느끼기에 찾아주는 것이다. 내 카페가 손님에게 서비스할 부분들이 가격에 만족할 만큼 준비되었는지 확인할 필요가 있다.

셋째, 아메리카노 메뉴의 경우 다른 곳보다 월등히 퀄리티가 좋은 원두를 사용해 고급스러운 분위기와 함께 대접한다면 비싼 가격을 받아도 된다. 주의할 점은 가격은 사장의 만족이 아닌, 손님의 만족이라는 점을 잊지 말아야 한다. 하루 한두 잔 팔고 그칠 메뉴가 아니므로, 마진율과 수요의 적정선을 충족하는 포인트를 잘 잡아야 한다. **사장의 입장으로는 마진율이 높을수록 좋으나 비싼 가격을 어느 정도로 수용해줄지는 손님의 입장으로 고민해봐야 한다. 적당한 접점을 찾는 것이 중요하다.**

넷째, 무한정 좋은 원두 사용이 아닌 적당히 수요와 맞는 가격대비 맛 좋은 원두를 찾는 것이 해결책이며, 주위의 같은 콘셉트 상권의 음료 가격과 밸런스를 맞추기를 추천한다. 다른 카페에서도 찾을 수 있는 메뉴들은 적당히 양보해 가격을 책정한다. **내 카페가 아니면 맛볼 수 없는 시그니처 메뉴 같은 가격은 욕심을 내어보는 것도 방법이다.** 카페 메뉴의 마진율을 같게 책정하지 말고, 메뉴 종류마다 다른 마진율을 입혀보는 것도 하나의 방법이다.

매출 향상을 위한 메뉴 객단가 높이기 전략을 생각하자

창업 후 어느 정도 시간이 지나 **메뉴 제조와 손님 응대에 익숙해진다면, 본격적으로 매출 향상을 위한 객단가 높이는 전략이 필요하다.** 카페를 찾아주는 일정한 단골고객이 눈에 띄기 시작하면, 음료와 사이드 메뉴의 궁합을 파악하고 세트 메뉴로 1회 결제하는 객단가를 높이라는 이야기다. 한정된 테이블 수에 매출을 올리려면 한 팀이 와서 계산하는 금액을 높이는 것이 하나의 매출 향상 방법이다.

사이드 메뉴나 그랩 앤 고 상품인 쿠키나 샌드위치, 토스트 등으로 객단가를 높일 수 있는 마케팅을 연구할 필요가 있다. **주의할 점은 사이드 메뉴의 경우 보관이 쉽고, 재고의 위험부담이 적으며, 신속하게 만들 수 있는 조건들에 맞는지 확인하고 선정해야 한다.** 그날 소진이 안 되면 버려야 하는 재고 부담이 큰 메뉴는 앞으로 장사하고 뒤로 밑지는 일이 생길 수 있다. 내 카페가 충분히 소화 가능한지 확인하고 진행해야 한다.

주문받고 제조 시간이 오래 걸리는 메뉴도 좋지 못하다. 바쁜 시간대에 걸리면 한 가지 메뉴로 인해 뒤로 밀리는 시간은 2배 이상이 된다. 재료는 항상 일정한 가격으로, 필요할 때 편하게 구입이 가능한지도 생각해봐야 한다. 재료 원가의 편차가 크거나 사기 힘든 재료들은 메뉴의 메리트가 있어도 카페 메뉴에 적합하지 못하다. 작은 카페들의 경우 반제품 형태들의 냉동 제품을 납품받아 간단히 조리해 나가는 메뉴들이 적합할 수 있다.

 ## 신메뉴 개발, 어디서부터 시작할까?

1. 벤치마킹하자

모방은 창조의 어머니다. 기술력과 정보력이 뛰어난 대형 프랜차이즈의 메뉴들을 벤치마킹하는 것도 하나의 방법이다. 이미 성공한 프랜차이즈 메뉴 중 내 카페 콘셉트에 어울리고, 상권에 맞는 메뉴로 재탄생시키는 방법이 있다. 같은 메뉴라고 할지라도 토핑의 종류와 부분적인 개선만으로도 충분히 새로운 메뉴로 탄생할 수 있다.

2. 기존 재료들로 개발이 가능한 것부터 시작하자

카페는 파우더와 시럽, 과일, 탄산수 등 기존 메뉴를 위한 부자재들이 많다. 새로운 재료를 추가하기보다 기존에 가지고 있는 재료들을 활용해 만들어낼 수 있는 메뉴를 구상해보자. 최소한의 재료 추가로 만들어낼 수 있는 것이 좋다.

3. 내 카페 상권에 수요가 높은 카테고리 메뉴나 부족한 카테고리 메뉴를 추가하자

손님들의 수요가 많은 카테고리의 메뉴를 확장시키는 것도 방법이다. 메뉴 카테고리 중 주스나 에이드류의 반응이 좋다면, 그 부분의 메뉴 확장도 효과가 있다. 카테고리 메뉴 중 받쳐주는 핵심 메뉴가 적어 약하다고 느낀다면, 추가적인 메뉴 개발도 필요하다. 너무 많은 메뉴도 문제가 되지만, 손님의 입장으로 어느 정도 선택의 폭을 넓히고 메뉴의 다양함을 충족시켜야 한다.

4. 신메뉴 개발은 질적 성장을 의미한다

신메뉴 개발이란 단순히 메뉴의 종류를 늘리는 것이 목적이 아님을 알아야 한다. 신메뉴는 기존 메뉴보다 질적으로 만족도가 높고, 궁극적으로 내 카페 이미지를 향상하며, 동시에 매출을 일으킬 수 있도록 만들어져야 한다. 시간에 밀리듯 대충 만들어 출시하는 일은 없도록 해야 한다.

5. 단가와 마진보다 음료의 퀄리티를 우선 잡아야 한다

요즘 손님들은 싸다는 이유만으로 찾지 않는다. 개인 카페는 중소형 저가 프랜차이즈 카페가 아니다. 음료의 퀄리티를 높이고 맛이 확정되면 가격이 있어도 손님이 꾸준히 찾아준다. 반면 싸고 맛이 그저 그런 음료를 다시 찾는 일은 없다. 신메뉴 개발 시 무조건 내 돈을 주고 마셔도 아깝지 않은 퀄리티의 맛을 잡아두고 가격 책정에 들어가야 한다. 비싸더라도 맛있다면 손님은 다시 찾아준다. 그 맛을 잊지 못해 다시 방문할 정도의 퀄리티를 잡는 것에 목표를 두고 개발해야 한다.

내 카페만의 메뉴 차별화, 성공의 지름길이 될 수 있다

프랜차이즈 카페와는 다른 개인 카페만이 할 수 있는 키워드가 메뉴에 숨어 있다. 그들의 기술과 정보력은 따라갈 수 없으나 그들이 따라올 수 없는 개인 카페만의 메뉴를 개발해야 한다. 개인 카페의 핸드메이드 메뉴들을 개발해 다른 카페와는 다른 차별화된 메뉴로 성공을 노려봐야 한다. 수제청 음료와 베이커리 외 사이드 메뉴의 확장은 개인 카페가 용기를 내볼 수 있는 메뉴들이다.

개인 카페의 차별화된 메뉴들은 가격 책정도 어느 정도 자유로울 뿐 아니라 내 카페에서만 맛볼 수 있는 메뉴이므로, **경쟁 카페가 많은 상황에서도 매출의 중심을 잡아줄 수 있다.** 개인 카페의 메뉴 개발은 사장이 직접 선택하는 만큼 마음먹은 대로 빠르게 트렌드를 반영할 수 있으며, 얼마든지 원하는 대로 진행할 수 있다. 사장인 내가 잘할 수 있는 일을 생각하고 집중해서 개발해보자.

 카페 엔젤의 메뉴 구성은 어떻게 여기까지 왔을까?

처음 오픈 당시 카페 엔젤은 메뉴의 수가 카테고리별로 기본적인 세팅만 되어 있었다. 커피에 대한 깊은 지식과 경험도 없을뿐더러 그저 배운 대로 제대로 만들어나가기에 만족했다. 주변에 경쟁 카페가 많지 않아 제일 기본적인 아메리카노와 라떼가 매출의 대부분을 차지했고, 빠르고 정확하게 만들고 기분 좋게 서비스하니 매출은 알아서 올라 주었다. 그러다가 시간이 흘러 메뉴 만들기에 익숙해지고, **상권의 분위기를 파악**하고 나니 엄마들과 함께 오는 아이들 메뉴가 더 필요할 것 같았다.

인기가 있을 것 같은 커피 외 음료의 종류와 주스와 스무디 종류도 신메뉴로 조금씩 더 채워가기 시작했다. 그 뒤 경쟁 카페가 하나둘 생기면서 기본적인 커피 음료는 나누어 먹기식으로 매출이 나뉘었고, 다른 카페와 차별화된 무언가가 필요하다는 생각에 정보를 수집하던 중 수제 백향과청을 보고 '무조건 되겠다!' 싶은 생각에 배우려고 달려들었다. 배움의 시행착오를 거쳐 지금은 수제청 맛이 좋은 카페로 자리 잡았다. 무조건 되겠다고 생각한 수제청은 여름에는 주스, 에이드로 겨울에는 따뜻한 차로 시즌에 상관없는 메뉴가 되었다. 프랜차이즈 카페에서는 맛보기 힘든 수제의 고급스러운 맛이 손님들을 사로잡았고, 입소문으로 꾸준히 찾아주고 계신다.

작은 카페의 특성상 다양한 사이드 메뉴를 진행할 수 있는 데 한계가 있었다. 재고 부담도 생각해야 하고, 빠르게 완성해 나가야 한다는 것에 초점을 맞춰 조각 케이크 전문 업체를 선별해 냉동으로 받아 보관했다가 주문 시 바로 나갈 수 있는 사이드 메뉴를 추가했다. 꾸준히 인기 있는 카야 토스트의 경우, 작은 토스터기만 있으면 식빵을 구워 카야 잼을 바르고 버터를 넣어 커팅해 나가는 메뉴다. 다른 메뉴와 비교해서 손이 가는 메뉴이기는 하나 재고 부담이 없고, 손님들의 만족도가 높아 꾸준히 유지하는 메뉴다.

카페 운영 중간중간 분위기가 다운되면 신메뉴 개발을 시도하고, 반응이 없는 메뉴들은 내리기도 한다. 메뉴의 종류는 많으나 수제청 하나로 세 가지의 메뉴로 확장할 수 있도록 메뉴 구성을 만들었다. 다른 메뉴들도 쓰이는 재료들이 적어도 두세 가지 메뉴들로 확장되도록 구성했다. 손님들은 취향껏 다양하게 고를 수 있어서 올 때마다 이것저것 도전하신다. 메뉴가 다양하니 자주 오는 단골손님들이 지루해하지 않는다. 물론 실패한 메뉴들도 있다. 전부 다 성공하리라 생각하고 만들지 않는다. 내 눈에는 100점짜리 메뉴이지만, 손님들에게는 아닐 수도 있다. **메뉴 개발에 있어 신중하게 생각하되 실패를 두려워 말고 도전하는 것이 개인 카페 사장의 나아갈 길이다.**

04

메뉴판을 어떻게 구성해야
잘 팔릴까?

그 카페의 콘셉트를 대표하는 것이 메뉴라고 해도 과언이 아니다. 카페에 있어서 메뉴는 수익을 창출할 수 있는 직접적인 목록이며, 창업자는 그 부분을 중요하게 다루어 보여주어야 한다. 메뉴판은 홍보 용도로 만들며 가독성이 좋아야 한다. 내 카페의 메뉴들을 어떻게 보여주어야 정확하게 타깃팅 되는지 살펴보자. 메뉴판의 종류와 구성을 알아보고, 내 카페에 적합하고 효율적인 것을 선택해보자.

 메뉴판 가독성을 높이는 방법

메뉴판 왼쪽 상단에는 내 카페의 정체성을 보여줄 시그니처 메뉴를 표시한다. 보통 왼쪽 위에서부터 아래로, 옆 오른쪽으로 읽어 내려가는 방식이 손님들에게 어필하기 좋은 방법이다. 가격 또한 왼쪽 상단에 비싸고 좋은 메뉴를 보여준다. 가끔 제일 저렴한 메뉴를 왼쪽 상단에 배치하는데, 그렇게 되면 뒤로 갈수록 비싸지는 금액에 손님들은 저항감이 든다. 처음 본 가격이 높다면 나머지 가격들을 보면서 가격에 대한 저항감이 낮아져 같은 분위기라도 오히려 저렴하다는 느낌을 줄 수 있다.

주 타깃이 되는 손님들의 연령대를 고려해 나이 드신 분들이 많은 곳은 큰 글씨를 사용하고, 영문보다는 한글로 잘 보이도록 정리해둘 필요가 있다. 메뉴들이 많이 있는 경우 선택하기 힘들 수 있으므로 베스트 메뉴들만 따로 모아 보여주는 것도 좋다. **메뉴판의 경우 어느 연령대에도 어필하기 좋은 것은 이미지다.** 가능하면 이미지와 함께 메뉴를 보여주면 접근성이 훨씬 좋아진다. 포스터 형식으로 홍보하고자 하는 메뉴의 이미지와 내용을 만들어 액자식으로 만들어 사용하는 것도 인테리어 활용과 홍보에 효율적이다.

요즘 개인 카페들은 A4 사이즈로 메뉴 리스트를 만들어 카운터 앞에서 바로 보고 선택할 수 있게 한다. 프린트물이라 메뉴판 제작이 쉬우며 필요할 때마다 수정이 편리하다. 메뉴 추가나 가격 변경 시에도 쉽고 빠르게 교체할 수 있다. **시즌 때마다 꺼내어 다시 사용할 수 있는 배너나 포스터 등은 가격을 표시하지 않는 것을 추천한다.** 꾸준히 인기 있는 메뉴는 배너나 포스터를 몇 해씩 사용할 수 있는데, 가격 조정이 되면 다시 맞춰야 한다. 홍보성 이미지는 홍보용으로 가격을 보여주지 말고, 카운터 앞의 주문하는 곳에서 가격을 보여주는 식으로 제작하길 추천한다.

카페 메뉴들은 직접 사진을 찍고 제작하면 좋지만, 빠르게 제작해야 할 타이밍일 때는 배너 전문 업체에서 찍어둔 이미지에 간단한 편집만 요청해서 내 카페 네이밍을 넣어 사용하는 것도 나쁘지 않다. 시즌별로, 메뉴 종류별로 다양하므로 검색해서 내 카페 콘셉트와 맞는 것을 찾으면 된다. **카페 메뉴판 종류는 카페 콘셉트에 맞춰 인테리어와 조화롭게 추구한다.** 대형 카페의 경우 대부분 전자 모니터를 이용하며, 작은 카페의 경우는 POP 손글씨를 이용하거나 초크아트, 시트지, A4 사이즈 프린트 등 다양하게 이용하고 있다.

메뉴판에서 카페의 콘셉트를 느낄 수 있고, 손님에게 메뉴들을 제대로 홍보할 수 있는 것으로 선택한다. 되도록 시즌마다 변화를 줄수록 좋은 것이 메뉴판이다. 자주 접하는 것인 만큼 새로운 이미지와 신메뉴 출시로 변화를 주고, 올바른 가격 책정으로 영업 이익에 도움이 될 수 있도록 늘 신경 써야 한다. 시그니처 메뉴와 베스트 메뉴는 리스트를 만들어 추천해주면 손님들의 반응을 일으키기 좋으므로 놓치지 말고 만들어 보여주자. **메뉴판의 궁극적인 목적은 매출을 올리기 위한 수단임을 잊지 말자.**

한 권으로 끝내는 소자본 커피전문점 운영의 모든 것
우아하게 행주 들고 카페 창업하기

제1판 1쇄 2024년 4월 5일

지은이 이영희
펴낸이 한성주
펴낸곳 ㈜두드림미디어
책임편집 배성분
그림 모래내모래
디자인 디자인 뜰채 apexmino@hanmail.net

㈜두드림미디어
등 록 2015년 3월 25일(제2022-000009호)
주 소 서울시 강서구 공항대로 219, 620호, 621호
전 화 02)333-3577
팩 스 02)6455-3477
이메일 dodreamedia@naver.com(원고 투고 및 출판 관련 문의)
카 페 https://cafe.naver.com/dodreamedia

ISBN 979-11-93210-42-0 (03320)